Donna Laframboise

Von einem Jugendstraftäter, der mit dem besten Klimaexperten der Welt verwechselt wurde

Schriftenreihe
des Europäischen Instituts für Klima und Energie
Bd. 2

Donna Laframboise

Von einem Jugendstraftäter, der mit dem besten Klimaexperten der Welt verwechselt wurde

Ein Exposé über die Machenschaften des IPCC-

Aus dem amerikanischen Englisch von
Helmut Jäger, Chris Frey und Holger J. Thuss

Titel der Originalausgabe:
The Delinquent Teenager Who Was Mistaken for the World's Top Climate Expert – IPCC-Exposé
Originalverlag: Ivy Avenue Press, Toronto, Kanada

2. Auflage

www.TvRMedienverlag.de
Endredaktion: Dr. Holger J. Thuss
Titelbild: Verlagsarchiv

Druck und Bindung: UAB „Baltijos Kopija", Vilnius

Printed in Lithuania

ISBN 978-3-940431-33-2

Inhalt

Echte Experten gibt es nicht, nur Menschen,
die den eigenen kleinen Bereich verstehen.
Das Gesamtbild bleibt ein Rätsel...

Danny Hillis, Skeptiker des Y2K-Softwarefehlers, Newsweek, Mai 1999

Wissenschaft ist ein Mosaik partieller und
gegensätzlicher Sichtweisen.

Freeman Dyson in „The Scientist as Rebel", 2006

1] Das führende Klimagremium der Welt aus der Nähe betrachtet

Dieses Buch handelt von einem verzogenen Kind. Dieses Kind wurde über Jahre bewundert, gelobt und bejubelt. Doch es zu einem selbstkritischen Erwachsenen zu machen, war dabei nicht das Ziel. Denn ehrliche Reaktionen und konstruktive Kritik erfuhr es kaum.

In unserer Kindheit sorgten die Eltern dafür, dass wir uns unseren Fehlern stellten. Wenn wir mit dem Ball Nachbars Fenster eingeworfen hatten, mussten wir uns entschuldigen und an den Reparaturkosten beteiligen. Was aber passiert, wenn ein Kind die Konsequenzen seines Verhaltens nicht zu spüren bekommt? Was geschieht, wenn es hört, wie seine Eltern dem Nachbarn erzählen, dass es gar nichts falsch gemacht hat, als es über dessen Blumenbeete trampelte, weil es etwas Einzigartiges und Besonderes ist?

Die Antwort ist klar. Ein Kind, dem nie etwas verboten wird, neigt später eher nicht zur Selbstkontrolle. Ein Kind, das von allen Seiten nur hört, wie großartig es ist, entwickelt keinen Ehrgeiz sich zu bessern. Zudem kann man fast nicht damit rechnen, dass es die Eigenschaft entwickelt, die in der hier erzählten Geschichte die wichtigste Rolle spielt: gesundes Urteilsvermögen.

Das Kind, das im Mittelpunkt dieses Buches steht, wurde von zwei UNO-Unterorganisationen zur Welt gebracht: Die eine beschäftigt sich mit dem Wetter, die andere mit der Umwelt. Das Kind heißt „Intergovernmental Panel on Climate Change“, kurz IPCC und auf

Deutsch in etwa „Zwischenstaatliches Gremium zu Fragen des Klimawandels". Das Kind wurde vor über 20 Jahren geboren.[1]

Man beachte: Das Wort *intergovernmental* („zwischenstaatlich" oder genauer „zwischen den Regierungen") ist Namensbestandteil. Das heißt, dass jede Regierung, die Delegierte zu dessen unregelmäßigen Sitzungen entsendet, Pate des IPCC ist. Ein Kind mit über 100 Paten wird zwangsläufig verzogen. Sogar, wenn es Kleintiere quält, wird sich immer jemand finden, der meint, es hat nichts Böses getan. Das bedeutet, dass es nahezu unmöglich ist, dieses Kind zur Vernunft zu bringen.

Indem sich das IPCC zu einem unausstehlichen Jugendlichen verwandelt hat, ist es zu einem generellen Problem geworden. Denn es ist mit einer der wichtigsten Aufgaben der Welt betraut. Sein Auftrag ist es, die wissenschaftliche Literatur zum Klimawandel auszuwerten, deren Inhalt zu beurteilen und darüber ständig Berichte zu verfassen. Diese Berichte werden informell Klimabibel genannt.

Die Klimabibel wird weltweit von Regierungen zitiert. Sie ist der Grund für die Einführung von Kohlenstoffsteuern, für steigende Heizkosten und neue teure Gesetze. Sie ist der Grund, warum alle Welt meint, Kohlendioxid-Emissionen wären gefährlich.

Einfacher gesagt: Die ganze Welt scheint wegen dieser UNO-Berichte verrückt geworden zu sein. Was die meisten von uns nicht wissen: Diese Berichte werden nicht von einem sorgfältigen, geradlinigen Fachmann im Anzug geschrieben, sondern von einem verwahrlosten, nachlässigen Jugendlichen, dem es schwerfällt, Richtig und Falsch auseinander zu halten.

Ein erstes Beispiel: In der Erwachsenenwelt gibt es fest etablierte Mechanismen zur Behandlung von Interessenkonflikten, wenn es um wichtige Entscheidungen und um viel Geld geht. Anwälte, Buchprüfer, Politiker und viele andere sind diesen Mechanismen wie selbstverständlich unterworfen. Allgemein vertrauenswürdige Menschen haben sie vor langer Zeit eingeführt.

---

[1] Im August 2008, anlässlich der Feier des 20. IPCC-Gründungsjubiläums, äußerte der UN-Generalsekretär Ban Ki-moon, das Ereignis sei ein Zeitpunkt, „die **stolzen Eltern** dieser wundervollen Institution, das UN-Umweltprogramm [UNEP] und die Weltwetterorganisation [WMO] für ihre Vision und Voraussicht zu würdigen, die sie bei der Gründung des IPCC 1988 durch eine Resolution der [UN-]Vollversammlung hatten." Hervorhebung und Klammer hinzugefügt.

Doch obwohl das IPCC eines der einflussreichsten Gremien der Welt ist und sich mit Angelegenheiten befasst, die sich im Billionen-Dollar-Bereich bewegen und weit in das 21. Jahrhundert hinein auswirken, sah es keinerlei Notwendigkeit, Interessenkonflikte auch nur zu diskutieren.

Diese Organisation ist so arrogant, so an Unterwürfigkeit und Lobhudelei gewöhnt, dass deren Leitung bereits bei den einfachsten Vorsichtsmaßregeln versagte.

2] Lobhudeleien

Das IPCC hat über zwei Jahrzehnte lang in einem sehr großen, gemütlichen Sessel gelegen, der auf einem Podest stand. Wenn das IPCC in den Medien erwähnt wird, wird es als Inbegriff der wissenschaftlichen Wahrheit und Vertrauenswürdigkeit porträtiert. Hier ein paar direkte Zitate von Leuten, die das IPCC beschreiben[2]:

- „phänomenal erfolgreich"[3]
- „eine bemerkenswerte Geschichte von Erfolgen"[4]
- „es gibt keine Parallele auf dieser Welt, in keinem anderen Bereich"[5]
- „sein Platz in den Geschichtsbüchern ist sicher"[6]
- „wenn das IPCC etwas sagt, sollte man es besser glauben"[7]

Journalisten gehören zu den glühendsten IPCC-Bewunderern. Sie behaupten, die Klimabibel sei von Tausenden der weltbesten Fachleute verfaßt worden, die alle mit deren Schlußfolgerungen übereinstimmen. Sei gebrauchen dafür regelmäßig solche Worte wie *Goldstandard*, *maßgeblich* und *herausragend*. Wenn es um das IPCC geht, hören sich die Medien eher wie Cheerleader als abgebrühte Reporter an[8]:

- „das IPCC [...] hat uns den Weg gewiesen"[9]
- „Es ist absolut verbindlich, die Heilige Schrift."[10]

---

[2] Eine ausführliche Zitatesammlung zum IPCC findet sich auf www.NOconsensus.org/IPCC-quotes.php. Zu meinen Quellen vgl. auch die Seiten 213ff. dieses Buches.

[3] Stephen Schneider: Science as a Contact Sport, 2009, S. 125.

[4] UN-Generalsekretär Ban Ki-moon, Rede anlässlich des IPCC-Jubiläums, 31. 8. 2008, S. 1, 3.

[5] Rajendra Pachauri, rediff.com, 5. 6. 2007.

[6] Achim Steiner, UNEP-Chef, Rede anlässlich des IPCC-Jubiläums, 31. 8. 2008, S. 3.

[7] Tim Flannery: The Wheather Makers, 2005, S. 246.

[8] Vgl. die ausführliche Zitatesammlung zum IPCC auf www.NOconsensus.org/IPCC-quotes.php.

[9] Bryan Walsh, Time, 9. 12. 2007.

[10] Mike McCarthy, The Independent (Irland), 19. 11. 2007.

- „die meisten Wissenschaftler sind von der wohldurchdachten Arbeit des IPCC beeindruckt“[11]
- „Der größte Kraftakt der globalen wissenschaftlichen Zusammenarbeit aller Zeiten [...] schlichtweg einzigartig und richtungweisend“.[12]

Das Nobel-Komitee reihte sich 2007 in den Chor der Halleluja-Sänger ein und ehrte das IPCC mit einem Friedensnobelpreis. In seiner Ansprache bei der Überreichung des Preises dankte der Vorsitzende des Nobel-Komitees dem IPCC für seine „herausragende wissenschaftliche Arbeit“ und alles, was es „für Mutter Erde“ geleistet hat. Wenn es auch früher unklar war, ob der Mensch den Klimawandel verursacht, gibt es „heute Dank des IPCC solche Zweifel kaum mehr“, so das Nobel-Komitee.

Wer sich ein wenig mit Geschichte auskennt, den ließ die Nobel-Ansprache jedoch vielleicht ein wenig nachdenklich zurück. Warum? Weil sie so endete: „Wir müssen jetzt etwas tun. Der Klimawandel kann durch den Menschen kaum noch kontrolliert werden.“[13]

Stellen wir uns das mal bewußt vor: Der Planet Erde ist 4.5 Milliarden Jahre alt. In dieser Zeit hat die Erde alle möglichen natürlichen Klimaveränderungen durchgemacht. Erst vor 20.000 Jahren waren 97 Prozent der Fläche Kanadas eisbedeckt.[14] Das Eis schmolz und zog sich zurück und die Eiszeit endete ganz von selbst. Man erinnere sich: Die ägyptischen Pharaonen erschienen erst vor 5.000 Jahren auf der Bildfläche, die Römer herrschten vor 2.000 Jahren. Zu behaupten, dass das Klima jemals unter der menschlichen Kontrolle gestanden hätte, ist ganz sicher ein wenig plem-plem.

Bereits Mark Twain merkte in seiner Autobiografie an, „menschliche Ansichten und Überzeugungen sind fast immer aus zweiter Hand und ungeprüft von Autoritäten übernommen worden, die ihrerseits die infrage kommenden Themen gar nicht überprüft haben, sondern diese selbst aus zweiter Hand von jemand übernommen

[11] Elisabeth Rosenthal/ James Kanter, New York Times, 18. 11. 2007.

[12] Damian Carrington, The Guardian (GB), 28. 7. 2011.

[13] Die Rede des Vorsitzenden des norwegischen Nobel-Komitees in Oslo im Dezember 2007 findet sich hier: http://www.nobelprize.org/nobel_prizes/peace/laureates/2007/presentation-speech.html

[14] Vgl. http://earth.uwaterloo.ca/museum/ice-age-mammals [6. 6. 2012].

haben, der auch keine Ahnung davon hatte, dessen Meinung dazu keinen Pfifferling wert war."

Wenn Twain noch lebte, hätte er für den ganzen Hype um das IPCC sicher scharfe Worte gefunden. Twain bezog sich mit seinen oben zitierten Bemerkungen auf Religion und Politik. Für einige ist der Ökologismus zur Ersatzreligion geworden. Das ist ihre Weltanschauung, ihr Vergrößerungsglas, durch das sie alles betrachten. Darüber hinaus und ob uns das passt oder nicht, ist das IPCC auch in Politik verwickelt, denn es ist ein Kind der UNO, der Bühne, auf der so viele Machtblöcke der Welt aneinandergeraten.

Seit langem sind „grüne" Anschauungen modern. Ein halbes Jahrhundert lang haben wir unseren Kindern beigebracht, dass die Erde verwundbar ist, dass die Menschen sorglos damit umgehen und dass wir am Rande einer ökologischen Katastrophe stehen. Kluge Zeitgenossen, die eine Unzahl von Fakten und Zahlen auf ihrer Seite haben, wenden ein, dass das Gegenteil der Fall ist. Sie meinen, dass sich der Zustand der Welt kontinuierlich verbessert, dass sie sauberer und gesünder wird. Doch ihre Stimme wird kaum gehört.

Der wichtigere Punkt ist, dass unser aller Bewußtsein vorgeprägt ist, indem uns dauernd eingeredet wurde, die Menschheit sei eine Gefahr für den Planeten, so dass wir glauben, unsere Aktivitäten könnten einen gefährlichen Klimawandel auslösen.

Die meisten von uns haben diese Vorstellung nie ernsthaft hinterfragt. Auch Regierungschefs, Abgeordnete und Richter an obersten Gerichtshöfen nicht. Dazu gehören auch Lehrer, Aktivisten und Eltern, die verständlicherweise besorgt sind, welche Welt sie ihren Kindern hinterlassen.

Warum wurde das IPCC so wenig hinterfragt? Weil niemand bemerkte, dass es dort keine Regeln für die Behandlung von Interessenkonflikten gab. Wir haben alle irrtümlicherweise geglaubt, dass das IPCC ein Juwel von einer Organisation ist, einfach deshalb, weil es sich mit Umweltschutz befasst.

Ein genaueres Hinschauen offenbart, dass vieles von dem falsch ist, was man uns über das IPCC erzählt hat. So wird beispielsweise viel Lärm gemacht um die angebliche wissenschaftliche Strenge, mit der seine Berichte geschrieben würden. Gemeint ist, dass das IPCC seine Regeln hat und diese Regeln sorgsam befolgt werden.

Obwohl sich das IPCC inzwischen die Zeit genommen hat, um einige Verkehrsregeln aufzustellen, hat es nie Verkehrspolizisten eingestellt. Wir wissen, dass viele Menschen die Geschwindigkeitsbegrenzungen nicht einhalten, obwohl es so viele Polizeibeamte gibt. Was würde geschehen, wenn überhaupt keine Polizisten da wären?

Auf wie viele disziplinlose junge Leute kann man in der realen Welt zählen, sobald sie sich hinter das Lenkrad eines schnellen Wagens setzen?

3] Weltklassewissenschaftler und Spitzenfachleute?

Die Autoren der IPCC-Berichte sind die *Crème de la Crème*. Jeder sagt das. Auch Rajendra Pachauri, IPCC-Vorsitzender seit 2002. 2007 erklärte er gegenüber einer Zeitung, wie seine Organisation die Menschen auswählt, die an der Klimabibel mitschreiben: „Das sind Menschen, die aufgrund ihrer wissenschaftlichen Laufbahn ausgewählt wurden, aufgrund ihrer Publikationsliste, aufgrund ihrer Forschungen. [...] Das sind die Spitzen ihres Fachs."[15]

Zwei Jahre später sagte er vor einem Ausschuss des US-Senats aus, dass „alle vernunftbegabten Menschen" von den IPCC-Schlussfolgerungen überzeugt sein sollten, weil seine Organisation die „besten Talente aus der ganzen Welt" mobilisiert.[16]

Ob er nun in Österreich oder in Australien ein Interview gibt oder über sich selbst spricht, Pachauri meint stets, er „kann sich keine bessere Kombination qualifizierter Menschen" für das Verfassen der IPCC-Berichte vorstellen.[17] Bei diversen Gelegenheiten äußerte er, das IPCC bestehe aus:

- Tausenden der besten Wissenschaftler,[18]
- dem weltweit besten wissenschaftlichen Sachverstand,[19]
- fast viertausend der besten Spezialisten der Welt.[20]

---

[15] „The science is absolutely first rate", Rediff-Interview mit Rajendra Pachauri, 5. 6. 2007, http://www.webcitation.org/5wYGqL431 [6. 6. 2012].

[16] Testimony before the US Senate Committee on Environment and Public Works, submitted by Dr. R K Pachauri, Chairman, Intergovernmental Panel on Climate Change (IPCC), 25. 2. 2009, Washington, DC, http://epw.senate.gov/public/index.cfm?FuseAction=Files.View&FileStore_id=d8c3fda8-d987-4d98-be99-c2c06395dfc4 [6. 6. 2012].

[17] Interview, wie Fn. 15.

[18] Rajendra Pachauri, Rede in Poznan, 1. 12. 2008, S. 1.

[19] R K Pachauri, Interview, in: The Progressive, Mai 2009.

Damit steht er nicht allein. Auch Robert Watson, fünf Jahre lang Pachauris Vorgänger im Amt, behauptete, das IPCC würde „Tausende von Spitzenfachleuten aus der ganzen Welt“ beschäftigen.[21] Die Medien haben es immer wieder nachgeplappert.

Solche Behauptungen sind dumme Sprüche. Denn eines gleich zu Beginn: Einige der weltweit erfahrensten Fachleute blieben außen vor. So erklärte William Gray, ein Atmosphärenwissenschaftler der Colorado State University, 2005 einem Ausschuss des US-Senats: „Trotz meiner 50-jährigen wissenschaftlichen Erfahrung mit Meteorologie und meiner langjährigen Befassung mit saisonalen Orkan- und Klimavorhersagen wurde ich nie um einen Beitrag zu einem der [IPCC-] Berichte gebeten.“ Warum wurde er nicht zur Party eingeladen? Als Grund gab er seine Überzeugung an, der Klimawandel würde keineswegs mehr (oder stärkere) Wirbelstürme verursachen: „Die kennen meine Ansichten und wollen sich nicht damit auseinandersetzen.“[22]

Sechs Monate vor Grays Aussage hatte ein Experte von der anderen Seite des Atlantiks seine Bedenken vor einem Ausschuss des britischen Oberhauses geäußert.

Paul Reiter weiß wenig über Atmosphärenwissenschaft. Doch womit er sich auskennt, ist ein Fachgebiet, auf das er sich seit über 40 Jahren spezialisiert hat – von Moskitos übertragbare Krankheiten. Ihm zufolge sind die Autoren, die über diese Krankheiten in der Klimabibel geschrieben haben, keine Experten.

Obwohl ein großer Teil des Gesundheits-Kapitels der Ausgabe von 1995 der Malaria gewidmet war, machte Reiter deutlich, dass „keiner der Leitautoren jemals eine Forschungsarbeit zu diesem Thema veröffentlicht hatte!“ Nur jemand mit begrenztem Fachwissen hätte seiner Meinung nach eine solche „amateurhafte“ Arbeit abliefern können.

So behauptete die Klimabibel, dass die Moskitos, die Malaria übertragen, normalerweise nicht in Gebieten überleben, wo die

---

[20] R K Pachauri, UN Summit on Climate Change, Rede, 22. 9. 2009, S. 1.

[21] Robert Watson, The public has been swindled, The Guardian, 21. 7. 2008, http://www.guardian.co.uk/commentisfree/2008/jul/21/ofcom.channel4 [7. 7. 2012].

[22] U.S. Senate Committee on Environment & Public Works, Hearing Statements, Date: 09/ 28/ 2005, Statement of Dr. William Gray, Department of Atmospheric Science, Colorado State University, The Role of Science in Environmental Policy-Making.

Wintertemperaturen unter 16 °C fallen. Das, so Prof. Reiter, ist Unsinn. Heute verbinden wir Malaria mit den Tropen, doch sind Armut und das Fehlen medizinischer Versorgung wichtigere Faktoren. Hawaii, Aruba und Barbados sind allesamt tropische Gebiete, doch Malaria ist dort kein Problem. Andererseits sind im 19. Jahrhundert in Nordamerika, Europa und sogar Sibirien Tausende an Malaria gestorben.[23]

Das gleiche spielte sich bei den Meeresspiegelhöhen ab. Der ehemalige Vorsitzende der Kommission über die Veränderung des Meeresspiegels, Prof. Nils-Axel Mörner, sagte ebenfalls vor dem britischen Oberhaus aus. Mörner, der eine 40jährige Erfahrung auf diesem Fachgebiet vorweisen kann, wies auf die Unterschiede in den Auffassungen zwischen den Fachleuten zum Thema Meeresspiegel und den IPPC-Autoren hin. Letztere, sagte er, besäßen über keinerlei greifbare Erfahrung. Stattdessen versuchten sie, die Zukunft mit Hilfe von mathematischen Formeln und Computern vorherzusagen (Computer-Modellierung).

Mörner berichtete dem Oberhaus, dass zwischen 1999 und 2003 fünf internationale Tagungen von echten Meeresspiegel-Experten stattgefunden hätten, auf denen die verfügbaren weltweiten Belege diskutiert worden wären. Das Ergebnis war die Schlussfolgerung, dass der Meeresspiegel bis 2010 um kaum mehr als 10 Zentimeter steigen würde. Mörner meinte, die Behauptungen vom raschen Anstieg des Meeresspiegels und von der unmittelbaren Gefahr einer Überflutung ganzer Inselstaaten wären einfach unwahr.

Der Hurrikan-Experte Prof. Gray lebt in Amerika. Der Malaria-Experte Prof. Reiter wirkt am Pasteur-Institut in Paris. Bei Prof.

[23] Der volle Text des 1995er IPCC-Gesundheitskapitels findet sich hier: http://www.webcitation.org/623qFqtAB [6. 6. 2012].
Unten auf Seite 571 (Seite 11 in der PDF-Version) heißt es: „Although anopheline mosquito species that transmit malaria do not usually survive where the mean winter temperature drops below 16-18 °C, some higher-latitude species are able to hibernate in sheltered sites."
Zu Malaria im historischen Kontext vgl. die folgenden Links aus „The Lancet", zu einem Vortrag von Paul Reiter, einer Rezension von Paul Reiter im Malaria Journal (2008) und zur Situation in Nairobi (ebd., 2011): www.webcitation.org/61BPoHDZF [6. 10. 2012], www.ncbi.nlm.nih.gov/pmc/articles/PMC2627969/pdf/10653562.pdf [6. 10. 2012], www.webcitation.org/6242mPfWj [6. 10. 2012], www.malariajournal.com/content/10/1/138 [6. 10. 2012]. Vgl. Auch http://www.malariajournal.com/content/7/S1/S3 [6. 10. 2012].

Mörner handelt es sich um den ehemaligen Leiter des Fachbereichs Geodynamik an der Universität Stockholm.

Alle drei besitzen hoch spezialisiertes Wissen. Alle drei sind echte Fachleute mit langjähriger Erfahrung auf ihrem Fachgebiet. Sie sind mit anderen Worten genau die Sorte von Menschen, die man im Zentrum einer Organisation von Weltklasse-Wissenschaftlern, die sich mit einer der wichtigsten Fragen zur Zukunft unseres Planeten beschäftigt, erwarten würde.

Doch sie gehören nicht zum IPCC. Es liegt also nahe, dass das IPCC unter „Spitzenwissenschaftlern“ und „besten Fachleuten“ etwas anderes versteht als die meisten von uns.

4] Wissenschaftler-Nachwuchs unter Dreißig

Wenn also Malaria-Experten nicht den Malaria-Teil und weltbekannte Meeresspiegel-Experten nicht den Meeresspiegelteil der Klimabibel schreiben, wer schreibt dann die IPCC-Berichte?

Eine Gruppe sind graduierte Studenten (Doktoranden und MA-Studenten), vom Lebensalter her typischerweise Mittzwanziger. Deren Welterfahrung ist weder breit noch tiefgehend. Wenn sie nur Verwaltungsaufgaben übernehmen würden, ginge das in Ordnung. Doch das IPCC verlässt sich seit langem auch auf ihr fachliches Urteilsvermögen.

Richard Klein, heute Professor für Geografie in den Niederlanden, ist ein gutes Beispiel. 1992 wurde Klein 23 Jahre alt, machte sein Diplom und tat sich als Greenpeace-Aktivist hervor. Zwei Jahre später, im zarten Alter von 25 Jahren, befand er sich bereits unter den IPCC-Leitautoren.

Was bedeutet das? Das IPCC kennt dreierlei Autoren: *Koordinierende Leitautoren* sind für ein ganzes Kapitel zuständig und stehen rangmäßig am höchsten. Für jedes Kapitel gibt es davon normalerweise zwei. Von den *Leitautoren* (ohne Attribut!) wird hingegen erwartet, dass sie große Teile des Textes schreiben. Deren Anzahl schwankt zwischen einer Handvoll und mehreren Dutzend. *Beitragende Autoren* stellen ihr Wissen ergänzend zur Verfügung. Sie nehmen normalerweise nicht an den Besprechungen der beiden anderen Autorenkategorien teil. Sie werden nur gebeten, kurze Beiträge zu einem eng gefassten spezifischen Thema zu liefern. Die einzelnen Kapitel hatten zwischen null und 20 *Beitragende Autoren*.

Kleins Online-Biografie können wir entnehmen, dass er seit 1994 bei sechs IPCC-Berichten Leitautor war. Dreimal seit 1997 war er

Koordinierender Leitautor. Das bedeutet, dass Klein bereits mit 28 Jahren in die ranghöchste Autorenkategorie des IPCC befördert worden war, sechs Jahre *vor* der Erlangung seines Doktorgrades. Weder seine Jugend noch seine geringen akademischen Meriten hinderten das IPCC, ihn als einen Experten von Weltrang zu betrachten.[24]

Das ist keinesfalls ein Einzelfall. Laurens Bouwer arbeitet derzeit am Institut für Umweltstudien der Freien Universität Amsterdam. Von 1999 bis 2000 war er IPCC-Leitautor, noch *bevor* er 2001 seinen Master-Grad erwarb.

Wie kann ein junger Mann ohne Master beim IPCC Leitautor sein? Gute Frage, aber nicht die einzige. Bouwers fachliche Qualifikation liegt auf dem Gebiet des Klimawandels und der Wasservorräte. Doch das Kapitel, für das er als erstes als Leitautor tätig war, hatte den Titel „Versicherungen und andere Finanzdienstleistungen".

Es stellt sich heraus, dass Bouwer 2000 für ein paar Monate Trainee bei der Münchener Rückversicherung war. Das bedeutet, dass das IPCC als Leitautor jemanden ausgewählte, der a) Trainee war, b) noch keinen Master hatte und c) noch ein ganzes Jahrzehnt von seiner Promotion (2010) entfernt war.

Wer fällt noch in diese Kategorie?

Da ist zum Beispiel Lisa Alexander. Noch 2008 war diese Frau Forschungsassistentin an der Monash-Universität in Australien. Nach ihrer Promotion 2009 erhielt sie an einer anderen australischen Universität eine Anstellung. Diese Universität erwähnte in der Ankündigung der Anstellung, dass sie bereits eine „Schlüsselrolle" bei den Ausgaben der Klimabibel 2001 und 2007 gespielt hätte. (Sie war 2001 Beitragende Autorin und 2007 Leitautorin.)

Das IPCC wählte die 2001er Autoren bereits 1999 aus. Daraus ergibt sich, dass die IPCC-Führung auch Lisa Alexander bereits 10 Jahre vor ihrer Promotion als Weltklasse-Expertin ansah.

Sari Kovats ist derzeit Dozentin an der „London School of Hygiene and Tropical Medicine". Sie ist ein noch extremeres Beispiel. Erst

---

[24] Große IPCC-Berichte sind als Sachstandsberichte (assessment reports) bekannt. Bisher erschienen vier: 1990, 1995, 2001 und 2007. In diesem Buch werden sie als Klimabibel bezeichnet. Das IPCC produzierte auch eine Anzahl kleinerer Berichte zu spezifischen Themen. Klein arbeitete bei beiden Berichtsarten mit und bezieht beide in seine Zählung ein.

2010 wurde sie promoviert. Doch bereits 1994 – 16 Jahre vorher und drei Jahre vor der Veröffentlichung ihres ersten Forschungspapiers – befand sich Kovats bereits unter jenen 21, die weltweit ausgewählt worden waren, um das erste IPCC-Kapitel auszuarbeiten, das sich die möglichen Auswirkungen des Klimawandels auf die menschliche Gesundheit untersuchte. Insgesamt war Frau Kovats zweimal Leitautorin beim IPCC und einmal Beitragende Autorin – lange, bevor sie ihre Dissertation abgeschlossen hatte.

Einer ihrer amerikanischen Kollegen beim Verfassen des Gesundheitskapitels war Jonathan Patz. Seinen Master in „Öffentliches Gesundheitswesen" erlangte er 1992. Seine erste Fachveröffentlichung erfolgte 1995. Doch bereits 1994 hielt das IPPC seine akademischen Würden für so beeindruckend, dass er zum Leitautor ernannt wurde.

Wenn man sich die Beteiligung von Frau Kovats und Herrn Patz vorstellt, macht Paul Reiters Beschreibung des 1995er Gesundheitskapitels als „amateurhaft" Sinn. Anstatt wirkliche Experten wie Reiter einzuladen, hat das IPCC junge, unerfahrene Nichtexperten eingestellt.

Seit Mitte der 1990er Jahre geht das so. Doch 2011 berichteten Zeitungen noch immer, dass im IPCC die „weltbesten Wissenschaftler" versammelt sind.

5] Geschlecht und Nationalität müssen stimmen

Anfang 2010 unternahm das „InterAcademy Council" (IAC), eine weltweite Dachorganisation von Akademien der Wissenschaften, einen Schritt von historischer Tragweite. Es richtete einen Ausschuss ein, dessen Auftrag die Untersuchung die Aktivitäten und Regeln des IPCC war.[25]

Auf seiner Webseite veröffentlichte die Organisation einen Fragebogen und bat um Antworten. Die Antworten wurden nach Entfernung der Namen der Befragten veröffentlicht. Die von IPCC-Beteiligten kommenden Antworten können von anderen Antworten unterschieden werden, weil der Antwortbogen mit der Rolle des Befragten beim IPCC beginnt.[26]

---

[25] Der Hintergrund der Einrichtung dieses Komitees von Seiten des InterAcademy Council im Jahre 2010 wird in Kapitel 33 diskutiert. Vgl. http://reviewipcc.interacademycouncil.net/committee.html [7. 7. 2012]. Kurz zusammengefasst handelte es sich dabei um die Reaktion der UNO und des IPCC auf den Skandal bei den Himalaja-Gletschern – einer der wenigen Anlässe, wo einige der Mainstream-Medien über das IPCC skeptisch berichteten. Eine andere Sicht dazu findet sich bei Ross McKitrick in: What is wrong with the IPCC? Proposals for radical reform, (Hg. Global Warming Policy Foundation, 2011), S.9, http://thegwpf.org/images/stories/gwpf-reports/mckitrick-ipcc_reforms.pdf [7. 7. 2012]: „Zum Zeitpunkt seiner Einrichtung hatte das IAC keinerlei Erfahrung bei der Evaluierung von Verwaltungsverfahren, noch war es glaubhaft unabhängig vom IPCC. Vor der IPCC-Überprüfung von 2010 war sein aktuellstes Papier eine Studie von 2007, die sich für alternative Energie einsetzte und von einem aus 15 Mitgliedern bestehenden Komitee verfaßt worden war. Darunter waren der IPCC-Chef Pachauri und die IPCC-Leitautoren Nebojsa Nakicenovic und Ged Davis. Der IAC-Bericht enthielt einige wichtige Empfehlungen [...] er sollte jedoch nicht als letztes Wort zum Thema IPCC betrachtet werden. Vielfach sollte er nur als erstes Wort betrachtet werden."

[26] Vgl. http://reviewipcc.interacademycouncil.net/Comments.pdf [7. 7. 2012]. Merkwürdigerweise gibt es eine Diskrepanz zwischen der Gesamtanzahl der veröffentlichten Rücksendungen und der uns mitgeteilten Gesamtanzahl der Rücksendungen an das dem 2010er Komitee. Vgl. http://nofrakkingconsensus.com/2011/03/21/the-missing-questionnaires/ [7. 7. 2012].

Die, die unmittelbar Erfahrungen mit dem IPCC gemacht hatten, waren bemerkenswert offen bei ihren Antworten. Ihnen zufolge sind herausragende wissenschaftliche Leistungen nicht das einzige Kriterium für eine Einladung zu einer Mitarbeit beim IPCC.

Man bedenke, dass es sich um eine UN-Struktur handelt. Man schätzt daher die gleichen Dinge, die andere UN-Gremien schätzen. Dinge wie Diversität, Geschlechterbalance und regionale Ausgewogenheit. Oder der Grad der Beteiligung der Entwicklungsländer im Vergleich zu dem der Industrieländer.

Die veröffentlichten beantworteten Fragebogen füllen insgesamt 678 Seiten. Bereits auf Seite 16 beschwert sich jemand, dass „einige Leitautoren [...] ganz klar nicht als Leitautoren qualifiziert sind." Außerdem finden sich dort Aussagen wie:

- „Es gibt viel zu viele politisch korrekte Ernennungen, indem Wissenschaftler aus Entwicklungsländern mit ungenügender wissenschaftlicher Kompetenz ernannt werden, die nichts Nutzbringendes tun können. Das mag angehen, wenn es um das Sammeln von Erfahrungen geht, aber bei meinem Kapitel [...] war die Hälfte [der Leitautoren] inkompetent" (S. 138).
- „Das gesamte Verfahren [...] krankt an übertriebener Rücksicht auf geografische Ausgewogenheit. Alle Entscheidungen sind zuerst politisch und erst dann wissenschaftlich" (S. 554).
- „die Hälfte der Autoren ist ganz einfach da, weil sie verschiedene Teile der Welt repräsentieren" (S. 296).

Dass niemand denkt, Wissenschaftler aus den weniger reichen Ländern werden ungerechterweise nach Stereotypen charakterisiert, hier ein zustimmender Kommentar von S. 330:

- „Die Teammitglieder aus den Entwicklungsländern (mich eingeschlossen) waren willkommen, sie sollten sich wohl und als Teil des Teams fühlen. In Wahrheit fehlte uns aber der intellektuelle Tiefgang, um im Prozess bedeutende Beiträge leisten zu können."

Der Fragebogen enthielt das Wort „Gender" nicht. Trotzdem kommt es Dutzende Male in den Antworten vor. Während die einen meinen, das IPCC sollte nicht auf Geschlechtergleichheit achten, begrüßen andere dieses Auswahlkriterium.

Unter denen mit IPCC-Erfahrung aus erster Hand ist es daher ein offenes Geheimnis, dass einige aus Gründen ernannt wurden, die wenig mit einem weltweit erstklassigen wissenschaftlichen Ruf zu tun haben. Je nach dem, wem man Glauben schenkt, trifft das entweder nur in ganz wenigen Fällen oder sogar für die Hälfte der Autoren zu. Nach Ansicht von mindestens einem Befragten ist *jede* IPCC-Personalentscheidung von Überlegungen beeinflusst, die nichts mit Wissenschaft zu tun haben.

Wenn die UNO das IPCC für einen Ausbildungsplatz für Wissenschaftler aus Entwicklungsländern hält, geht das in Ordnung. Wenn die UNO meint, eines der Hauptziele des IPCC besteht darin, das professionelle Profil von Wissenschaftlerinnen zu verbessern, geht das auch in Ordnung. Innerhalb ihrer eigenen Organisation kann die UNO tun, was sie für richtig hält. Doch es ist unehrlich, der Welt zu verkünden, dass man eine Gruppe von Radrennfahrern zusammengestellt hat, wenn es sich in Wahrheit um Dreiradfahrer handelt.

Journalisten meinen, wir sollten auf die IPCC-Schlussfolgerungen vertrauen, weil dessen Berichte von den weltbesten wissenschaftlichen Köpfen verfasst worden sind. Doch um so weit zu kommen, müsste das IPCC bei der Auswahl seiner Autoren ganz andere Kriterien anwenden.

Dazu wäre ein Konzept mit ungefähr der folgenden Kernaussage nötig: *Obgleich wir ein UNO-Gremium sind, gilt bei uns der UNO-Proporz nicht. Wir suchen die weltbesten Experten und nur die besten Experten, ohne Rücksicht auf Herkunft oder Geschlecht.*

Einem solchen IPCC könnte ich vertrauen. Doch das ist nicht das IPCC, das es gibt.

6] Aktivisten

Viele Umweltorganisationen beschäftigen Menschen, deren einziges Ziel es ist, für das Klimawandelproblem zu sensibilisieren. Je wirkungsvoller diese dabei sind, die Öffentlichkeit davon zu überzeugen, dass hier ein dringendes Problem besteht, desto mehr neigen wir dazu, für ihre Sache Geld zu spenden.

Weil Aktivisten ihre eigene Agenda haben und sich diese Kampagnen-Ziele nicht mit Wissenschaft vertragen, müssen Umweltaktivisten wissenschaftlichen Unterfangen fern bleiben. Man kann Daten nicht für wissenschaftlich einwandfrei erachten, wenn sie von Aktivisten erhoben und ausgewertet wurden.

Wissenschaftliche Ergebnisse – besonders jene, die wertende Forderungen beinhalten – sind nicht vertrauenswürdig, wenn Aktivisten mitgewirkt haben.

Doch weder haben Aktivisten zum IPCC Abstand gehalten. Noch hat das IPCC Schritte unternommen, um seinen wissenschaftlichen Ruf durch eine klare Abgrenzung von grünen Gruppierungen zu wahren. Was einer der Hinweise darauf ist, dass es sich beim IPCC um ein verzogenes Kind handelt, das kein Interesse daran hat, seine Aufgaben professionell und wie ein Erwachsener zu lösen.

Die unsaubere Verbindung zwischen Aktivisten und dem IPCC wird durch eine Greenpeace-Publikation von 2007 beleuchtet. Das Vorwort des Dokuments ist von keinem anderen als Rajendra Pachauri geschrieben. Am Schluss seiner Ausführungen findet sich nicht nur sein Foto, sondern er wird auch als IPCC-Chef und nicht als Privatmann vorgestellt, der seine Privatmeinung zum Besten gibt.

Im Folgejahr schrieb Pachauri ein weiteres Vorwort für eine Greenpeace-Publikation. Das muss man sich vor Augen halten: Die Rolle des IPCC ähnelt der eines Richters. Es überprüft die wissenschaftlichen Belege und entscheidet, ob das menschengemachte Kohlendioxid den Klimawandel auslöst oder nicht.

Welches Vertrauen würde man in die Unparteilichkeit eines Mordprozesses setzen, wenn der Richter tagsüber die Beweise sichten und abends mit der Staatsanwaltschaft eine Party feiern würde?

Wie bereits oben erwähnt, stellte die Tatsache, dass Richard Klein mit 23 Jahren als Greenpeace-Aktivist tätig war, für das IPCC keinen Hinderungsgrund dar, ihn mit 25 zum Leitautor zu ernennen. Doch das ist nur der Anfang.

Ab 1992 war Bill Hare Greenpeace-Sprecher, 2007 deren „Chef-Klima-Unterhändler". Ein Greenpeace-Blog-Beitrag nennt ihn eine „Legende" dieser Organisation. Doch nichts davon hat ihn davon abgehalten, im IPCC Führungsaufgaben wahrzunehmen.

Mit der Herausgabe der 2007er Ausgabe der Klimabibel erfuhr man, dass Hare Leitautor war, dass er bei zwei von drei Abschnitten des Berichts als Fachgutachter mitwirkte und dass er darüber hinaus als einer von 40 Autoren des „Kernteams" an der „Zusammenfassung" (Synthesis Report) mitgeschrieben hat.

Hier muss angemerkt werden, dass das IPCC keinesfalls aufrichtig hinsichtlich der Greenpeace-Verbindungen von Hare ist. Die Klimabibel von 2007 erwähnt seine Zugehörigkeit zum „Potsdam Institut für Klimafolgenforschung". Weil Hare dort Gastwissenschaftler ist, hat das IPCC hier zwar nicht gelogen. Gesündigt hat es aber dennoch, indem es etwas wegließ. Aufgrund seiner Greenpeace-Verbindung kann er nicht als normaler Wissenschaftler angesehen werden.

Stellen Sie sich vor, Opfer bei einem Verkehrsunfall zu sein. Sie hätten nichts zu befürchten, sagt man Ihnen, weil derjenige, der bei Ihnen bis zur Ankunft des Krankenwagens bleibt, in Erster Hilfe ausgebildet ist. Doch sagt man Ihnen nicht, dass der Helfer ein Vampir ist, der dem aus ihrer Wunde austretendem Blut nur schwer widerstehen kann. Sie wurden nicht davor gewarnt, dass es ihm noch um etwas anderes geht – etwas, das die Lage dramatisch verändert.

Im Jahre 2009 wies eine grüne Denkfabrik darauf hin, dass Hare und eine weitere Person namens Malte „langjährige wichtige Mitglieder des Internationalen Klimateams von Greenpeace waren." Maltes Familienname lautet Meinshausen. Er und Hare verfassten

2001 gemeinsam eine Analyse des Kyoto-Protokolls. Von 2002 bis 2003 war er einer der Greenpeace-Sprecher.[27]

Doch das alles verhinderte nicht, dass er als Beitragender Autor nicht nur für ein oder zwei, nein, für drei Kapitel der 2007er Klimabibel angeheuert wurde. Wie bei den oben erwähnten Graduiertenstudenten beweist auch Meinshausens Mitarbeit, dass viele IPCC-Autoren keineswegs ältere Wissenschaftler sind. Erst 2005 wurde Meinshausen promoviert.

Einige Passagen der 2007er Klimabibel zitieren freundlich-zustimmend Fachbeiträge von Hare und Meinshausen, als ob es keine Rolle spielt, dass beide zu Greenpeace gehören. Das IPCC geht sogar so weit, eine Grafik aus einem Beitrag abzudrucken, deren einzige Autoren die beiden waren.

Die Greenpeace-Verbindung geht noch weiter. Der Australische Meeresbiologe Ove Hoegh-Guldberg wird oft als „weltbekannter Riff-Experte" bezeichnet. Neun Kapitel der 2007er Klimabibel gründen ihre Schlussfolgerungen zum Teil auf seine Arbeiten.[28] Er war zudem Beitragender Autor des Berichts und wurde zum Koordinierenden Leitautor der nächsten Ausgabe der Klimabibel ernannt.

Das Problem dabei ist, dass Hoegh-Guldberg seit 17 Jahren zu Aktivisten-Organisationen enge Beziehungen unterhält. Zwischen 1994 und 2000 verfaßte er vier Studien über Korallenriffe und den Klimawandel, die von Greenpeace bezahlt, betreut und veröffentlicht wurden. Seither hat er zwei weitere für den World Wildlife Fund (WWF) geschrieben.

Jemand, der 17 Jahre lang mit Aktivistengruppen zusammengearbeitet hat, ist in der Wolle eingefärbt. Es ist undenkbar, eine sol-

---

[27] Im Oktober 2002 wird Meinshausen als Greenpeace-Sprecher vorgestellt. Seine Kontaktinformationen enthalten auch eine Greenpeace-Email-Adresse.
Vgl. http://www.iisd.ca/climate/cop8/enbots/asc/enbots1105e.txt [9. 7. 2012].
Im Juni 2003 gehörte er laut dieser Quelle zu Greenpeace International:
www.greenpeace.org/international/Global/international/planet-2/report/2006/3/sinks-in-the-cdm-after-the-cl.pdf [9. 7. 2012]. In diesem Dokument vom Dezember 2003 wird er als einer von drei Greenpeace-International-Kontaktpersonen genannt:
https://docs.google.com/viewer?a=v&pid=explorer&chrome=true&srcid=0BwKfjKsXaxaGMjc4ZWMwYTAtZTAxNy00ODIyLTg1NTItMjg2MTBkMGFmZDkz&hl=en [9. 7. 2012].

[28] Vgl. den Schluss meines Blog-Beitrags, an dem die neun Klimabibel-Kapitel genannt werden, in denen Papiere von Hoegh-Guldberg unter den Referenzen aufgeführt sind:
http://nofrakkingconsensus.com/2011/04/22/ka-ching-more-greenpeace-money [9. 7. 2012]

che Person für so unparteiisch zu halten, das Für und Wider sorgfältig abzuwägen und eine peinlich genaue, objektive Zusammenfassung der Situation zu verfassen.

Weil wir gerade beim WWF sind. Dessen Webseite zeigte einst ein gestelltes Gruppenfoto der 20 ranghöchsten IPCC-Mitglieder. In der zweiten Reihe befand sich ein Herr namens Richard Moss, der fast 20 Jahren beim IPCC aktiv war. Während dieser Zeit war er beim WWF zeitweise als einer von dessen Vizepräsidenten angestellt.[29]

Ganz ähnlich verbrachte Jennifer Morgan mehrere Jahre als WWF-Chefsprecher für Klimawandel. Sie leitete dessen Programm zum globalen Klimawandel und war WWF-Delegationsleiterin bei den Verhandlungen zum Kyoto-Protokoll. Vorher hatte sie für das „Climate Action Network" gearbeitet. Derzeit leitet sie ein Klimawandel-Programm des World Resources Institute.

Mit anderen Worten: Frau Morgan ist keine der der weltbesten wissenschaftlichen Köpfe. Sie ist eine Berufsaktivistin. Trotzdem wurde sie vom IPCC im Juni 2010 mit einem Bericht beauftragt, der

---

[29] Laut dieser Presseveröffentlichung wurde Moss im November 2007 zum WWF-Vize-Präsidenten ernannt:
http://www.worldwildlife.org/who/media/press/2007/WWFPresitem1326.html [9. 7. 2012].
Gemäß der nachfolgend zitierten Vita war er von 2006 bis 2009 von seinem eigentlichen Job beurlaubt und diente als: „Vice President/ Managing Director for Climate Change at WWF and Senior Director for Energy and Climate at the U.N. Foundation."
Vgl. www.globalchange.umd.edu/staff/rmoss [7. 7. 2012].
Im August 2011 führte die WWF-Webseite Moss immer noch als WWF Senior Fellow, Climate Change, vgl. http://www.webcitation.org/618CUDdLt [7. 7. 2012].
Im Juni 2009 nahm Moss an einer Besprechung teil, wo er sowohl den WWF als auch die „Task Group on Data and Scenarios for Impact and Climate Analysis" des IPCC vertrat, vgl. S. 1 in diesem PDF: http://cmip-pcmdi.llnl.gov/cmip5/docs/DraftRCPExtension_WhitePaper_26Jul09.pdf [9. 7. 2012]. Im Juni 2010 ernannte ihn das IPCC zum Gutachter für die anstehende Ausgabe der Klimabibel. Siehe http://noconsensus.org/AR5_authors.pdf, S. 13.
Solche Gutachter (review editors) werden in diesem Buch sonst nicht diskutiert. Sie kommen ins Spiel, wenn externe Fachgutachter um Stellungnahmen zu Texten von IPCC-Autoren gebeten werden (siehe Kapitel 11, 14 und 33). Theoretisch sollen die internen Gutachter sicherstellen, dass externe Stellungnahmen angemessen berücksichtigt werden und dass sich in den Texten ihrer Kapitel ein weites wissenschaftliches Ideenspektrum widerspiegelt. Durch diesen Mechanismus würde laut IPCC Einseitigkeit vermieden. Doch der Bericht des InterAcademy Council von 2010 sagt, dass die internen Gutachter von den Kapitelsautoren überstimmt werden können und daher kaum Einfluss haben. Anders ausgedrückt, sind die angeblichen IPCC-Prüfverfahren zahnlose Tiger und eine Illusion – seit zwei Jahrzehnten. Zum IAC, vgl.
http://reviewipcc.interacademycouncil.net/report/Climate%20Change%20Assessments,%20Review%20of%20the%20Processes%20&%20Procedures%20of%20the%20IPCC.pdf [9. 7. 2012] bzw. http://www.webcitation.org/623trdKf3, S. XIV.

vom IPCC als objektiv, streng wissenschaftlich und ausgewogen bezeichnet wird.

Auch Michael Oppenheimer sollte erwähnt werden. Wenn die Öffentlichkeit die Bezeichnung „Wissenschaftler" hört, denkt man an jemanden, der über sämtlichen Konflikten steht, unparteiisch und gelassen ist und sich an wissenschaftliche Ergebnisse hält. Aus dieser unterstellten Neutralität speist sich die Autorität der Wissenschaftler. Doch in den 1970ern begann die Entwicklung einer neuen Art von Wissenschaftlern – Wissenschaftsaktivisten. Heute sitzen solche Leute auf beeindruckenden Universitätspositionen. Häufig sind sie bei honorigen Regierungsbehörden angestellt. All das übertüncht, dass sie aktivistische Weltanschauungen vertreten und dass ihr wissenschaftliches Urteilsvermögen durch diese Anschauungen beeinflusst werden kann.[30]

Forschungsergebnisse sind selten ganz klar und eindeutig. Daten werden gesammelt, ausgewählt, verworfen, angepasst und von menschlichen Wesen interpretiert. Bei jedem einzelnen Akt besteht ein Risiko, Irrtümer zu begehen oder wichtige Information zu übersehen. Die weggeworfenen und missachteten Schnipsel auf dem Boden des Schneideraums könnten u. U. ein ganz anderes Ergebnis zeitigen. Weil aber Aktivisten von Anfang an einer bestimmten vorurteilsbeladenen Sichtweise folgen, könnten sie unbewusst andere mögliche Erklärungen vollkommen übersehen.

Auf den ersten Blick könnte Oppenheimer kaum besser qualifiziert sein. Er ist Leiter eines Programms für Wissenschafts-, Technologie- und Umweltpolitik an der Princeton University, zugleich Professor im Fachbereich Atmosphärenwissenschaft. Vor seiner Beru-

---

[30] 1976 wurde für den Club of Rome ein Buch mit dem Titel „RIO: Reshaping the International Order" (dt.: „Die Umgestaltung/Restrukturierung der Internationalen Ordnung", Autor: Ian Tinbergan) verfasst. Auf Seite 133 (Kapitel 7, Abschnitt 5) wird dort anerkennend über das Aufkommen ausschließlich aktivistischer Wissenschaftler Mitte der 1970er gesprochen: „In der Vergangenheit haben sich [Wissenschaftler] bei politischen Debatten zurückgehalten und der Öffentlichkeit ihr Wissen und ihre Ängste nur zögerlich mitgeteilt. Bei sozialen Mißständen [Dilemmata] zogen sie oft eine neutrale einer wertebasierten Position und ruhig vorgetragene Empfehlungen offenen Unterstützungserklärungen vor. Diese generelle Einschätzung trägt heute nicht mehr. **In vielen Wissenschaftsbereichen gibt es jetzt radikale Bewegungen. Zunehmend engagieren sich Wissenschaftler aus reichen wie armen Teilen der Welt aktiv für Dinge, die sie als intellektuelle und ethische Pflicht ansehen** [Hervorhebung hinzugefügt]. Ein Foto des englischen Originalzitats findet sich hier [11. 7. 2012]: http://nofrakkingconsensus.files.wordpress.com/2011/08/club_of_rome_activist_scientists.jpg

fung war er jedoch für mehr als zwei Jahrzehnte der Chefwissenschaftler des aktivistischen „Environmental Defense Fund“ (EDF). Diese Organisation ist so reich, dass auf der Liste ihrer fest angestellten Experten mehr als 100 Namen stehen. Darunter finden sich sieben Anwälte, acht Ökonomen und ein Vizepräsident für Unternehmenssponsoring.

Wir sind zwar mit der Idee vertraut, dass die Großindustrie Einfluss auf die Politik nimmt. Die meisten von uns haben aber übersehen, dass es auch so etwas wie „grüne Konzerne“ gibt. Gruppen wie der EDF betreiben ganz energisch Lobby-Arbeit, um ihre Spezialinteressen voranzubringen. Sie beschäftigen auch Menschen, die ihre aktivistischen Zielsetzungen mit dem Firnis der wissenschaftlichen Glaubwürdigkeit versehen. Noch heute setzt Oppenheimer seine Beratungstätigkeit für den EDF fort. Das bedeutet, dass er sein ganzes Berufsleben in einem aktivistischen Milieu verbracht hat.

Im IPCC glaubt man, all das ist unproblematisch. Oppenheimers Online-Biografie führt aus, dass er dort „seit langem teilnimmt“. So war er Leitautor der 2007er Klimabibel. Für deren nächste Ausgabe erfüllt er noch wichtigere Aufgaben. Auch hat er an einem IPCC-Sonderbericht über Extremwetterereignisse und Katastrophen („climate extremes and disasters“) mitgewirkt.[31]

Vielleicht gehört zu den Gründen, aus denen das IPCC Oppenheimer nicht als vollkommen kontaminiert ansieht, dass seine wissenschaftliche Position selbst scheinbar keinen Bezug zu solchen Dingen aufweist.

So klärt uns Oppenheimers Princeton-Biografie darüber auf, dass er „Mitglied vieler Gremien der Nationalen Akademie der Wissenschaften [der USA] war und derzeit Mitglied des Ausschusses für

---

[31] Oppenheimer diente in sechs verschiedenen Funktionen bei der Erstellung der 2007er Klimabibel. Er war Beitragender Autor für Kapitel 2, vgl. www.ipcc.ch/publications_and_data /ar4/wg2/en/ch2.html, Leitautor des Berichts der Arbeitsgruppe 2 für Kapitel 19, vgl. www.ipcc.ch/publications_and_data/ar4/wg2/en/ch19.html und wirkte an der Zusammenfassung für Entscheider der Arbeitsgruppe 2 mit (vgl. http://www.ipcc.ch/publications_and _data/ar4/wg2/en/spm.html). An deren Technischer Zusammenfassung (Technical Summary) war er ebenfalls beteiligt, vgl. http://www.ipcc.ch/publications_and_data/ar4/wg2/en/ts.html. Zusätzlich ist er als Fachgutachter für den Bericht der Arbeitsgruppe 1 aufgeführt: http://www.ipcc.ch/publications_and_data/ar4/wg1/en/annexessannex-iii.html. Schließlich war er noch Fachgutachter für die Gesamtzusammenfassung, dem Synthesis Report: http://www.ipcc.ch/publications_and_data/ar4/syr/en/annexessannex-v.html.

Energie- und Umweltstudien der [selben] Nationalen Akademie ist. Er ist auch [...] Mitglied der *American Association for the Advancement of Science*."[32]

Die Wissenschaftsaktivisten, die in den 1970ern aufkamen, haben sich auf prestigeträchtige Führungspositionen hochgearbeitet. Anstatt Abstand zu halten, ehrt, feiert und fördert das Wissenschafts-Establishment die, deren Karriere untrennbar mit Aktivismus verbunden ist.

Das hat jedoch Konsequenzen. Man erwartet von der Öffentlichkeit, dass sie die Erkenntnisse aus der Klimabibel akzeptiert, weil sie ein wissenschaftliches Dokument ist, das von den weltbesten Wissenschaftlern verfasst wurde. Was wird aber geschehen, wenn herauskommt, dass die daran Beteiligten in Wirklichkeit fiese Aktivisten sind? Was geschieht, wenn herauskommt, dass die bedeutendsten Wissenschaftsgremien der Welt aufgehört haben, zwischen Aktivisten und jenen zu unterscheiden, die Wissenschaft so neutral und vorurteilsfrei wie nötig und möglich betreiben wollen?

Wenn Wissenschaftler unser Vertrauen in ihre Expertenmeinung einfordern, müssen sie sich vertrauenswürdig verhalten. Wenn wir von ihren hohen Qualitätsansprüchen beeindruckt sein sollen, müssen sie diese Standards erfüllen.

So gesehen beleuchten die Machenschaften im IPPC zugleich einen weit verbreiteten Mißstand innerhalb der Gemeinschaft der Wissenschaftler als Ganzes.

---

[32] Dt. „Amerikanische Akademie zur Förderung der Wissenschaft".

7] Klimamodellierer

Neben Graduiertenstudenten, den wegen ihres Geschlechts oder ihrer geografischen Herkunft Ernannten und den Aktivisten gibt es noch eine weitere prominente Gruppe unter den IPCC-Autoren – die Klimamodellierer. Obwohl diese Leute oft als Wissenschaftler bezeichnet werden, hat ihre Arbeit wenig mit traditioneller Wissenschaft gemein.

Die wissenschaftliche Methode besteht aus Hypothesenbildung, Erprobung der Hypothese in der realen Welt und danach in der Bestätigung, Anpassung oder Verwerfung der Hypothese, je nachdem, was die Tests in der wirklichen Welt ergeben. Doch weil es keinen zweiten Planeten Erde gibt, wo man sicher experimentieren könnte, weiß niemand, was geschieht, wenn die Anzahl der Kohlendioxid-Moleküle in der Atmosphäre von 380 auf 600 ppm („parts per million" – dt. „Teile [Moleküle] pro Million") steigt.

Das sind tatsächlich die Größenordnungen, um die es geht. Wissenschaftler glauben, dass der Kohlendioxidanteil an der Atmosphäre vor der industriellen Revolution weniger als 0,03 Prozent betrug – 280 ppm bzw. Moleküle auf eine *Million*. Derzeit sind es 390 ppm und wir nähern uns 0,04 Prozent. Ohne Emissionsreduzierung könnte der Anteil um das Jahr 2100 herum bei 0,06 Prozent liegen. Der gesamte Rummel beruht auf einer Hypothese, die besagt, dass unser Planet so instabil ist, dass ein geringer Zuwachs eines bestimmten Spurengases ein Desaster auslösen würde.[33]

---

[33] Klima-Aktivisten sprechen ständig über die Tatsache, dass sich das CO_2 in der Atmosphäre verdoppeln könnte – von 0,03 auf 0,06 Prozent. Das klingt bedeutsam. Aber wenn sich Ihr Risiko für eine Erkältung von Eins auf Zwei zu Hundert erhöht, bleibt es immer noch ein kleines Risiko, obwohl es sich tatsächlich verdoppelt hat. Die wichtige Frage ist daher, ob eine Veränderung bedeutend ist. Kluge, erfahrene und vertrauenswürdige Wissenschaftler bleiben geteilter Meinung bei der Frage, ob uns eine Verdoppelung des CO_2 in der Atmosphäre alarmieren sollte. Nur weil eine Meinung in Mode ist bzw. dominiert, heißt das noch nicht, dass die weniger modischen/dominanten Meinungen falsch wären. Wie Roy Spencer, ein Meteorologe mit 40 Jahren Erfahrung (Träger der NASA-Medaille für außergewöhnliche wissenschaftliche Leistungen), zu dieser Frage ausführte, ist ein Zuwachs einer sehr geringen Menge „immer ei-

Weil diese Hypothese nicht überprüft werden kann, haben sich einige Menschen eine Alternative ausgedacht. Sie behaupten, dass Supercomputer mit komplexen mathematischen Programmen bestätigten, dass ein bisschen mehr CO_2 in der Atmosphäre ganz schlimm wäre. Aus Sicht der Klimamodellierer sind die Computer-*Simulationen* genauso so gut wie harte wissenschaftliche Beweise.

Doch dazu bedarf eines starken Glaubens. Wenn Mathematik und Computer ausreichen würden, um die Zukunft vorherzusagen, wüssten Investoren heute schon, wo der Goldpreis in fünf, zehn oder zwanzig Jahren stünde. Die reale Welt ist jedoch chaotisch und nicht vorhersagbar. Sie entwickelt sich meist nicht so, wie es sich sogar die klügsten Menschen mit ihren Grafiken, Tabellen und Computern vorstellen.

Viele der Institutionen, die heute Langzeitklimamodellierungen betreiben, begannen einst mit kurzfristigen Wetterprognosen. Wir alle wissen, wie unzuverlässig das sein kann. Manchmal kommt das Wetter so, wie von den Experten vorhergesagt, häufig nicht.

Freeman Dyson, einer der besten Physiker der Welt, hat Klimamodelle untersucht. Er sagte, obwohl sie zwar manches ganz gut nachbildeten, „stellen sie nicht im Ansatz die reale Welt dar, in der wir leben. Die wirkliche Welt ist unklar und durcheinander und voller Dinge, die wir noch nicht verstehen. Es ist viel angenehmer für einen Wissenschaftler, in einem klimatisierten Gebäude zu sitzen und Computermodelle laufen zu lassen, als sich in Winterkleidung zu werfen und zu messen, was sich draußen in den Sümpfen und Wolken tut. Deshalb glauben die Klimaexperten am Ende an ihre eigenen Modelle."

Mit anderen Worten: Klimamodellierer verbringen ihr Berufsleben eher in einer virtuellen als in der wirklichen Welt. Wenn ein Ingenieur eine einsturzgefährdete Brücke gebaut hat, macht es gar nichts, wie sehr seine Kollegen sein Design loben. Die harte Realität wird seine Fehler jedem zeigen. Weil Klimamodellierer weit weg von den Prüf- und Kontrollmöglichkeiten der wirklichen Welt sind (es besteht keine Möglichkeit, die Langfristvorhersagen kurzfristig zu verifizieren), scheint das einzige, auf das es anzukommen scheint,

ne sehr kleine Menge", vgl. http://www.drroyspencer.com/2009/01/50-years-of-co2-time-for-a-vision-test/ [12. 7. 2012].

die Meinungen anderer Modellierer zu sein. So ist der Tunnelblick vorprogrammiert. Das sogenannte „Gruppendenken“ setzt ein.

Die Forschungsinstitutionen, die die Klimamodellierung finanzieren, scheinen überhaupt keine Vorkehrungen gegen das „Gruppendenken“ getroffen zu haben. Zudem hat das IPCC die Klimamodelle keiner strengen Überprüfung durch neutrale Stellen ohne Eigeninteresse unterziehen lassen. Stattdessen wurden vom IPCC für das entsprechende Kapitel der Klimabibel solche Autoren eingestellt, die mit diesen Modellen tagtäglich arbeiten, um diese Modelle zu bewerten. Das ist so, als würde man Eltern fragen, die Attraktivität ihrer eigenen Kinder zu bewerten. Glaubt jemand wirklich, sie würden ihre eigenen Kinder hässlich finden?

Die Beziehung zwischen den Klimamodellierern eines Landes und dem IPCC illustriert diesen Aspekt. George Boer gilt als Architekt der kanadischen Klimamodellierung. Als Angestellter von „Environment Canada“ (eine Behörde, die auch Wettervorhersagen erstellt) hat er während seines Berufslebens viel Zeit für den Versuch aufgewendet, die Politiker davon zu überzeugen, dass es legitim ist, öffentliche Gelder für Klimamodellierung auszugeben. Es besteht eine direkte Beziehung zwischen seiner Überzeugungskraft und der Zahl derer, die er anstellen durfte, wie viel Computerleistung er kaufen durfte und dem Grad seines so gewonnenen wissenschaftlichen Ansehens.

Weil seine Interessen eng mit dem Erfolg seiner Werbung für Klimamodelle verbunden sind, ist er ganz bestimmt nicht der Mann für eine möglichst wertneutrale, kritische Bewertung, die die Öffentlichkeit mit Recht erwarten kann, ehe alle Welt die Ergebnisse der Klimamodellierung ernst nimmt.

Als das IPCC 10 Leitautoren für das Kapitel „Evaluierung der Klimamodelle“ der 1995er Klimabibel auswählte, war Boer trotzdem dabei. Mit von der Partie war auch Andrew Weaver, ein weiterer Kanadier, dessen Karriere völlig von der Klimamodellierung abhängt. (Die Bezeichnung „Klimamodellierer“ scheint auf mindestens fünf der acht weiteren Leitautoren des Kapitels zuzutreffen.)

Als das gleiche Kapitel der 2001er Klimabibel verfasst wurde, sah es ähnlich aus. Weaver und die beiden anderen Modellierer wiederholten ihre Leitautorenrolle. Boer war gemeinsam mit vier weiteren

Kanadiern, die alle ihren Lebensunterhalt als Klimamodellierer verdienen, Beitragender Autor.

Erkannte das IPCC bei der 2007er Ausgabe der Klimabibel, wie dämlich es war, von Klimamodellierern die Beurteilung ihrer eigenen Arbeit zu erwarten? Ganz und gar nicht. Klimamodellierer stellten wieder die Mehrheit der Leitautoren für das Kapitel „Klimamodelle und deren Evaluierung".

Ich bin mir sicher, dass all jene, die am Kapitel „Evaluierung der Klimamodelle" der kommenden Ausgabe der Klimabibel mitarbeiten, wunderbare Menschen sind. Was aber wäre, wenn die Welt entscheiden müsste, dass Klimamodelle eine kolossale Verschwendung von Zeit und Geld sind? Dann stünden viele von ihnen ohne Arbeit da! Wie wahrscheinlich ist es also, dass dieses Kapitel zu einer solchen Schlussfolgerung kommen wird?

Mit anderen Worten: In Wirklichkeit findet keine unabhängige Bewertung der Stärken und Schwächen der Modelle statt.

Doch es kommt noch schlimmer: Klimamodellierer sind auch an anderen Teilen der Klimabibel beteiligt – darunter ist das entscheidende Kapitel über *Zuschreibung (attribution).* Dort wird die wichtigste Frage überhaupt entschieden: Ist die jüngste leichte Erwärmung der Erde auf menschliche Aktivitäten zurückzuführen oder gehört sie zu einem vollständig natürlichen Erwärmungs-Abkühlungs-Zyklus?

Im 2007er Bericht waren die beiden ranghöchsten Autoren dieses Kapitels, Gabriele Hegerl und Francis Zwiers, Klimamodellierer. Ihre Entscheidungen beruhten auf dem, was ihre Modelle ihrer Meinung nach belegen.[34]

Das IPCC könnte zwar einwenden, dass die weltbesten wissenschaftlichen Köpfe mit den Klimamodellierern identisch sind. Doch ich finde, das wäre überzogen. Im Juli 2007 haben immerhin fünf IPCC-Autoren einen Beitrag für die Zeitschrift „Scientific American"

---

[34] Derzeit sind Zwiers und Hegerl eher wegen ihrer Arbeiten auf dem Gebiet der Statistik bekannt. Doch zwischen 1997 und 2006 stand Zwiers Kanadas „führendem Forschungslabor für Klimamodellierung" vor: http://communications.uvic.ca/releases/release.php?display= release&id=1165 [14. 7. 2012]. Viele von Hegerls wissenschaftlichen Veröffentlichungen der neunziger Jahre befassen sich hauptsächlich mit Simulationen von Klimamodellen. Vgl. http://www.geos.ed.ac.uk/homes/ghegerl/ [14. 7. 2012].

geschrieben, in dem sie Klimamodelle mit Kristallkugeln von Wahrsagern gleichsetzten.

Einerseits erklärten sie, es sei sicher, dass Menschen, Pflanzen und Tiere mit den Konsequenzen eines menschlich verursachten Klimawandels „für mindestens die nächsten tausend Jahre" leben müssen. Andererseits meinten sie aber auch: „Leider trübt sich die Kristallkugel, die unsere Klimamodelle bereitstellen, bei Vorhersagen jenseits der nächsten hundert Jahre immer mehr ein."[35]

Jedermann muss selbst entscheiden, wem er vertraut und was er glauben kann. Als ich erwachsen wurde, hörte ich auf, an Kristallkugeln zu glauben.

---

[35] William Collins et al.: The Physical Science behind Climate Change, in: The Scientific American, 6.10.2008, www.scientificamerican.com [7.3.2017].

8] Klar wie Schlammbrühe

Fensterscheiben sind durchsichtig. Deshalb kann man hindurchsehen. Doch ein Fenster, durch das niemand hindurchschauen will, kann derartig verschmutzen, dass es blind wird. Die Menschen auf der anderen Seite des Fensters, die Insider, bemerken den Zustand der Glasscheibe vielleicht gar nicht. Sie glauben vielleicht sogar ernsthaft, dass alles in Ordnung ist.

Als der IAC-Ausschuss zur Überprüfung der Aktivitäten und Regularien des IPCC einen Fragebogen auf seiner Webseite veröffentlichte, wurde allen, die direkt mit dieser Organisation zu tun gehabt hatten, die Gelegenheit gegeben, ihre Kritik vorzutragen. Auch Außenstehende konnten ihre Bedenken äußern. Überraschenderweise berichteten beide Gruppen von viel Schmutz. Es zeigt sich, dass nur wenige wissen, wie das IPCC seine wichtigsten Entscheidungen fällt.

Das ist eine peinliche Enthüllung. Jahrelang prahlte die IPCC-Führung mit der modellhaften Transparenz dieser Organisation. Das sei einer der Gründe, aus denen wir den IPCC-Erkenntnissen vertrauen könnten, hieß es.

Der Vorsitzende Pachauri sagte 2007 einer Zeitung: „Deshalb ist ein transparenteres Verfahren [...], als wir es im IPCC haben, nicht vorstellbar." Im Jahre 2009 legte er in einem Interview mit einem Magazin nach: „Das IPCC ist eine völlig transparente Organisation [...] Was immer wir tun, kann auf jeder Stufe überprüft werden."

Anfang 2010, als mehr als 250 amerikanische Wissenschaftler einen offenen Brief zur Verteidigung des IPCC unterzeichneten, wurde in dem Brief erklärt: „Wir schlußfolgern, dass die IPCC-Verfahren transparent und gründlich sind".

Doch gibt es eine Parteilinie einerseits und Erfahrungen der Beteiligten andererseits. Die Person, deren Antwort auf Seite 3 der gesammelten Antworten zum IAC-Fragebogen beginnt, ist kein IPCC-Neuling. Sie oder er war Beitragender Autor, Leitautor und sogar Koordinierender Leitautor. Doch bei der Antwort auf die Frage, wie das IPCC die Leitautoren auswählt, meint diese Person: „Mir ist nicht klar, wie das tatsächlich vor sich geht [...].“

Es zeigt sich, dass eine solche Verwirrung unter IPCC-Insidern weit verbreitet ist. Bei der Beantwortung dieser Frage verwendeten sie häufig Formulierungen wie „mysteriös“, „hinter verschlossenen Türen“, „black box“. Sie schrieben Dinge wie:

- „Die Auswahl der Leitautoren ist meiner Ansicht nach die wichtigste Entscheidung im IPCC-Prozess. Sie ist nicht transparent“ (S. 185).
- „Nachdem ich mehrfach [Leitautor oder Koordinierender Leitautor] gewesen bin, weiß ich immer noch nicht, wie ich ausgewählt wurde. Das ist inakzeptabel“ (S. 180).
- „Es war immer unklar, wie das gemacht wurde [...]“ (S. 126).

Nichts davon läßt das IPCC gut aussehen.

Es ist kein Verbrechen, Abläufe schlecht zu erklären. Viele große Organisationen sind darin ohne Zweifel gleich schlecht. Das Problem ist, dass uns das IPCC erklärt hat, das sei das Maß für die Bewertung seiner Glaubwürdigkeit. Wieder und wieder wurde uns erzählt, dass sich das IPCC durch Transparenz auszeichnet. Das stimmt aber nicht.

Tatsächlich werden die Autoren für die Klimabibel in einem geheimen Verfahren ausgewählt. Als erstes erhält das IPCC Nominierungen von den Regierungen – doch die Veröffentlichung dieser Namen wird abgelehnt. Zudem erklärt das IPCC die Kriterien, nach denen es auswählt, nicht. Drittens: Wenn das IPCC bekannt gibt, wer ausgewählt wurde, ist die einzige Information, die es sich bequemt herauszurücken, der Name des Landes, aus dem ein Autor stammt.[36]

[36] Vgl. http://noconsensus.org/AR5_authors.pdf [14. 7. 2012]. Das 27-seitige PDF enthält die Autoren des nächsten IPCC-Berichts und besteht aus drei unterschiedlichen Listen (je eine für die drei IPCC-Arbeitsgruppen), die vom IPCC im Juni 2010 veröffentlicht wurden. Vgl. http://nofrakkingconsensus.com/2010/06/23/climate-bibles-new-authors-announced/ [14. 7. 2012]. Ab Seite 8 des PDF-Dokuments nennt das IPCC Zugehörigkeiten zu Universitäten und anderen Institutionen. Ab Seite 20 werden nur noch Namen und Nationalitäten angegeben. Mit anderen Worten: Nur die Arbeitsgruppe 2 hat freiwillig einige Zusatzinformation zur Namensliste preisgegeben. Als dieses Buch in Druck ging, hat mich Hilary Ostrov auf eine aktualisierte Liste aufmerksam gemacht. Ich konnte diese bisher noch nicht überprüfen. Vgl. www.ipcc.ch/pdf/ar5/ar5_authors_review_editors_updated.pdf [14. 7. 2012].

In welchem anderen Bereich, wenn eine Ernennung öffentlich gemacht wird, nennt man nur die Nationalität einer Person und nicht deren berufliche Fähigkeiten?

Wir wissen, dass die Profile der Autoren im Lauf des Nominierungsverfahrens übermittelt werden. Diese werden dann aber in einer Schublade verschlossen. Die Profile auf die IPCC-Webseite zu stellen, wäre ein Leichtes, aber es geschieht nicht.

Also: Eine Organisation, die von sich behauptet, extrem transparent zu sein, erwartet von uns, nur einfach darauf zu vertrauen, dass die bestqualifizierten Menschen nominiert und ausgewählt wurden. Mehr noch, das IPCC fühlt sich nicht im Geringsten zum Beweis verpflichtet, dass die Erwählten tatsächlich Experten sind.

Als der IAC-Ausschuss, der den Online-Fragebogen veröffentlicht hatte, im August 2010 seinen Bericht vorlegte, berichtete er von Transparenzmängeln auch in anderen Bereichen des IPCC.

So ist völlig unklar, nach welchen Kriterien das IPCC entscheidet, wer herausgehobene Führungspositionen einnehmen soll. Darüber hinaus, indem ein Grundschema von einer kleinen Gruppe von Leuten entworfen wird, bevor man mit der nächsten Klimabibel beginnt, haben jene, die nicht in diesen Schritt involviert sind, keine Ahnung, wie es dazu kommt – oder wer daran beteiligt ist.

Obwohl vom IPCC die Auswertung der wissenschaftlichen Literatur erwartet wird, hat es seinen Autoren (man erinnere sich: einige sind erst in ihren 20ern) noch nie Leitlinien darüber zur Verfügung gestellt, wie dieses Ziel erreicht werden soll. Die Art und Weise, wie das in den vergangenen beiden Jahrzehnten geschehen ist, bleibt daher reine Spekulation. Das ist so ziemlich das Gegenteil von vollständiger Transparenz.

Die Defizite des IPCC in Sachen Transparenz sind schon seit längerem offensichtlich. 2005 war Steve McIntyre, ein Kanadier mit einem Master in Mathematik und einem Gefühl für Statistik, vom IPCC gebeten worden, als Fachgutachter für die 2007er Ausgabe der Klimabibel tätig zu werden. McIntyre, der den Blog ClimateAudit.org betreibt, war damals bereits ein weithin bekannter Kritiker des IPCC. Die Einladung erschien daher ein vielversprechendes Zeichen. Doch es dauerte nicht lange, bis die Sache entgleiste.

McIntyre bemerkte, dass in einem speziellen Abschnitt des Berichts das IPCC seine Beweisführung auf zwei noch unveröffentlichte Forschungspapiere stützte. Das allein sollte eigentlich die Alarmglocken läuten lassen. Da die erweiterte Gemeinschaft der Wissenschaftler noch keine Gelegenheit zur Prüfung der Fachaufsätze gehabt hatte, wäre es mit Sicherheit verfrüht gewesen, sie als solide wissenschaftliche Belege anzusehen.

McIntyre bat um die Überprüfung der diesen zwei Papieren unterliegenden Daten. Weil die IPCC-Regeln verlangen, dass die technischen Unterstützungseinheiten Fachgutachtern das noch nicht verfügbare Material beschaffen müssen, wandte er sich an den Leiter der entsprechenden IPCC-Abteilung. Das war Martin Manning, ein Atmosphärenwissenschaftler, der heute ein Forschungsinstitut einer neuseeländischen Universität leitet. Er ist einer der Autoren des Artikels im „Scientific American" über Kristallkugeln.

Manning weigerte sich zweimal, McIntyre zu helfen. In seiner zweiten E-Mail schrieb er: „Ich wiederhole: Wenn Sie Daten haben wollen, die für einen Fachaufsatz benutzt wurden, sollten Sie sich selbst direkt an die Autoren wenden. Es wäre unangemessen für das IPCC, in einen solchen Austausch einbezogen zu werden, und ich habe nicht die Absicht, der IPCC-Unterstützungsabteilung zu erlauben, für Sie etwas zu tun, was eigentlich eine Sekretariatsaufgabe ist. Es stehen über 1200 andere Wissenschaftler auf unserer Gutachterliste, und wir können uns einfach nicht darauf einlassen, jedem mit Sonderdienstleistungen zur Verfügung zu stehen [...] Auf weitere Anfragen in dieser Sache werde ich nicht antworten."

Man möchte annehmen, dass sich eine streng wissenschaftlich ausgerichtete Organisation ins Zeug legen würde, um sicherzustellen, dass ihre Fachgutachter (die ihre Zeit ehrenamtlich opfern) Zugang zu allen Informationen erhalten, damit ein gut begründetes Urteil zustande kommt. Man sollte auch annehmen, dass das IPCC froh ist, wenn jemand anbietet, die zugrundeliegenden Daten der vom IPCC herangezogenen, noch unveröffentlichten Papiere zu überprüfen. Die Klimabibel ist ja kein Bericht wie jeder andere. Sie dient weltweit Regierungen als Grundlage für Entscheidungen.

Kurze Zeit später schickte McIntyre im Abstand von einigen Tagen zwei E-Mails an Susan Solomon. Diese amerikanische Atmosphärenchemikerin war 2008 in einer Ausgabe des „Time Magazine" eine der 100 einflussreichsten Personen der Welt genannt worden, vor allem wegen ihrer Führungsfunktion bei der Zusammenstellung der 2007er Klimabibel. McIntyre schrieb ihr, dass Manning seine Hilfe verweigerte. Er berichtete zudem über eine weit mehr beunruhigende Entwicklung. Beide Autoren des Papiers hatten nacheinander eine Kooperation abgelehnt. Einer meinte, die benutzten Daten würden erst nach der Veröffentlichung des Aufsatzes zur Verfügung gestellt. Der andere empfahl, sich an die Redaktion der Zeitschrift zu wenden, bei dem das zweite Papier eingereicht worden war.

Frau Solomons Antwort hätte kaum weniger hilfreich ein können. Sie schrieb, die IPCC-Regeln verpflichteten die technischen Unterstützungseinheiten nur, Kopien unveröffentlichter Fachaufsätze zur Verfügung zu stellen. Mit Rohdaten, die Aufsätzen – ob publiziert oder nicht – zugrunde liegen, würde sich das IPCC nicht befassen. In einer bizarren Verdrehung der Tatsachen beschuldigte Frau Solomon dann McIntyre eines ungebührlichen Verhaltens. Weil sich McIntyre direkt an die Fachzeitschrift gewandt hatte, wie ihm empfohlen worden war, hätte er sich in deren innere Angelegenheiten eingemischt. Auch behauptete sie, dass es unpassend von ihm gewesen wäre, dort darauf hinzuweisen, dass ihn seine Aufgabe als IPCC-Gutachter zum Überprüfen der Daten berechtige.

Als hochrangiges Mitglied eines Gremiums, das sich selbst „vollständiger Transparenz" rühmt, stellte sich Frau Solomon auf den sonderbaren Standpunkt, dass die noch unveröffentlichten Papiere vertrauliches Material seien. Als IPCC-Fachgutachter hätte McIntyre zu diesen Papieren nur für den einzigen Zweck Zugang erhalten: um sie zu lesen. Ihrer Ansicht nach hätte er durch sein Bemühen um mehr Informationen die Vertraulichkeitsregeln des IPCC verletzt und liefe deshalb Gefahr, von der Liste der offiziellen IPCC-Gutachter gestrichen zu werden: „Wir müssen darauf bestehen, dass Sie von nun an alle Zugangsbedingungen zu unveröffentlichtem und daher vertraulichem Material einhalten [...]. Die IPCC-Regeln [...] haben der wissenschaftlichen wie der politischen Welt bei zahlreichen vergangenen Auswertungsrunden gute Dienste geleistet. Wenn es weitere Anzeichen dafür gibt, dass Sie sie nicht akzeptieren können, oder wenn es Ihr Ziel ist […], sie in Frage zu stellen, dann werden wir Sie nicht weiter als Fachgutachter für das IPCC betrachten können.“

Diese Organisation behauptet von sich, sie begrüße genaue Prüfungen, aber ihre Taten sprechen lauter als ihre Worte. Anstatt kritische Geister willkommen zu heißen, werden diese mit dem Rauswurf bedroht. Wie ein Kommentator auf McIntyres Webseite richtig bemerkte, scheint es so, als ob sich IPCC-Gutachter wie Abnicker und nicht wie kritische Prüfer verhalten sollen.

Die Führung des IPCC – durch Solomon und Manning repräsentiert – hat bei mehr als nur dem hier beschriebenen Transparenztest versagt. Frau Solomon hatte die Wahl: Wenn es ihr primär um die Integrität des IPCC gegangen wäre, hätte sie die Autoren rügen müssen, die McIntyre die sachliche Prüfung ihrer Arbeiten verweigerten. Sie hätte ihnen mitteilen müssen, dass das IPCC ihre Papiere nicht weiter in Betracht ziehen würde, wenn sie ihre Daten nicht unverzüglich zugänglich machten.

Stattdessen verhielt sich Frau Solomon wie ein Bürokrat. Sie sprach sich nicht für mehr Offenheit aus, sondern zog es vor, den Einwendungen einzelner Forscher bezüglich der Vertraulichkeit bei der Behandlung von Forschungsaufsätzen vor ihrer Veröffentlichung den Vorzug vor wichtigen Fragen zu geben, die das Schicksal der gesamten Erde betreffen.

Hier muss angemerkt werden, dass Gabriele Hegerl eine der Autoren war, die sich offen weigerten, die Daten vor der Veröffentlichung ihres Papiers zur Verfügung zu stellen. Ihr Name wurde bereits im Zusammenhang mit der Klimamodell-Diskussion erwähnt.

Frau Hegerl ist nicht irgendwer. Sie war bei der Entstehung der 2007er Klimabibel in sieben verschiedenen Bereichen tätig. Bezeichnenderweise war sie eine der beiden höchstrangigen Personen, die am Kapitel über die Zuweisung *(attribution)* mitwirkten – das ist der Teil, in dem es um das Ausmaß des menschlichen Einflusses im Vergleich zu natürlichen Ursachen geht.

Anders gesagt, das IPCC hatte die Frage aller Fragen dem Urteilsvermögen jemand anvertraut, von dem es wusste, dass diese Person ihre Daten nicht einmal dem eigenen Fachgutachter mitgeteilt hatte. Das IPCC ging auch nie so weit (oder war so weise), sich deshalb wenigstens ein kleines bißchen zu schämen.

So hätte mich Frau Solomon überzeugen können, dass das IPCC eine ehrenwerte Organisation ist: Sie hätte die Autoren der beiden Papiere rügen und dann das gesamte IPCC per Rundbrief darüber informieren können. Sie hätte erklären können, dass die Weigerung, eigene Rohdaten mitzuteilen, wissenschaftlichem Fehlverhalten entspricht und dass das IPCC nicht länger Forschungen von Leuten beachten würde, die sich so verhalten. Sie hätte die technischen Unterstützungsabteilungen anweisen können, den Fachgutachtern jegliche Hilfe bei der Suche nach zusätzlichen Informationen zukommen zu lassen. Dabei hätte sie jeden dazu einladen können, sich bei Schwierigkeiten direkt an sie zu wenden.

Sollte man sich im IPCC einmal fragen, warum ihm mancher nicht über den Weg traut, bestünde die Antwort in der Tatsache, dass so etwas nicht einmal ansatzweise geschehen ist.

9] Ein riesiges Gebäude, das gar nicht da war

Viele Menschen glauben, dass man sich im IPCC die Mühe macht, die Forschungsergebnisse zu überprüfen, auf der die Schlussfolgerungen beruhen. Ein häufig wiederholtes Zitat von Präsident Barack Obamas wissenschaftlichem Berater John Holdren ist dafür ein herrliches Beispiel. Holdren behauptete, das IPCC sei die Quelle für die „wichtigsten Schlussfolgerungen" aus dem Klimawandel. Diese Schlussfolgerungen beruhten auf: „einem immensen Gebäude sorgfältig erstellter Studien, die in den führenden fachbegutachteten wissenschaftlichen Zeitschriften der Welt veröffentlicht wurden. **Sie wurden gründlich überprüft, bis ins kleinste Detail** vom größten, längsten, teuersten, internationalsten, interdisziplinärsten und sorgfältigsten formalen Begutachtungsprozeß dokumentiert, der je zu einem wissenschaftlichen Thema durchgeführt worden ist."[37]

Hier ist ein ähnliches Zitat vom Klimamodellierer Richard Rood: „Die Wissenschaftler, die die IPCC-Berichte schreiben, arbeiten mit außerordentlicher Strenge [...]. Das Ergebnis ist ein Dokument, das auf Tatsachen beruht [...], die in höchstmöglichem Ausmaß überprüft worden sind."

Doch wie wir bereits entdeckt haben, nimmt das IPCC wissenschaftliche Erkenntnisse ungeprüft hin. Es prüft offenbar nicht nach, ob die Rohdaten wirklich das zeigen, was ein Forscher behauptet. Das IPCC hält es nicht für notwendig, unter den Teppich zu schauen – und hält seine eigenen Gutachter davon ab. Holdren und Rood liegen daher falsch. Das IPCC überprüft nie Fakten, denen es vertraut. Es führt keinerlei Überprüfung durch, schon gar nicht auf eine Weise, die man als peinlich genau bezeichnen könnte.

[37] Hervorhebung hinzugefügt.

Als IPCC-Insider zur Qualitätssicherung befragt wurden, bestätigten ihre Antworten im IAC-Fragebogen diesen Fakt. Es folgen einige ihrer Anmerkungen:

- „So weit ich weiß, gibt es beim IPCC keine Qualitätssicherung beim Datenmaterial…“ (S. 99).
- „Weil das IPCC ein Bewertungsgremium ist, führt es keine systematische Prüfung der Meßdaten oder Qualitätskontrolle durch“ (S. 52).
- „Qualitätssicherung und Fehlersuche ist nicht existent…“ (S. 384).
- „Qualitätssicherung beim Datenmaterial per se gehört nicht zum Aufgabenbereich des IPCC…“ (S. 203).

Viele der Befragten meinten, das IPCC sollte nicht für die Genauigkeit von Aussagen in von ihm zitierten Fachaufsätzen verantwortlich gemacht werden, weil das „ein die Verantwortung der jeweiligen Fachzeitschrift ist.“ Eine andere Antwort lautete, „es wird erwartet, dass ein in einer wichtigen Zeitschrift veröffentlichtes Papier“ bereits einer Qualitätskontrolle unterzogen worden ist.

Andere IPCC-Insider sehen jedoch die Mängel dieses Ansatzes. Es gibt Tausende von Fachzeitschriften, aber keine Zertifizierung ihrer Qualität. Wie intelligent ist es, blindlings darauf zu vertrauen, dass ein publiziertes Papier zugleich korrekt ist? Wie einer der Befragten beobachtete, leisten manche Fachaufsätze lediglich einen interessanten Beitrag zur „intellektuellen Konversation“ (S. 332). Ein solcher Standard ist sicherlich viel zu niedrig, um eine Forderung des IPCC zu rechtfertigen.

Wenn wir weitere einschlägige Tatsachen einbeziehen, fallen Holdrens Behauptungen völlig in sich zusammen. Das von wissenschaftlichen Zeitschriften benutzte Qualitätssicherungsverfahren nennt sich „Fachbegutachtung“ (peer review). Dem liegt folgendes Konzept zugrunde: Wenn ein Fachbeitrag bei einer Zeitschrift in der Hoffnung auf Veröffentlichung eingereicht wird, wird es einem dort angestellten Redakteur zugeordnet. Der Redakteur sendet den Aufsatz dann an Gutachter, die er für Experten auf dem jeweiligen Gebiet hält.

Normalerweise gibt es drei Gutachter, deren Identität unbekannt bleibt, sogar nach der Veröffentlichung des Papiers. Manchmal werden diese Gutachter auch Schiedsrichter genannt. Obwohl sich die Gutachter den Aufsatz ansehen, sollte man verstehen, dass in vielen Fällen eine nur sehr oberflächliche Durchsicht stattfindet.

Dazu ein erfahrener Wissenschaftler: „Ein Gutachter wird normalerweise für seine Arbeit nicht bezahlt. Auch beim besten Willen kann er nicht mehr als einige Stunden für die Prüfung eines Manuskripts aufwenden. Er kann wenig mehr tun als festzustellen, dass die erzählte Geschichte einigermaßen stimmig ist und keine deutlich sichtbaren faktischen Fehler vorhanden sind.“[38]

Wenn Gutachter Bedenken haben, machen sie dem Redakteur Mitteilung. Der bittet dann die Autoren der Studie um Antwort. Manchmal wird ein Beitrag zu großen Teilen umgeschrieben, bevor der Redakteur mit einer Veröffentlichung einverstanden ist. Doch das heißt nicht, seine Schlussfolgerungen sind korrekt. Weit gefehlt! Richard Horton, Herausgeber der medizinischen Fachzeitschrift *The Lancet*, weist mit Nachdruck auf Folgendes hin: „Fachbegutachtung ist kein Beweis für die Richtigkeit eines Forschungsergebnisses. Das Beste, was es erreichen kann, ist mitzuteilen – auf der Basis eines schriftlichen Berichts über das, was gemacht wurde, dazu noch eine Befragung des Autors – die Forschungen scheinen augenscheinlich für eine Veröffentlichung geeignet zu sein [...]. So zeigt die Erfahrung, dass die Fachbegutachtung ein äußerst unzuverlässiges Instrument zur Entdeckung von wissenschaftlichem Fehlverhalten ist.“

In einem kürzlich veröffentlichten Kommentar mit dem Titel „Der Peer-Review-Fetisch wird ähnliches ausgesagt: „Ein paar Gutachter sind natürlich nur ein schwacher Ersatz für eine breit angelegte Überprüfung. Manchmal werden die Gutachter schlecht gewählt, manchmal sind sie faul. [...] Fachbegutachtung mit wissenschaftlicher Solidität zu verwechseln, führt zur Verarmung des Verständnisses des Wissenschaftsprozesses. Die Fachbegutachtung sollte nur ein Kriterium bei der Beurteilung der Stichhaltigkeit eines jeden Forschungsergebnisses sein, nicht mehr und nicht weniger.“

[38] Zit. n. Garth W. Paltridge: The Climate Caper: Facts and Fallacies of Global Warming, [Taylor] 2010, Kap. 6, Abschnitt „Uncertainty and the High Moral Ground“.

Das alles läuft darauf hinaus, dass Forschungsergebnisse nur dann als gültig angesehen werden können, wenn ein anderer Wissenschaftler vollkommen unabhängig, unter Anwendung der im jeweiligen Papier beschriebenen Verfahren, zum gleichen Ergebnis kommt. Früher herrschte unter Wissenschaftlern Klarheit darüber, dass ein Papier mit Vorsicht zu genießen ist, solange es nicht diese Art von Überprüfung überstanden hat. Nach McIntyres oben dargestellten Erlebnissen mit zwei unveröffentlichten Papieren sieht es aber so aus, als ob das IPCC neuerdings sogar Forschungsergebnisse lange vor ihrem Erscheinen als zuverlässig ansieht.

Wenn man sich vor Augen hält, dass eine ganze Menge der Klimaforschung mit Computermodellierung (bestehend aus Millionen von Programmzeilen) zu tun hat, besteht noch ein weiterer Anlass zur Sorge. Dazu der Geophysik-Professor Jon Claerbout: „Ein Artikel über wissenschaftliche Berechnungsverfahren durch Computer in einer wissenschaftlichen Publikation ist noch keine Wissenschaft, das ist **eher Reklame** [...]. Die tatsächliche Wissenschaft besteht in der vollständigen Entwicklung der Software und dem gesamten Satz der Befehle, die die Zahlen erzeugten.“[39]

Fachgutachter sind meilenweit von der Programmierung von Supercomputern und der Software entfernt. Das heißt, sie haben keine realistische Möglichkeit, eine ganze Kategorie von Forschungspapieren zu begutachten, die im Mittelpunkt des IPCC-Prozesses steht. Ein Fachgutachter kann lediglich die Oberfläche begutachten – den Teil der Geschichte, den der Klimamodellierer in seinen Aufsatz zur Diskussion stellen will.

Phil Jones, einer der weltweit bekanntesten Klimatologen, veröffentlichte in den wichtigsten Fachzeitschriften. Während seiner Anhörung vor einem Untersuchungsausschuss des britischen Unterhauses Anfang 2010 wurde er gefragt, wie oft dabei Fachgutachter versucht hätten, seine Rohdaten und seinen Programmcode zu überprüfen. „Sie haben nie darum gebeten“, lautete seine Antwort.

Weil wir gerade beim Thema Qualitätssicherung sind: IPCC-Insider haben bei der Beantwortung des Fragebogens auf eine wei-

[39] Zu dieser Debatte vgl. Jonathan B. Buckheit and David L. Donoho [Stanford University]: WaveLab and Reproducible Research, www-stat.stanford.edu/~donoho/Reports/1995/wavelab.pdf [1. 8. 2012].

tere Schwachstelle hingewiesen. Weite Teile der Klimaforschung führen zu riesigen Datensammlungen – etwa Temperaturaufzeichnungen Tausender Orte über viele Jahre. Doch die Genauigkeit der Zahlen wurde nie von unabhängigen Forschern überprüft. Wie einer der IPCC-Insider beobachtete, können zwar Fachzeitschriften nichtverifizierte Daten als gut genug ansehen, doch müssen Qualitätssicherungsmaßnahmen ganz sicher vorhanden sein, bevor das IPCC auf der Basis solcher Daten politische Entscheidungen fällt.[40]

Noch einmal zurück zu dem Zitat des Präsidentenberaters John Holdren. Er meint, die IPCC-Schlussfolgerungen seien das Ergebnis der sorgfältigsten formalen Begutachtung, die je zu einem wissenschaftlichen Thema durchgeführt worden ist. Wie kann das der Fall sein, wenn sich das IPCC nicht einmal um die Verifizierung der Temperaturdaten kümmerte, auf denen so viele klimawissenschaftliche Erkenntnisse beruhen?

Würde ein Wirtschaftsprüfer je den Jahresabschluß eines Unternehmens unterzeichnen, bevor er die Richtigkeit der zugrunde liegenden Zahlen überprüft hat?

---

[40] Der beantwortete Fragebogen findet sich hier: http://reviewipcc.interacademycouncil.net/committee.html [7. 7. 2012]. Auf Seite 99 meint jemand: „die Notwendigkeit der Qualitätssicherung bei den Rohdaten ist beim IPCC um ein vielfaches größer als bei Beiträgen für Fachzeitschriften". Vgl. dazu auch S. 362, wo jemand hinzufügt, dass „wir grundsätzlich keine Peer-Review-Prozesse für wichtige Datensammlungen haben. Nur weil es eine Qualitätspublikation auf der Basis eines Datensets gibt, heißt das nicht, dass die zugrundeliegenden Daten gut sind."

10] Schild und Schwert

Genauso stolz wie auf die fachbegutachteten Studien ist das IPCC auf die Transparenz. Uns wurde gesagt, dass wir der Klimabibel vertrauen sollten, weil sie nicht auf irgendwelcher, sondern auf fachbegutachteter Forschung beruht. Damit soll Eindruck geschunden werden. Diesem Marketingtrick zufolge weiß die ganze Welt, dass der menschenverursachte Klimawandel im Gang ist, da das IPCC Berge fachbegutachteter Fachliteratur ausgewertet hat.

Journalisten sind dem auf den Leim gegangen. Der Wissenschaftsredakteur Seth Borenstein von Associated Press beschäftigt sich ausgiebig mit dem IPCC. Weil er für eine Presseagentur schreibt, erscheinen seine Geschichten häufig auf den Titelseiten nationaler Zeitungen wie auch in zahlreichen kleineren Publikationen. Während des Jahres 2007 hat Borenstein seinen Lesern wiederholt mitgeteilt, dass sich das IPCC auf fachbegutachtete wissenschaftliche Literatur stützen würde.[41]

---

[41] Hier die Links zu drei Artikeln von Seth Borenstein von Anfang 2007: www.heraldtribune.com/article/20070123/NEWS/701230627?p=all&tc=pgall [4. 8. 2012], www.metrowestdailynews.com/8998959858266931199 [4. 8. 2012], http://seattletimes.nwsource.com/html/nationworld/2003657129_climatereport08.html [4. 8. 2012]. Im ersten heißt es zum bevorstehenden Bericht der IPCC-Arbeitsgruppe I, er würde „sich auf bereits veröffentlichte begutachtete Wissenschaft stützen." Im zweiten Beitrag liest man, das IPCC „nutzt nur fachbegutachtete veröffentlichte Wissenschaft". Im dritten Artikel steht, **„mehr als 2.500 Wissenschaftler aus aller Welt arbeiteten am Bericht mit** und stützten sich dabei auf fachbegutachtete Studien, um zu Ergebnissen zu kommen, **die mehrmals externen Gutachten unterworfen wurden."** [Hervorhebung durch die Autorin]. Wie im folgenden Kapitel deutlich wird, stammen nur zwei von drei Referenzen der 2007er Klimabibel tatsächlich aus fachbegutachtete Fachaufsätzen. Der Bericht der Arbeitsgruppe I hatte die meisten Treffer, doch waren 431 der Quellen, auf die er sich stützte, nicht in Fachzeitschriften mit Peer-Review-Prozeß veröffentlicht worden. Bei der Arbeitsgruppe II bezogen sich 34% auf Studien ohne Fachgutachten. Im Bericht der Arbeitsgruppe III waren es 57%. Insgesamt finden sich fast 5.600 nicht-fachbegutachtete Quellen in der Klimabibel des IPCC (vgl. die leicht zu verstehenden Tabellen im Abschnitt „Eine Überprüfung durch die Bürger"). Das IPCC spricht von 450 Leitautoren plus 800 Beitragenden Autoren. Vgl. dazu diese Grafik: http://www.noconsensus.org/images/IPCC_ar4_graphic_300.jpg [2. 8. 2012]. Das ergibt 1.250 Beiträger. Borenstein redet von „über 2.500". Das IPCC behauptet, es hätte „weitere 2.500 Fachgutachter" gegeben. Wie ich an anderer Stelle in diesem Buch erkläre, übertreibt das

Dasselbe machten der Wissenschaftsredakteur der „London Times“, der „Economist“ und Australiens öffentlich-rechtliche Rundfunkanstalt, das Bulletin der „International Atomic Energy Agency“ und der irische „Independent“.

In keinem dieser Beiträge haben Journalisten darauf hingewiesen, dass die Fachbegutachtung keinesfalls für Wahrheit sorgt – oder dass sie ihrer Natur nach oft oberflächlich ist. Das wäre nämlich dem eigentlichen Grund dieser Anspielungen zuwidergelaufen, der darin bestand, das IPCC als Autorität erscheinen zu lassen.

Doch damit fängt das Märchen von der Fachbegutachtung erst an. In einem Ausbruch von Angeberei hörte dieser Flegel von einer Organisation namens IPCC an dieser Stelle nicht auf. Eifrig bemüht, uns von der Glaubwürdigkeit seiner Erkenntnisse zu überzeugen, hat das IPCC über viele Jahre behauptet, es verließe sich *ausschließlich* auf fachbegutachtete Literatur.

2008 hielt IPCC-Chef Rajendra Pachauri eine Rede vor einem Ausschuss des Parlaments von North Carolina. Dabei hörten die versammelten Abgeordneten, „wir nehmen eine Auswertung des Klimawandels auf der Grundlage von fachbegutachteter Literatur vor, daher muss **alles,** was wir anschauen und bei unserer Auswertung berücksichtigen, die Glaubwürdigkeit von fachbegutachteten Publikationen haben, **mit weniger geben wir uns nicht zufrieden**“ (Hervorhebung hinzugefügt).

IPCC die Anzahl der Fachgutachter, weil Autoren häufig auch als Fachgutachter fungieren – das heißt, sie werden mindestens zweimal gezählt. Beispiele hier: http://nofrakkingconsensus.com/2011/03/25/the-ipcc-insiders-club/ [4. 8. 2012].

Kapitel 14 dieses Buches zeigt, dass der IPCC-Begutachtungsprozess weit davon entfernt ist „wasserdicht“ zu sein und dass nichts die IPCC-Autoren davon abhält, Anmerkungen von Gutachtern zurückzuweisen. Kapitel 33 legt dar, warum der Begutachtungsprozess nicht unabhängig ist. Borenstein erwähnt diese Fakten nicht. Das IPCC hat bei zwei Anlässen externe Gutachter hinzu gebeten: Borenstein schreibt, es hätte **mehrere** Begutachtungsrunden gegeben. Die Gutachter lesen Entwürfe des IPCC-Berichts: Borenstein schreibt aber so, als ob die Gutachter die Tausende von fachbegutachteten **Studien** ausgewertet hätten, auf die sich der Bericht bezieht. Zwar stimmt es, dass diese Studien theoretisch alle für Gutachter zugänglich waren, doch ist es unmöglich zu erfahren, wie viele wirklich überprüft worden sind. Wie jedes Buch aus einer Bibliothek entliehen werden kann, aber doch nicht alle gelesen werden. 2008 verlieh die „Society of Environmental Journalists“ Borenstein ihren ersten Preis für „herausragende Dauerberichterstattung“ für seine 2007er Berichterstattung über das IPCC: http://www.sej.org/publications/sejournal/best-environmental-journalism-2007-2008-honored [2. 8. 2012].

Im Jahre 2009 wurde Pachauri von einem Journalisten gefragt, ob der nächste IPCC-Bericht ein Diskussionspapier des indischen Umweltministeriums berücksichtigen würde, das die Idee von der Bedrohung der Himalaja-Gletscher durch den Klimawandel infrage stellte. Pachauris Antwort war arrogant und ablehnend. Das „IPCC beschäftigt sich nur mit fachbegutachteter Wissenschaft", sagte er. „Jemand sollte den Beitrag in einer angesehenen glaubwürdigen Publikation veröffentlichen [...] sonst können wir sie nur in die Mülltonne werfen."

Die laut ausgesprochene oder implizit gemachte Behauptung, dass auch das kleinste Beweisstückchen, das vom IPCC berücksichtigt wurde, über die Hürde der Fachbegutachtung gesprungen ist, wurde überall wiederholt. Journalisten beteiligten sich daran. Wie auch Regierungen und Wissenschaftler.

Das „Earth Negotiations Bulletin" beschreibt sich selbst als „ausgewogenen, aktuellen und unabhängigen Berichtsdienst", der die verschlungen Pfade der UNO-Klimaverhandlungen verfolgt. Seit vielen Jahren erhielt das Bulletin finanzielle Unterstützung aus vielen Ländern, darunter Australien, Kanada, Deutschland, Frankreich, Italien, Spanien, England und die USA. Zwischen 2001 und 2010 wurde von ihm stets das gleiche Lied gesungen. Immer wieder, als Teil seiner Standardberichterstattung, erklärte es seinen Lesern, dass die IPCC-Berichte „auf fachbegutachteter wissenschaftlicher und technischer Literatur" beruhen.

Die „National Oceanic and Atmospheric Administration" (NOAA, US-Behörde für Ozeane und Atmosphäre) feierte hingegen die Rolle seiner Angestellten im nobelpreisgeehrten IPCC mit einer diesbezüglichen Seite in einer offiziellen Publikation. Bei der Beschreibung des IPCC wurde hervorgehoben, dass sich das Gremium auf „veröffentlichte fachbegutachtete Literatur" stützt. Ein weiterer Teil dieses Kommentars zeigt auf, warum unser jugendlicher Straftäter namens IPCC so sehr von sich selbst überzeugt ist. In der amtlichen Veröffentlichung heißt es dazu: „Die IPCC-Sachstandsberichte, international als Quelle erster Güte zum Klimawandel anerkannt, werden weltweit von Wissenschaftlern und Politikern genutzt [...]. Das IPCC stützt sich auf die besten Wissenschaftler der Welt, von

113 Regierungen, um die gesamte klimawissenschaftliche Fachliteratur zu sortieren und auszuwerten."

Klingt großartig, oder? Bis man entdeckt, dass zu den „weltbesten Wissenschaftlern" auch Graduiertenstudenten gehören, die die Dreißig noch lange nicht erreicht haben. Bis man merkt, dass das IPCC die Fachgutachter daran hindert, allzu genau auf die Wissenschaft zu schauen. (Zufällig erwähnt die NOAA-Publikation voller Stolz ganz besonders ein IPCC-Mitglied – Susan Solomon. Genau die Dame, die Steve McIntyre mit Hinauswurf drohte, weil er um ausführlichere Informationen gebeten hatte).

Während Journalisten und Bürokraten zu Übertreibungen neigen dürfen, wird von Wissenschaftlern erwartet, dass sie sich mit Aussagen über Angelegenheiten außerhalb ihres Fachbereichs zurückhalten. Dennoch haben Wissenschaftler das Peer-Review-Mem – den unbedingten Glauben an die Idee der Fachbegutachtung beim IPCC – aktiv verbreitet.

2006 erklärte Andrew Dessler, ein auf die Physik des Klimawandels spezialisierter Professor aus Texas (auf einer Webseite), dass sich die Öffentlichkeit nicht auf Webseiten über den Klimawandel informieren sollte, da sich diese anders als die IPCC-Berichte nicht „vollständig auf fachbegutachteter Literatur berufen" würden.

Der Physiker Joseph Romm informierte seine Leser 2008 unter der Überschrift „The cold truth about climate change" („Die kalte Wahrheit über Klimawandel") auf der Webseite Salon.com, dass das IPCC „seine Schlussfolgerungen aus fachbegutachteter wissenschaftlicher Literatur bezieht, die den strengen Anforderungen der wissenschaftlichen Methode genügen müssen".

2009 beschrieb der mit Greenpeace verbundene Meeresbiologe Ove Hoegh-Guldberg den IPCC-Prozess einem Reporter als „stets die fachbegutachtete Literatur als Grundlage benutzend." Philip Duffy, ein Physiker mit 20 Jahren Erfahrung in der Klimamodellierung, beteuerte 2010, es sei ein „Kernprinzip des IPCC, dass nur fachbegutachtete Literatur zitiert wird."

Mit anderen Worten hat sich die Peer Review sowohl zum Schild (hinter dem sich das IPCC versteckt) als auch zum Schwert (mit dem es abweichende Stimmen zum Schweigen bringt) entwickelt. Jedem, der versucht, die IPCC-Erkenntnisse in Frage zu stellen, wird gesagt, doch erst einmal die fachbegutachtete Literatur zu studieren. Außerdem wird Kritik, solange sie nicht in einer fachbegutachteten Zeitschrift veröffentlicht worden ist, von IPCC-Wissenschaftlern für nicht beachtenswert angesehen.

2003 wurde der Klimatologe Michael Mann gebeten, auf Kritik zu antworten, die in einem Artikel eines ehemaligen amerikanischen Verteidigungs- und Energieministers in einer großen Zeitung erhoben wurden. Ganz wie der Vorsitzende Pachauri – der meinte, dass Beiträge, die nicht in einer Fachzeitschrift veröffentlicht wurden, in den Mülleimer gehören – antwortete Mann hochnäsig: „Ich kenne von ihm keine fachbegutachtete Arbeit, die in die wissenschaftliche Literatur eingegangen ist."

2011 erschien die folgende biografische Angabe unter einem Kommentar in einer australischen Zeitung: „Cathy Foley ist Präsidentin von ‚Science & Technology Australia', Australiens Spitzenorganisation für Wissenschaft und Technologie. Sie hat 82 fachbegutachtete Papiere in internationalen Fachzeitschriften veröffentlicht."

In dem Meinungsartikel erklärte Frau Foley, dass ein damals auf Vortragstour durch Australien reisender Klimaskeptiker unglaubwürdig wäre, „solange er seine Ansichten nicht dem rigorosen Fachbegutachtungsprozess unterwerfen würde." Man sollte ihm nicht zuhören, da er „noch nie einen fachbegutachtete Aufsatz zu einem wissenschaftlichen Thema veröffentlicht hat [...]. Die Herausforderung besteht für ihn darin, seine Ideen zu testen, indem sie dem robusten Fachbegutachtungsprozess unterworfen werden. Das ist eine Methode, die Hunderte von Jahren funktioniert und die Gesellschaft mit **vertrauenswürdiger Information versorgt** hat (Hervorhebung hinzugefügt)."

Da Al Gore bisher auch keinen einzigen fachbegutachteten Fachaufsatz veröffentlichte, wäre es interessant zu erfahren, ob Frau Foley dessen Glaubwürdigkeit auch für Null erklärt hat, als er auf Vortragsreisen war. Offenbar hat sie die Anmerkungen des „The Lancet"-Herausgebers über das Versagen der Fachbegutachtung bei der Aufdeckung wissenschaftlichen Fehlverhaltens verpaßt. Denn ihr Artikel endet mit einer Ermahnung an die Australier, die „fachbegutachtete Wissenschaft zu respektieren".

11] Das Märchen von der Peer Review

Immer wieder mit der IPCC-Behauptung konfrontiert, dass der IPCC-Bericht ausschließlich auf fachbegutachteter Literatur beruht, verblüffte mich Anfang 2010 ein Blog-Beitrag des Wirtschaftswissenschaftlers Richard Tol. Er beklagte, dass die IPCC-Autoren eines bestimmten Kapitels der Klimabibel von 2007 die Ergebnisse fachbegutachteter Studien ignoriert und stattdessen nicht fachbegutachtetes Material zitiert hätten, um das Gegenteil zu behaupten.[42]

Als ich mir die Fußnoten zu jenem Kapitel im Internet anschaute, habe ich mich gefragt, ob das sein kann. Und siehe da, gleich als ich anfing, die Referenzen zu sichten, fiel mir auf, dass sich das IPCC auf zahlreiche Quellen berufen hatte, die tatsächlich nie in wissenschaftlichen Fachzeitschriften veröffentlicht worden waren.

Das bedeutet, dass die Behauptung „wir benutzen nur fachbegutachtete wissenschaftliche Literatur" vollkommen falsch ist. Damit ist klar, dass die genannten Abgeordneten von North Carolina vom IPCC-Vorsitzenden persönlich getäuscht worden sind.

Damals hatte ich noch keine Vorstellung, wie groß die Diskrepanz zwischen der Marketing-Botschaft des IPCC und der Wirklichkeit ist. Ich merkte nur, irgendetwas stinkt hier.

Man muss wissen, dass zu diesem Zeitpunkt die 2007er Ausgabe der Klimabibel bereits drei Jahre vorlag. Damit hatte für jeden Journalisten eine ausgiebige Gelegenheit bestanden – besonders für Journalisten, die ausschließlich über Wissenschaft oder Umwelt schreiben – einige Fakten zumindest ansatzweise zu überprüfen. Das ist nicht schwer. Der gesamte Bericht ist im Internet leicht zugänglich. Doch anscheinend hat sich kaum einer dafür interessiert.

[42] Zu Tols Kritik vgl. u.a. Gerald Traufetter: Experte wirft Uno-Klimarat Schönrechnerei vor, in: Der Spiegel, 30. 3. 2010, www.spiegel.de [2. 3. 2017].

Ich habe daraufhin die Referenzen in dem von Tol bezeichneten Kapitel gezählt. Dann habe ich sie in zwei Gruppen aufgeteilt: Zeitschriftenartikel und alles Übrige. Die nicht fachbegutachtete Literatur wird oft als „graue" Literatur bezeichnet. Es schien mir so, als gehörten 139 Verweise in diese Kategorie. Das heißt, nur 58 Prozent des Quellmaterials stammte aus fachbegutachteter Literatur, also weit weniger als 100 Prozent. Wem das reicht, der sollte von seiner nächsten Gehaltsüberweisung nur 58 Prozent behalten und den Rest für wohltätige Zwecke spenden.

Auf Zufallsbasis wählte ich ein weiteres Kapitel aus und unterzog es der gleichen Prüfung. Zu meiner Überraschung bezogen sich von den angegebenen 260 Quellen nur 64 auf Fachzeitschriften. Fünfundzwanzig Prozent. An dieser Stelle lehnte ich mich zurück, nahm meine Brille ab und rieb mir die Augen. Was war da los? War ich durch Zufall auf die zwei von insgesamt 44 Kapiteln der 2007er Klimabibel gestoßen, die Ausreißer waren? Oder handelte es sich um ein stärker verbreitetes Problem?

Ich fragte mich, ob noch jemand den schockierend niedrigen Anteil fachbegutachteter Quellen im zweiten Kapitel bemerkt hätte und tat erstmals noch etwas: Ich sichtete die Kommentare, die IPCC-Fachgutachter nach der Lektüre vorläufiger Versionen dieses Kapitels abgegeben hatten. Hatten sie das Problem erkannt?

Es stellt sich heraus, dass das Problem tatsächlich angesprochen, aber vom IPCC vom Tisch gewischt worden war.

Die Gutachterkommentare erwecken zusammen mit den Stellungnahmen der IPCC-Autoren den Eindruck, dass alle die gleiche Halluzination heimsuchte. Der Fachbegutachtung wurde eine Vielzahl von Lippenbekenntnissen gewidmet, aber in der Praxis war dieses Konzept bedeutungslos.

Als Takayuki Takeshita, ein Wissenschaftler der Universität von Tokio, vorschlug, eine von ihm mit vorbereitete Präsentation zu berücksichtigen, wurde ihm von IPCC-Autoren mitgeteilt, das sei nicht möglich, da sie nicht das Kriterium der vorherigen Veröffentlichung erfüllte. Doch wenn sich die Autoren des Kapitels wirklich an die Regeln gehalten hätten, wären drei von vier Quellen herausgefallen.

An einer anderen Stelle, an der Takeshita eine Behauptung im Kapitel für „zweifelhaft" hielt und anmerkte, dass sie nahezu der

„gesamten ihm bekannten Literatur widerspräche", erhielt er zur Antwort: „abgelehnt; der Text zitiert die Studie nur und die ist voraussichtlich richtig."

Haben Sie das mitbekommen? Obwohl die fragliche Studie nicht fachbegutachtet war, meinten die IPCC-Autoren, sie wäre „voraussichtlich" richtig – und damit war die Sache erledigt. Bei zwei anderen Gelegenheiten beschwerte sich ein weiterer Fachgutachter, John Kessels vom niederländischen „Energy Research Center", dass Presseverlautbarungen zur Begründung von Tatsachenbehauptungen zitiert wurden: „Ist eine Presseverlautbarung wissenschaftliche Literatur?" fragte er. Als die Endfassung der 2007er Klimabibel herauskam, waren die Presseverlautbarungen noch drin.

Jetzt war mir klar geworden, dass alle 44 Kapitel der Klimabibel überprüft werden müssten, d. h. die Referenzlisten am Schluss eines jeden Kapitels. Es kam darauf an zu wissen, wie viele davon tatsächlich fachbegutachtet waren. Doch weil einige Kapitel 400 und mehr Quellen nennen, ein paar sogar 800 und mehr, war das für einen Menschen zu viel. Ich brauchte Hilfe.

Das Internet ist eine mächtige und erstaunliche Erfindung. Am 8. März 2010 bat ich in einem Blog-Beitrag um Hilfe. Die Regeln waren einfach. Die am Schluss eines jeden Kapitels angegebenen Quellen sollten unabhängig voneinander von drei Leuten geprüft werden. Die nicht fachbegutachteten Einträge sollten identifiziert, zusammengezählt und deren prozentualer Anteil sollte berechnet werden.

Falls die Ergebnisse leicht voneinander abweichen würden (das IPCC nennt nicht immer die vollständige Information, und manchmal weiß man nicht, ob eine Zeitschrift fachbegutachtet ist oder nicht), dann sollte das für das IPCC günstigere Ergebnis genommen werden. Im Zweifel also pro IPCC. Es ging dabei ja überhaupt nicht um Haarspalterei, sondern ging um das große Ganze.

Binnen Stunden erhielt ich Hilfsangebote von überall in der Welt. Ein Chirurg aus Kentucky, ein Nachtschicht-Arbeiter aus Australien, ein Software-Fachmann aus Vancouver, ein pensionierter Ingenieur aus Deutschland. Bald waren mehr als 40 Menschen aus 12 Ländern zusammengeschlossen und ein vierwöchiger Lauf bis zum Ziel hatte begonnen.

Ganz normale Menschen investierten viel Zeit in dieses Projekt. Ich nannte es Bürger-Audit (citizen audit). Einige fürchteten negative Folgen an ihrem Arbeitsplatz oder in ihrer Gemeinde und baten um Anonymität. Einer sagte mir sogar, er fürchte, seine Nachbarn würden seine Autoreifen aufschlitzen oder sein Haus anzünden.

Das halte man sich mal vor Augen. In welcher Zeit leben wir, wenn Menschen denken, dass sie sich durch ihre Mithilfe bei Überprüfung eines UNO-Dokumentes Risiken aussetzen? Warum sollte in einem Zeitalter, in dem angeblich Werte wie Gedanken-, Religions- und Redefreiheit hochgehalten werden, die Auswertung von Quellen in der Klimabibel auch nur ansatzweise kontrovers sein?

Als die Ergebnisse eingetroffen waren, benötigten wir für noch ein paar Tage für Berechnungen, einen kurzen Bericht und die Zusammenstellung von Tabellen. Fünf Wochen später, am 14. April, veröffentlichten wir unsere Ergebnisse: Von den 18.531 Quellen der 2007er Klimabibel waren 5.587 – ganze 30 Prozent – nicht fachbegutachtet worden. Das Ergebnis war so schlimm, dass dafür in der Schule nur die Note „Ungenügend“ gegeben worden wäre.

Unter den vom IPCC benutzten Quellen zum Beleg der Behauptungen fanden sich Zeitungs- und Zeitschriftenartikel, unveröffentlichte Master- und Doktorarbeiten, Papiere von Greenpeace- und dem WWF und tatsächlich Pressetexte.

Obwohl der Vorsitzende Pachauri ein Diskussionspapier der indischen Regierung als für den Papierkorb geeignet bezeichnet hatte, fanden wir heraus, dass die Klimabibel Dutzende von Diskussionspapieren zitiert. In einem Fall war das Dokument, auf das sich das IPCC bezog, deutlich als „Version eins“ eines *Entwurfs* kenntlich gemacht worden.

Es wäre gut, ich könnte sagen, dass die Veröffentlichung unserer Ergebnisse eine Medienkampagne ausgelöst hätten, dass Journalisten aufmerksam geworden wären und dass diese UN-Organisation mit einigen harten Fragen konfrontiert worden wäre, wie z. B.:

- Wenn man beim IPCC nicht einmal darauf vertrauen kann, dass es seine eigenen Berichte korrekt beschreibt, wie kann man dann seinen übrigen Aussagen vertrauen?
- Wie kann der Leiter des IPCC so schlecht informiert sein?

- Hat der Vorsitzende Pachauri vor, seine Aussagen gegenüber den Abgeordneten von North Carolina richtigzustellen?

Meines Wissens hat nur ein Medienunternehmen beim IPCC nachgefragt. Eine Sprecherin bestätigte, dass dem IPCC die Ergebnisse des Bürger-Audits bekannt wären, lehnte es aber ab, diese zu kommentieren.

Sechs Tage nach der Veröffentlichung unserer Ergebnisse erschien ein von Pachauri verfasster Artikel in einer Online-Publikation der Yale University. In dem Artikel wurde behauptet, die 2007er Klimabibel würde „etwa 18.000 fachbegutachtete Publikationen zitieren." Wir haben weniger als 13.000 gefunden.

Weiter wurde ausgeführt, dass „eine begrenzte Anzahl von grauer (nicht fachbegutachteter) Literatur" in Fällen zitiert worden wäre, „wo fachbegutachtete Literatur nicht verfügbar gewesen wäre." In Wahrheit geschah das 5.587-mal.[43]

---

[43] Mehr Informationen im Kapitel „Eine Überprüfung durch die Bürger" am Ende dieses Buches. Der vollständige Bericht dieser Auswertung kann hier heruntergeladen werden: http://www.NOconsensus.org/ipcc-audit/findings-main-Seite.php [9. 8. 2012]. Pachauri erklärte, das IPCC hätte „etwa 18.000 fachbegutachtete Publikationen" zitiert. Ich vermute, er wollte sagen, dass man auf eine Gesamtanzahl 18.531 kommt, wenn man alle Einträge in den Referenzlisten aller IPCC-Berichts-Kapitel addiert. Dass es 18.000 *verschiedene* Publikationen sind, könnte sein, muss aber nicht. Wie wir in Kapitel 14 sehen werden, wurde eine einzige Informationsquelle – der *Stern-Bericht* – vom IPCC in 12 verschiedenen Kapiteln zitiert. Das heißt, er war bei den Referenzen am Ende eines jeden betroffenen Kapitels enthalten und wurde 12-mal gezählt. Ein weit größeres Problem ist, dass das IPCC seine eigenen Berichte bis zum Erbrechen zitiert. Die meisten IPCC-Kapitel schließen viele Referenzen aus einem Grundstock von IPCC-eigener Literatur ein, die immer wieder mitgezählt wurden.

Während des Bürger-Audits kam auch heraus, dass gleiche Fachaufsätze oft unterschiedlich in den Referenzlisten bezeichnet werden. Hier ist ein Beispiel für die unterschiedliche Zitierweise eines vom IPCC erstellten Dokumentes:

Kap. 1, Working Group bzw. Arbeitsgruppe 1: IPCC, 1999): Special Report on Aviation and the Global Atmosphere [Penner, J.E., et al. (eds.)]. Cambridge University Press, Cambridge, United Kingdom and New York, NY, USA, 373 pp.

Kap. 2 of WG1: IPCC, 1999: Aviation and the Global Atmosphere: A Special Report of IPCC Working Groups I and III [Penner, J.E., et al. (eds.)]. Cambridge University Press, Cambridge, United Kingdom and New York, NY, USA, 373 pp.

Kap. 3 of WG1: IPCC, 1999: Aviation and the Global Atmosphere [Penner, J. E., et al. (eds.)]. Cambridge University Press, Cambridge, United Kingdom and New York, NY, USA, 384pp.

Kap. 10 of WG1: Penner, J.E., et al. (eds.), 1999: Aviation and the Global Atmosphere. Cambridge University Press, Cambridge, United Kingdom and New York, NY, USA, 373 pp.

Kap. 5 of WG3: IPCC, 1999: *Aviation and the Global Atmosphere* [Penner, J.E., D.H. Lister, D.J. Griggs, D.J. Dokken and M. McFarland (eds.)]. Special report of the Intergovernmental Panel on Climate Change (IPCC) Working Groups I and III, Cambridge University Press, Cambridge.

Keine der Zitierungen gleicht der anderen. Man weiß daher nicht, wie viele verschiedene Publikationen wirklich in der 2007er Klimabibel aufgeführt werden.

Was Pachauris Behauptung angeht, dass nichtfachbegutachtete Literatur nur dann zitiert wurde, wenn fachbegutachtete nicht verfügbar war, sollten wir uns daran erinnern, dass das Bürger-Audit durch einen Blog von Richard Tol ausgelöst wurde, der sich darüber beklagte, dass IPCC-Autoren Forschungsergebnisse aus fachbegutachteter Literatur nicht beachtet und stattdessen aus nichtfachbegutachtetem Material die entgegengesetzten Schlüsse gezogen hätten. http://rogerpielkejr.blogspot.com/2010/03/bias-in-ipcc-wgiii-guest-post-by.html [9. 8. 2012].

In Kapitel 28 dieses Buches wird auf Roger Pielke Jr. verwiesen, der die gleichen Bedenken hatte. Er meinte, dass „eine Menge fachbegutachteter Arbeiten" zu einer eindeutigen Schlussfolgerung über natürliche Unwetterschäden kommt – das IPCC jedoch eine einzige nichtfachbegutachtete Studie bevorzugte, um die gegenteilige Position zu belegen.

12] Fakten und Fiktionen

Die Antworten der IPCC-Insider auf die Fragen des IAC zeigen ganz deutlich, dass die grassierende Verwendung nichtfachbegutachteten Materials durch das IPCC vielen bewusst war. In Frage fünf wurde solches Material angesprochen. Hier einige Antwortzitate:

- „Die Nutzung grauer Literatur ist unvermeidbar [...]. Autoren sollten nicht mit unnötigen Regeln wegen des Gebrauchs oder Nicht-Gebrauchs von Literatur belästigt werden“ (S. 622).
- „Mein [...] Kapitel hing stark von nicht-fachbegutachteter Literatur ab und ich habe noch keine Klage über dessen Qualität vernommen“ (S. 52).
- „Wenn ich davon ausgehe, dass die Aufgabe des IPCC das Aufarbeiten des verfügbaren Wissens über klimabezogene [Angelegenheiten] zur Unterstützung von Entscheidungsträgern ist, dann ist die Benutzung Grauer Literatur unvermeidlich [...]. Es wäre unverantwortlich, diese Literatur wegzulassen“ (S. 123).

Immer wieder gebrauchen IPCC-Insider Ausdrücke wie „wesentlich“, „notwendig“ oder „unvermeidlich“, wenn sie solches Material ansprachen. Das bedeutet, dass es für den IPCC-Vorsitzenden seit langem die Norm ist, die Art und Weise systematisch falsch darzustellen, durch die seine Organisation ihre Berichte produziert. Seine Behauptung, nach der das IPCC sich *ausschließlich* mit fachbegutachteten Quellen beschäftigen würde, ist völlig falsch. Dabei geht es nicht um Nebensächlichkeiten: Wenn 21 von 44 Kapiteln so wenig fachbegutachtete Referenzen enthalten, dass sie ein „Ungenügend“ erhalten, existiert ein ernsthaftes Missverhältnis zwischen den Fakten einerseits und den Fiktionen des IPCC andererseits.

Damit stellt sich noch eine beunruhigende Frage: Es ist mehr als offensichtlich, dass viele wussten, wie sehr Pachauris öffentliche Erklärungen der Wirklichkeit widersprachen. Hunderte – vielleicht Tausende – der mit dem IPCC befassten Personen wussten genau, dass er höchste Regierungsvertreter und die Öffentlichkeit jedes Mal hinters Licht führte, wenn er behauptete, „wir benutzen nur fachbegutachtete Quellen". Dennoch weiß der durchschnittliche Journalist und damit auch der Normalbürger darüber nichts.

In den letzten Jahren haben mit dem IPCC verbundene Wissenschaftler viele offene Briefe unterzeichnet, in denen Regierungen zu einer Vielzahl von Klimaschutzmaßnahmen gedrängt wurden. Diese Briefe wurden in der Presse veröffentlicht, auch im Internet.[44]

Wo aber sind die von Hunderten von Wissenschaftlern unterzeichneten offenen Briefe, die die Sache mit der Benutzung grauer Literatur durch das IPCC richtigstellen? Warum gab es keine öffentlichen Erklärungen des Inhalts, dass die Unterzeichner die Arbeit des IPCC zwar unterstützen, aber nicht alles den Tatsachen entspricht, was die IPCC-Oberen sagen?

---

[44] Ein 2009 vom WWF organisierter offener Brief, der von kanadischen Wissenschaftlern unterzeichnet worden war, kann hier eingesehen werden: https://docs.google.com/viewer?a=v&pid=explorer&chrome=true&srcid=0BwKfjKsXaxaGY2YzNGRhMWQtMzg2Zi00ZTNlLWJmZTYtYjJmZWViNmQ4NmQ0&hl=en [11. 8. 2012]. Auf der rechten Seite sagt der WWF, der Brief wäre in zwei kanadischen Zeitungen erschienen. Ein Brief kanadischer Wissenschaftler von 2008, von der Aktivistengruppe Climate Action Network Canada angeregt und auf der Webseite des kanadischen Fernsehens CBC publiziert, findet sich hier: www.cbc.ca/news/technology/story/2008/06/26/f-qanda-mcbean.html [11. 8. 2012] und hier: www.climateactionnetwork.ca/e/issues/letter-climate-science-06-2008.html [11. 8. 2012]. Ein offener Brief kanadischer Wissenschaftler vor den Parlamentswahlen 2008: http://web.archive.org/web/20081225012334/http:/site.climateletter.org/Our_News_Release.html [11. 8. 2012]. Ein weiterer Offener Brief kanadischer Wissenschaftler von 2006, in dem sie dem IPCC-Bericht von 2001 beipflichten, findet sich hier: www.cbc.ca/news/background/harper_conservatives/pdf/lettertoharper.pdf [24. 8. 2012]. Ein weiterer Brief englischer Wissenschaftler („Statement from the UK science community") von 2009, deren Zustimmung zu den 2007er Ergebnissen des IPCC enthaltend, kann hier eingesehen werden: www.metoffice.gov.uk/news/releases/archive/2009/science-community-statement [24. 8. 2012]. Ein öffentlicher Unterstützerbrief, der 2010 im Science-Magazin erschien: www.webcitation.org/60RhNqz0L. Ein weiterer Brief dieser Art von 2010 wurde auf der nicht mehr existierenden Webseite OpenLetterFromScientists.com veröffentlicht, vgl. www.webcitation.org/5wcl1dRhn. Eine weitere Kopie findet sich hier: http://mind.ofdan.ca/?p=2901 [24. 8. 2012]. Ein weiterer Offener Brief von 2011, den amerikanische Wissenschaftler an den US-Kongress richteten, wurde hier veröffentlicht: www.huffingtonpost.com/peter-h-gleick/an-open-letter-to-the-new_b_816999.html [24. 8. 2012]. Ein Brief vom März 2010, veranlasst von der links-aktivistischen „Union of Concerned Scientists" („Protect the Clean Air Act" [24. 8. 2012]) kann man hier nachlesen: www.usclimatenetwork.org/resource-database/ucs-letter-to-congress-potect-the-caa. Schließlich ein Offener Brief australischer Wissenschaftler vom Juni 2011: http://theconversation.edu.au/climate-change-is-real-an-open-letter-from-the-scientific-community-1808 [24. 8. 2012] (weitere und Aktualisierungen auf dem Blog der Autorin).

Die Bereitschaft aller beim IPCC, diese Diskrepanz zu übergehen, ist ein weiteres Indiz dafür, dass es sich beim IPCC um einen äußerst verzogenen Sprössling handelt. Keiner erwartet von ihm, Regeln zu befolgen, die für den Rest der Welt gelten. Niemand fordert ihn auf, auf dem Teppich zu bleiben, wenn es Märchen erzählt. Stets ist es wichtiger, die Fiktion vom Wunderkind aufrechtzuerhalten.

Woanders würde man so etwas eine Verschwörung des Schweigens nennen. Wenn Menschen wissen, dass dramatisch gelogen wird, es aber ablehnen, zu widersprechen, bedeutet das, dass sie einer Organisation ohne Integrität angehören. Eine ganz lange Liste von IPCC-Offiziellen hat hier eine einfache Prüfung nicht bestanden. Wie alle anderen haben sie lieber weggeschaut.

Doch auch auf einer anderen Ebene findet sich keine Führungsstärke. Immer wieder wird uns gesagt, dass wir an die gefährliche, menschenverursachte globale Erwärmung glauben sollen, weil sich die Wissenschaftsakademien der ganzen Welt zugunsten der IPCC-Erkenntnisse ausgesprochen haben. Klimaskeptiker werden häufig gefragt, weshalb sie ihr eigenes Urteil für viel verlässlicher als das der hoch angesehenen Gremien hielten.

Die Erklärung ist, dass keine Wissenschaftsakademie bemerkt hat, dass jeweils eine von drei Quellen der 2007er Klimabibel tatsächlich der grauen Literatur zuzurechnen ist. Wenn diese Akademien so gut informiert sind, warum bedurfte es erst einer über das Internet zusammengeschlossenen Gruppe von Freiwilligen, diese Sache vor aller Welt offen zu legen? Warum hat keine einzige Wissenschaftsakademie die Aussagen des Vorsitzenden Pachauri einer einfachen Faktenprüfung unterzogen?

Etwas anderes wäre es gewesen, wenn die Wissenschaftsorganisationen der Welt im vergangenen Jahrzehnt an der Aufrechterhaltung eines guten Rufes des IPCC mitgewirkt hätten. Wären von ihnen Erklärungen veröffentlicht worden, die offengelegt hätten, dass der IPCC-Vorsitzende die Welt hinsichtlich der Natur der IPCC-Berichte in die Irre führte, hätten sie meinen Respekt verdient,

Stattdessen haben sie sich wie ein echter Taufpate verhalten, der stets zum jugendlichen Straftäter hält, in die Kameras lächelt und ihm damit überhaupt keinen Anlass gibt, sich zu bessern.

13] Vergiss‘ die Regeln!

Gemäß einer Erklärung, die 2010 auf OpenLetterFromScientists.com veröffentlicht wurde, ist beim IPCC alles in Ordnung. Es bestehen Regeln, die befolgt werden, und deshalb gibt es kein Problem: „Der Eindruck, dass das IPCC kein sauberes Verfahren zur Qualitätskontrolle hätte, ist völlig falsch. Das Verfahren für die Erstellung von Forschungsberichten und dafür, dass die Qualitätskontrolle sichergestellt wird, ist durch gut dokumentierte Prinzipien geregelt. Sie werden regelmäßig überprüft und nach Bedarf ergänzt.“

Das Zitat muss man sich genau anschauen. Die Wissenschaftler möchten uns glauben machen, dass die Tatsache, dass gewisse Regeln „überprüft“ und „ergänzt“ werden, Beweis dafür ist, dass diese Regeln auch befolgt werden. Das ist das Äquivalent jener Idee, nach der sich alle an Geschwindigkeitsbegrenzungsschilder halten, weil diese Verkehrszeichen gelegentlich erneuert werden.

Doch Regeln sind wirkungslos, wenn eine Organisation keine internen Mechanismen zu deren Durchsetzung hat. Wenn es keine Strafen für die Nichtbeachtung von Regeln gibt, ist das so, als würden diese Regeln gar nicht existieren.

Obwohl der Vorsitzende Pachauri der Welt über Jahre erklärt hat, die IPCC-Berichte würden allein auf fachbegutachteter Literatur beruhen, verfolgte das IPCC in Wirklichkeit eine Redaktionslinie, unter der die Kapitelautoren Graue Literatur zitieren konnten, wenn sie es für nötig hielten. Diese Linie verlangte für solche Fälle die klare Identifizierung des Quellmaterials als „nicht fachbegutachtet“, wenn es in den Fußnoten genannt wurde.

Das hätte ein vernünftiger Kompromiss sein können. Wenn ein so wirkmächtiges Dokument wie die Klimabibel seine Schlussfolgerungen auf Material gründete, das keiner wissenschaftlichen Fachbegutachtung unterzogen worden ist, dann ist es nur recht und billig, dass seine Leser davon in Kenntnis gesetzt werden.

Doch offensichtlich kannten die meisten IPCC-Insider diese Regel nicht. Unser Bürger-Audit identifizierte 5.587 nicht fachbegutachtete Referenzen. Hilary Ostrov, eine kanadische Bloggerin und eine der Bürger-Auditoren, durchsuchte den kompletten Text und entdeckte, dass insgesamt nur sechs Quellen (oder 0,1 Prozent) dieser Art als solche gekennzeichnet waren.

Der Ausschuß des InterAcademy Council (IAC), der zum IPCC ermittelte, bemerkte das Problem auch. Demnach ergab die Überprüfung der Klimabibel, dass „einige wenige Fälle von Informationen gefunden wurden", die als „nicht fachbegutachtet" gekennzeichnet worden waren.[45]

Musste auch nur eine der Personen, die bei der Erstellung der 2007er Klimabibel mitwirkten, irgendwelche Folgen wegen des Verstoßes gegen diese Regel befürchten? Keineswegs. Hat auch nur eine der Akademien der Wissenschaften laut und deutlich darauf hingewiesen, dass eine Organisation, die will, dass die ganze Welt ihren Schlussfolgerungen traut, ihre eigenen Regeln genau einhalten muß? Selten so gelacht.

Als das IAC erklärte, dass strengere Durchsetzungsregeln nötig wären, gab das Gremium eine sehr spezifische Empfehlung ab. Es meinte, das IPCC solle seine Regeln und Verfahren „strenger fassen und durchsetzen", indem zukünftig Graues Material in seinen Berichten „ausreichend gekennzeichnet" würde.[46]

In dieser Hinsicht befand sich das Komitee im Einklang mit den IPCC-Insidern, die den Online-Fragebogen beantworteten. Einige forderten unterschiedliche Farben für die IPCC-Berichte, „damit man sofort sehen kann, ohne erst in die Anmerkungen zu schauen, ob die Quelle einer Information ein fachbegutachtetes Papier ist." Andere schlugen den Gebrauch von Kursivschrift oder Sternchen vor.[47] Nach Meinung einer Person auf S. 643 (des IAC-Berichts) „sollten Verweise auf Graue Literatur als grau erkennbar sein, damit die Gutachter darauf hingewiesen würden, dass die Quelle nicht fach-

---

[45] Vgl. die Endfassung des IAC-Berichts vom Oktober 2010: http://reviewipcc.interacademycouncil.net/report.html [25. 8 2012]. Das Zitat bezüglich der „wenigen Fälle gekennzeichneter Information" („few instances of information flagged") erscheint auf S. 35 des PDF, die dort jedoch als S. 17 nummeriert wurde.

[46] Ebd.

[47] Die Antworten auf den IAC-Fragebogen (678 S.) finden sich hier: http://reviewipcc.interacademycouncil.net/Comments.pdf [7. 7. 2012]. Vgl. insbesondere S. 41 (kursiv), 115 (mit Sternchen) und 396 (verschiedene Farben).

begutachtet ist. Quellen mit und ohne Peer Review sollten jeweils separat in der Referenzliste aufgeführt werden."

Mit anderen Worten, das IAC-Komitee – wie auch einige IPCC-Insider – hielten diese Regel für wichtig.

Wie aber hat das IPCC darauf reagiert? Kam eine Anweisung an das Personal, dass fortan strenger auf die Einhaltung der Regeln geachtet und dass diese auch durchgesetzt würden? Gibt es Anzeichen, dass unser verzogenes Kind bereit ist, sich künftig wie ein Erwachsener zu verhalten?

Nicht in absehbarer Zukunft. Im April 2011 entdeckte die Bloggerin Ostrov ein internes Dokument mit dem Vorschlag, dass das IPCC seine Kennzeichnungsregeln völlig aufgeben sollte. Diesem Dokument zufolge war IPCC-eigenes Personal der Meinung, es „wäre unpraktisch", Graue Literatur in den Anmerkungen zu kennzeichnen. Was daran in einer Zeit unpraktisch sein soll, in der jeder einen PC besitzt, wurde nicht erörtert.[48]

Einen Monat später hatte sich die Linie der IPCC-Bürokraten durchgesetzt. Diese widersprach der klaren Empfehlung des IAC-Gremiums, welches das IPCC geprüft hatte. Während eines IPCC-Treffens wurde ein neues Regelwerk für den Umgang mit Grauer Literatur gebilligt (worin recht vage gefordert wird, dass die IPCC-Autoren Literatur von hoher Qualität zitieren sollten, und dass fachbegutachtetes Material Priorität hätte). Jeglicher Hinweis auf eine Kenntlichmachung Grauer Literatur ist jetzt verschwunden.[49]

---

[48] Das Dokument (267 S.) findet sich hier (vgl. S. 4): www.webcitation.org/623z0rjja und hier: www.ipcc.ch/meetings/session33/inf01_p33_review_report_tg_comments_gov.pdf [25. 8. 2012].

[49] In einer IPCC-Presseerklärung vom Mai 2010 heißt es, neue Regeln für die Literatur seien beschlossen worden, doch die Probleme mit Grauer Literatur werden nicht erwähnt: www.ipcc.ch/news_and_events/docs/ipcc33/PRESS_RELEASE_Outcomes_abu_dhabi_13_may.pdf [25. 8. 2012]. Wie die Bloggerin Hilary Ostrov herausfand, wurde die Kennzeichnungsregel definitiv aufgegeben: http://hro001.wordpress.com/2011/05/17/when-task-group-says-lets-disappear-a-rule-ipcc-agrees/ [25. 8. 2012]. Bezeichnend dazu S. 4, 2. Absatz dieses Bulletins: http://www.iisd.ca/download/pdf/enb12500e.pdf: „The group agreed not to flag information derived from grey literature in the reports and focus instead on ensuring the high quality of all information, placing priority on peer-reviewed literature." Die Mainstream-Medien bemerkten davon nichts und berichteten auch nichts über diese offene Verhöhnung einer IAC-Empfehlung, nachzulesen auf S. 35 des Berichts (wie Fn. 43). Interessanterweise wurde in der IPCC-Presseerklärung betont, dass die neuen Zitierregeln Blog-Beiträge als „nicht akzeptable Informationsquellen für IPCC-Berichte" ansehen würden, obwohl Blogs wie Anthony Watts (http://wattsupwiththat.com/), Steve McIntyre (http://climateaudit.org/), Judith Curry (http://judithcurry.com/), Lucia (http://rankexploits.com/musings/) u.v.a. wichtige Beiträge

Wenn man zwischen den Zeilen liest und weitere Antworten aus dem IPCC-Fragebogen mitberücksichtigt, kommt man zu dem Schluß, das vermutlich folgendes passiert ist: Ich denke, die kleine Gruppe der IPCC-Hauptberuflichen, die technische und bürokratische Aufgaben wahrnimmt, übt eine außerordentliche Macht aus. Sie sind es, durch die diese Organisation lebt und atmet. Sie verstehen besser als irgendjemand sonst, wie sie funktioniert und wie leicht sich eine selten tagende Gruppe internationaler Delegierter in eine gewünschte Richtungen lenken lässt.

Obwohl das IPCC-Regelwerk forderte, Graue Literatur klar zu kennzeichnen, vermute ich, dass die Bürokraten stets der Meinung waren, sich daran zu halten, sei zu viel des Guten. Daher haben sie die Forderung schlicht ignoriert.

Nachdem das IPCC deswegen öffentlich auf den Teppich zurückgeholt worden war, sorgten die Bürokraten dafür, die Angelegenheit zu beerdigen, anstatt sich an die Regeln zu halten: Indem sie völlig legitime interne Mechanismen nutzten, schlugen sie ein neues Regelwerk vor, das diesen Teil ganz einfach ausspart.

Die Tatsache, dass dieses neue Regelwerk dann auf einer großen IPCC-Konferenz angenommen wurde, spricht Bände. Damit wird angezeigt, wie mit einer blinkenden Neonreklame, dass ein Bruch der IPCC-Regeln keine Konsequenzen zeitigt.

Sollte jemand die schlechte Angelegenheit haben darauf zu bestehen, dass Regeln einzuhalten sind, keine Angst: er wird ausmanövriert werden.

---

zur Klimadebatte lieferten. Es waren keine Blogs, die zum Fehler bei den Himalaja-Gletschern führten, wie in Kapitel 33 dieses Buches gezeigt wird, sondern ein WWF-Bericht. Doch das IPCC hat keine Lehren daraus gezogen. Die gleichen Regeln, mit denen völlig überzogen Blogs disqualifiziert werden, versagten, als es darum ging, die Nutzung von Publikationen solcher Gruppen wie WWF und Greenpeace zu verbieten.

14] Der Skandal um den Stern-Bericht

Der zuvor erwähnten Erklärung auf OpenLetterFromScientists.com nach zu urteilen ist die Klimabibel Ergebnis eines ordentlich organisierten Schreibprozesses. Entwurf Eins wird von Fachgutachtern kommentiert, deren Auffassung wird eingebaut. Danach werden Gutachter gebeten, den zweiten Entwurf zu kommentieren. Auch deren Bemerkungen werden berücksichtigt. Am Ende wird die Schlussversion während einer großen Tagung angenommen.

Das klingt gut in der Theorie, doch wie wir bereits gesehen haben, sind IPCC-Autoren keineswegs verpflichtet, die Meinung der wissenschaftlichen Fachgutachter zu beachten. Als Takayuki Takeshita dem IPCC mitteilte, es behaupte etwas, das seiner gesamten bisherigen wissenschaftlichen Lektüre widersprach, wurde seine ernst gemeinte Befürchtung von einem IPCC-Autor abgewiesen, der meinte, es sei „gut möglich", dass die Studie, auf die sich der betreffende IPCC-Autor stützte, korrekt wäre. Als John Kessels dem IPCC erklärte, daß es nicht in Ordnung sei, sich für bestimmte Daten auf Pressemitteilungen zu verlassen, winkte man ebenfalls ab.

Warum glauben manche Menschen immer noch, dass im Lande IPCC alles mit rechten Dingen zuginge? Ich meine, es ist hilfreich anzuerkennen, dass diese Organisation in Wahrheit eine Bürokratie ist. Bürokratien zeichnen sich durch ihre Befassung mit Vorlagen aus. Selbst wenn diese Papiere sinnlos sind, selbst wenn sie nicht leisten, was sie zu leisten vorgeben, werden bürokratische Geister solche Leerläufe immer als Beweis dafür anführen, dass etwas auf dem richtigen Weg ist.

Es ist richtig, dass Tausende von Fachgutachtern um Kommentare zu zwei Entwürfen der 2007er Klimabibel gebeten worden sind. Es stimmt auch, dass auf jeden Kommentar jeweils ein IPCC-Autor reagierte. Doch die Tatsache, dass es diesen Autoren völlig freigestellt worden war, die von ihren Meinungen abweichenden Perspektiven zu ignorieren, unterminierte fatalerweise diese gesamte Übung (Fehler zu entdecken und einem Gruppendenken zu entgehen). In Wahrheit wird die Zeit vieler Menschen nur deshalb vergeudet, um dem IPCC einen *Anschein* wissenschaftlicher Strenge und Inklusivität zu verleihen.

Zwar besteht die Marketingbotschaft des IPCC stets aus der Aussage, dass Tausende von Fachgutachtern einbezogen werden, doch beim genaueren Hinschauen fällt es schwer, nicht zu dem Schluß zu kommen, dass das IPCC seine wissenschaftlichen Fachgutachter im Grunde verachtet.

Ein hervorragendes Beispiel dafür ist die Art und Weise, wie das IPCC mit dem Stern-Bericht verfuhr. Der 700-seitige Bericht wurde von einem Ökonomen-Team der britischen Regierung unter Leitung von Nicholas Stern verfaßt. Anfang 2007, nur kurz der Veröffentlichung des zweiten Teils der damals nagelneuen IPCC-Klimabibel, war der Vorsitzende Pachauri von einem Reporter vom Bloomberg-Nachrichtendienst interviewt worden.

Auf die Frage, ob die Klimabibel sich auch auf den Stern-Bericht stützen würde, sagte Pachauri, seine Organisation würde ihn zwar kennen, aber das IPCC könnte nur wenig mit diesem Text anfangen, da er nicht fachbegutachtet sei.

Man stelle sich vor, wie groß daher mein Erstaunen war, als ich beim Bürger-Audit bemerkte, dass das IPCC den Stern-Bericht häufig zitiert hatte. Nicht einmal, nicht zweimal, nicht nur in einem oder zwei Kapiteln, nein, wir sprechen von 26 Stellen in 12 Kapiteln.

Weil Pachauri im Bloomberg-Interview meinte, es sei nicht in Ordnung, sich auf diesen Bericht zu beziehen: Weshalb zitierte ihn das IPCC so oft – manchmal zweimal und in einem Falle sogar fünfmal auf einer einzigen Seite? Um wie viel mehr hätte sich das IPCC auf den Stern-Bericht stützen können, wenn er tatsächlich fachbegutachtet gewesen wäre? Als das IPCC erklärte, dass die Wasserversorgung einer dreiviertel Milliarde Menschen in Indien und China von Gletschern abhängig wären, ist es dann nicht sonderbar, dass die einzige Quelle für diese Behauptung der Stern-Bericht war?

Der Kritikpunkt ist hier nicht nur, dass sich der IPCC-Vorsitzende einmal mehr als ahnungslos erwiesen hat, was den Inhalt des wichtigsten Berichts seiner Organisation angeht. Viel ernster ist, dass der Fachbegutachtungsprozess zum Zeitpunkt des Erscheinens des Stern-Berichts bereits abgeschlossen war.

Die Gutachter der einzelnen Kapitel mit Zitaten aus dem Stern-Bericht waren aufgefordert worden, ihre Anmerkungen innerhalb bestimmter Fristen einzureichen. In einem Fall war der 21. Juli 2006 der Termin. Im anderen der 15. September.

Das bedeutet, dass die IPCC-Fachgutachter längst nach Hause gegangen waren, als der Stern-Bericht Ende Oktober 2006 veröffentlicht wurde. Keine einzige auf den Stern-Bericht bezogene Referenz war in irgendeinem der Entwürfe enthalten gewesen, der den 2.500 wissenschaftlichen Fachgutachtern vorgelegen hatte, mit denen sich Pachauri so häufig schmückt. Diese Referenzen wurden *nachträglich* heimlich, still und leise in die Klimabibel eingearbeitet.

Daraus ergeben sich mehrere besorgniserregende Fragen:

- Wozu müht man sich überhaupt noch mit Fachgutachtern ab, wenn nach deren Arbeitsende 12 unterschiedlichen Kapiteln neues Material hinzugefügt wird?
- Wenn die IPCC-Verfahren so wasserdicht sind, wenn die Verantwortlichen des IPCC so integer sind, wie kann so etwas überhaupt geschehen?
- Wie können wir wissen, ob nicht noch anderes neues Material auf ähnliche Weise hinzugefügt worden ist?

Es scheint, als ob die Beziehung des IPCC zu seinen wissenschaftlichen Fachgutachtern an Missbrauch grenzt. Zuerst werden diese Leute gebeten, freiwillig ihre Zeit in gutem Glauben zu opfern. Zugleich gibt das IPCC ihren Autoren das Recht, deren Beiträge mit nicht mehr als einem einzigen Wort abzuschmettern: *Abgelehnt!*

Während von den wissenschaftlichen Fachgutachtern die Einhaltung der IPCC-Fristen erwartet wird, fühlt sich die Organisation selbst nicht an solche Termine gebunden. Stattdessen wird ganz nonchalant nachträglich neues Material hinzugefügt, das die Gutachter nie beurteilen konnten, weil sie es nie gesehen haben.

Die Krönung dieser traurigen Veranstaltung ist dann, dass das IPCC seine Fachgutachter weiterhin als Tarnung mißbraucht. Immer wieder verweist es auf sein Heer von Fachgutachtern als Beweis seiner wissenschaftlichen Rigorosität und Vertrauenswürdigkeit.

15] Fristen? Welche Fristen?

Bis hier ist klar geworden, dass sich das IPCC nicht besonders gut an seine eigenen Regeln hält. So leid mir diese Wiederholung tut, doch der offensichtliche Grund dafür ist, dass nie jemand beauftragt wurde, sie durchzusetzen. Weil niemand je irgendwelche Nachteile für Regelverstöße erleiden musste, wäre es fast ein Wunder, wenn diese Regeln tatsächlich beachtet würden.

Mitarbeiter großer Projekte unter Zeitdruck neigen dazu, Abkürzungen zu nehmen. Das ist nicht bösartig, sondern nur menschlich. Wenn das IPCC tatsächlich eine wachsame Organisation wäre, würde ihre Struktur menschliche Schwächen in ihre Betrachtungsweise einbeziehen. Wenn dem IPCC an Qualitätskontrolle so viel gelegen wäre wie normalen Fabriken, dann müsste es Personal geben, deren einzige Aufgabe die Aufrechterhaltung der Standards wäre.

Stattdessen gleicht das IPCC mehr einem Klub. In einem solchen sozialen Milieu pflegen Menschen wegzusehen, wenn sie mit großen oder kleineren Verfehlungen konfrontiert werden. Wer will schon Ärger? Wenn alle das gegenwärtigen Arrangement für gut befinden, warum dann Unruhe stiften?

Wie wir bereits gesehen haben, ist keiner der IPCC-Teilnehmer mit der Warnung der Öffentlichkeit hervorgetreten, dass Pachauris Behauptung von der 100-prozentigen Fachbegutachtung falsch war. Wenn die IPCC-Teilnehmer so wenig besorgt sind, dass diese Falschaussage so häufig und offen geäußert wird, überrascht es dann, dass dieselben Leute versagten, als es darum ging, gegen andere moralische Verfehlungen vorzugehen?

Im April 2010 veröffentlichte Pachauri einen Artikel, in dem er das IPCC vor Kritikern in Schutz zu nehmen versuchte. Nach dem Abspulen seiner üblichen Rhetorik über fachbegutachtete Publikationen, 2.500 Fachgutachter usw. usf., sagte er, er hielte es für wichtig zu erklären, wie seine Organisation funktioniert. Ihm zufolge „beruhte“ die 2007er Klimabibel „auf wissenschaftlichen Studien, die *vor* dem Januar 2006 abgeschlossen waren, spätere Studien sind nicht enthalten“ (Hervorhebung hinzugefügt).

Wenn wir Pachauri beim Wort nehmen, hätten Forschungsergebnisse von vor 2006 stammen müssen, um vom IPCC beachtet werden zu können. Doch wir wissen, dass dieser Redaktionsschluss eine Illusion ist, weil der Stern-Bericht – ein Dokument, das erst Ende 2006 veröffentlicht wurde – dennoch hinein kam. Es scheint, als ob die IPCC-Autoren immer einen Weg finden, wenn ihrer Meinung nach bestimmtes Material hinein soll, Fristen hin oder her.

Tatsächlich besteht die Klimabibel aus drei zusammengefügten Einzelberichten. Der Erste ist der bekannte Working-Group-1-Bericht, der die naturwissenschaftlichen Grundlagen (wenn man die Klimamodellierung außen vor läßt) zusammenfasst. Dieser Teil der Klimabibel genießt wegen seiner Präzision die höchste Reputation.

Schade, dass sich diese Reputation verflüchtigt, so bald man die Daten jener Fachaufsätze überprüft, auf denen die Arbeitsgruppe 1 ihre Schlussfolgerungen gründet. In Kapitel 2 werden sechs Papiere zitiert, die *nicht* vor dem Januar 2006 publiziert worden waren. Noch nicht einmal vor Januar 2007. Dennoch entschieden die IPCC-Autoren dieses Kapitels unter sich, dass diese Aufsätze höchste wissenschaftliche Standards erfüllten.

Im Kapitel 11 kommt es noch schlimmer. Hier erblickten 17 der vom IPCC zitierten Papiere erst 2007 das Licht der Öffentlichkeit. Das bedeutet, dass die Schlußfolgerungen des naturwissenschaftlichen Grundlagenteils der Klimabibel auf Dutzenden von Papieren beruhen, die so neu waren, dass die Bezeichnung „druckfrisch“ für sie noch stark untertrieben gewesen wäre. Als das IPCC ihre Ergebnisse verwertete, waren diese Aufsätze der erweiterten Gemeinde der Wissenschaftler noch völlig unbekannt.

Umweltaktivisten beklagen häufig, die Klimabibel sei immer noch viel zu konservativ, indem sie für noch extremere Vorhersagen, etwa von Leuten wie Al Gore, keine Argumente liefert. Dazu kann man nur folgendes sagen: Eine Organisation, die bereit ist, ihre Schlußfolgerungen von Dutzenden noch unveröffentlichten Forschungsaufsätzen abzuleiten, ist alles andere als konservativ.

16] Das nennt man Betrug

Das IPCC behauptet, dass es keine eigene Forschung betreibt. Es wird von ihm erklärt, es würde die bereits vorliegende wissenschaftliche Literatur zum Klimawandel nur sichten und sich dabei ein Bild machen, was das alles bedeutet.

Doch die Tatsache, dass das IPCC *unveröffentlichte* Papiere zitiert, beweist, dass mit gezinkten Karten gespielt wird. Wer mit den Leuten beim IPCC bekannt ist, sorgt dafür, dass seine noch zu veröffentlichenden Arbeiten berücksichtigt werden. Forscher ohne diese Art von Beziehungen haben hingegen Pech.

Wie üblich findet man immer mehr Unregelmäßigkeiten, je länger man prüft. Ein IPCC-Insider schrieb bei der Beantwortung des Online-Fragebogens, dass Wissenschaftler, die eine spezielle Information in der Klimabibel unterbringen wollen, noch nicht einmal davor zurückschrecken, eigens für diesen Zweck Artikel zu schreiben. Der Befragte meinte u.a.: „Regierungen möchten in einem Kapitel aktuell bedeutsame Fragen behandelt sehen, wofür es häufig ‚graue Literatur', aber nur wenig fachbegutachtete Literatur gibt. [...] In solchen Fällen wurde so vorgegangen, dass **Leitautoren versuchten, in Fachzeitschriften mit Begutachtungsverfahren Material veröffentlicht zu bekommen, während sie gerade an einem IPCC-Kapitel schrieben, damit der publizierte oder im Druck befindliche Beitrag** im Schlußentwurf des IPCC-Kapitels **zitiert werden konnte**" (S. 68, Hervorhebung hinzugefügt).

So etwas wird Betrug genannt! Es ist anscheinend ein offenes Geheimnis, dass solche Dinge stattfinden. Was bedeutet, dass vielen bekannt ist, dass das IPCC keinesfalls eine neutrale und objektive Beurteilung der verfügbaren wissenschaftlichen Literatur durchführt. Stattdessen wird das System auf vielen Ebenen und aus vielen Richtungen manipuliert.

Diese Enthüllung verweist auf eine merkwürdige Entdeckung, die ich einige Monate vor der Veröffentlichung der IAC-Antworten gemacht habe. Dabei hatte sich gezeigt, dass der Klimabibel von 2007 unverhältnismäßig häufig eine bestimmte Ausgabe der Zeitschrift „Climatic Change" zugrunde lag. Wenn das IPCC aus einer einzigen Nummer einer Fachzeitschrift von 21 Papieren 16 (!) zitiert, dann liegt der Verdacht nahe, dass diese Ausgabe speziell auf die Bedürfnisse des IPCC zugeschnitten worden ist (vgl. dazu Fn. 51).

Das wäre natürlich eine komplette Verkehrung der Regeln. Akademische Zeitschriften sollten unabhängige Akteure sein. Forschungsaufsätze sollten ihnen unaufgefordert zur Veröffentlichung zugesendet, dann von Gutachtern leidenschaftslos geprüft und danach veröffentlicht werden (oder nicht) – auf der Grundlage ihrer jeweiligen individuellen Vorzüge.

Doch ist es sicher ein Problem, wenn Fachzeitschriften von IPCC-Insidern selbst geführt werden. Über diesen Sachverhalt wurde meines Wissens nie gesprochen, aber die Implikationen sind einschneidend. So wurde „Climatic Change" von seinem Gründungsherausgeber Stephen Schneider bis zu dessen Tod 2010 geleitet.[50] Die Tatsache, dass Schneider als wichtige Person im IPCC routinemäßig entschied, was und was nicht Teil jener wissenschaftlichen Literatur wurde, die das IPCC später als Beleg für etwas zitieren würde, schien nie jemanden gestört zu haben.

Doch zurück zu unserer unerklärbar hilfreichen Nummer einer Fachzeitschrift. Man erinnere sich an die Aussage des Vorsitzenden Pachauri, der Redaktionsschluss hätte *vor* dem Januar 2006 gelegen. Erinnern Sie sich, dass die Fachgutachter Fristen einhalten mußten? Redaktionsschluß der beiden für diese Frage relevanten Abschnitte der Klimabibel war der 2. Juni und der 21. Juli 2006.

Jetzt raten Sie mal, wann die Zeitschrift herauskam? Nicht bis zum Mai 2007! Fünfzehn der zitierten 16 Papiere waren von der Zeitschrift bis Mitte Oktober 2006 noch nicht einmal *angenommen* worden.[51]

---

[50] Stephen Schneider war ein amerikanischer Physiker. Bereits 1976 schrieb er ein Buch mit dem dramatischen Untertitel „Klima und globales Überleben" („Climate and Global Survival"). Seine Zeitschrift „Climatic Change" startete kurz darauf, im März 1977.

[51] Eines dieser 16 Papiere wurde im Mai 2006 angenommen – lange nach Pachauris behaupteten Redaktionsschluss *„vor Januar 2006"*, doch immer noch früh genug, dass ein Fachgutach-

In vier separaten Kapiteln der Klimabibel wurde aus der Ausgabe vom Mai 2007 der Zeitschrift „Climatic Change" zitiert. Kapitel 11 bezog sich auf zehn dort veröffentlichte Papiere. Dazu gehörten drei Aufsätze, deren Ko-Autor Jens Hesselbjerg Christensen zugleich einer von zwei Leitautoren dieses Kapitels war. Zugleich bzw. danach wirkte dieser dänische Klimamodellierer als Gastherausgeber genau dieser Ausgabe von „Climatic Change".

Wir rekapitulieren: Ein IPCC-Kapitel basierte auf Literatur, die von einer Fachzeitschrift noch nicht einmal angenommen worden war. Einer der für dieses Kapitel verantwortlichen Leute befand sich in einem direkten Interessenkonflikt, da diese Person gleichzeitig Verfasser von einigen dieser Papiere war. Ein weiterer Interessenkonflikt entstand, als dieser Herr in seiner Eigenschaft als Gastherausgeber einer Zeitschrift dafür verantwortlich wurde, diese Fachaufsätze in die heiligen Hallen der fachbegutachteten wissenschaftlichen Literatur aufzunehmen.

Für so etwas gibt es viele Bezeichnungen, doch das Wort „unabhängig" gehört nicht dazu. Denn es handelt sich ganz offensichtlich um einen in sich geschlossenen, inzestuösen Prozeß. Als Herausgeber fällen Wissenschaftler Entscheidungen darüber, was als fachbegutachtete Literatur angesehen wird und was nicht. Zudem zitieren sie dieselben Papiere, bei denen sie selbst eine Hebammen-Funktion ausübten, in ihrer Eigenschaft als IPCC-Autoren.

Falls Sie jetzt anfangen, die Klimawissenschaft für eine kleine abgeschottete Welt ohne jedes normale Gefühl für Anstand zu halten – willkommen im Klub! Echte Kontrolle, neutrale Einstellungen – das ist diesen Leuten offenbar völlig fremd.

Das IPCC behauptet, seine Berichte beruhten allein auf bereits veröffentlichter wissenschaftlicher Literatur. Doch auch in diesem Fall favorisierte eine Gruppe IPCC-Autoren anscheinend eine bestimmte Sicht, ohne Rücksicht darauf, was die veröffentlichte Fachliteratur tatsächlich dazu sagt. Die Tatsache, dass die dafür nötigen Daten noch nicht veröffentlicht worden waren, stellte kein Hinder-

---

ter, der danach gefragt hätte, eine Kopie hätte erhalten können. Mehr Informationen dazu auf meinem Blog: http://nofrakkingconsensus.com/2010/05/13/ipcc-cites-an-unpublished-journal-39-times/ [4. 9. 2012]. Zur „besonderen" „Climatic Change"-Ausgabe siehe auch hier: https://docs.google.com/Doc?docid=0AQKfjKsXaxaGZGZ3c3c0Y3FfNDhnZm42ZmhnNg&hl=en [4. 9. 2012].

nis dar. Sie schrieben einfach das IPCC-Kapitel so, wie es ihnen vorschwebte, und arrangierten hinterher die Publikation der dafür erforderlichen Fachaufsätze.

Wurde irgend irgendjemand für ein derart empörendes Verhalten zur Rechenschaft gezogen? Offenbar nicht, wenn man sieht, dass Christensen erneut zum Koordinierenden Leitautor der gegenwärtig in Vorbereitung befindlichen Klimabibel ernannt wurde.[52]

Hatte ich schon erwähnt, wer bei „Climatic Change" die Leitung nach Schneiders Tod übernahm? Die Zeitschrift wird jetzt von zwei Ko-Herausgebern geleitet. Einer ist Michael Oppenheimer, der bereits erwähnte Wissenschaftsaktivist. Das ist der, der mehr als zwei Jahrzehnte beim „Environmental Defense Fund" angestellt war.

Oppenheimer entscheidet also darüber, welche Fachaufsätze es verdienen, „fachbegutachtete Literatur" sein zu dürfen, und amtiert gleichzeitig auch als Koordinierender Leitautor des IPCC.

Der andere Herausgeber von „Climatic Change" ist Gary Yohe, gegenwärtig ebenfalls Koordinierender Leitautor beim IPCC. Beim Nachdenken über den Grad, bis zu welchem man Yohes Urteilen Vertrauen schenken kann, sollte sich der Leser daran erinnern, dass dessen Name unter dem im Internet veröffentlichten, oben diskutierten „Offenen Brief von Wissenschaftlern" (OpenLetterFrom Scientists) als erster erschien.

Der Offene Brief lobte das IPCC wegen seiner „außergewöhnlichen Leistung" und charakterisierte Kritik an dieser Organisation als „phantasievolle Übertreibung."

---

[52] Das IPCC veröffentlichte die Namen der Autoren des fünften Sachstandsberichts (AR5) im Juni 2010, vgl. nofrakkingconsensus.blogspot.de/climate-bibles-new-authors-announced.html [4.3. 2017] und hier: www.noconsensus.org/AR5_authors.pdf [4.9.2012]. Auf S. 7 des IPCC-Dokuments findet sich Jens Hesselbjerg Christensen als Koordinierender Leitautor für Kapitel 14. In einer aktualisierten Liste, über die mich Hilary Ostrov informierte (http://hro001.wordpress. com), wird Christensen auf S. 14 in gleicher Funktion aufgeführt: www.webcitation.org/623sTasdY.

17] Im Kreuzverhör

Jason Johnston ist ein Juraprofessor der University of Virginia. Davor lehrte er 15 Jahre lang an der University of Pennsylvania und leitete dort für die meiste Zeit ein Umweltrechtsprojekt.

Im Mai 2010 veröffentlichte Johnston ein 82-seitiges Arbeitspapier in einer wissenschaftlichen Internetbibliothek. Es trug den Titel „Wissenschaft im Interesse der Globalen Erwärmung: ein Kreuzverhör" („Global Warming Advocacy Science: a Cross Examination"). In jenem Papier geht er vor, wie Anwälte üblicherweise vorgehen: Er unterzieht einen sachverständigen Gutachter einem Kreuzverhör.

In diesem Falle ist der Gutachter das IPCC. Johnston wies darauf hin, dass Strafverteidiger oft keine naturwissenschaftliche Ausbildung haben, sie das jedoch nicht daran hindert, sich über die entscheidenden Sachverhalte kundig zu machen, um danach harte Fragen im Gerichtssaal zu stellen.

Im Wesentlichen führt Johnston eine Prüfung des tatsächlichen Sachverhalts durch. Weil viele Politiker IPCC-Schlussfolgerungen für Glaubensgewissheiten halten – und darauf mit neuen Steuern und weitgehenden Regulierungen reagiert haben – hat Johnston ein gewichtiges Argument: Er meint, dass es sicherlich nützlich wäre, vor dem Ergreifen solcher Maßnahmen zu verifizieren, ob die IPCC-Berichte tatsächlich eine „unparteiische und objektive Bewertung" darstellen. Demnach „bedeutet eine solche Verifikation, das, was das IPCC zur Klimawissenschaft zu sagen hat, mit dem zu vergleichen, was man in der fachbegutachteten klimawissenschaftlichen Literatur findet".

Sehr zu seiner Überraschung entdeckte Johnston im Rahmen seiner Recherchen, dass, „IPCC-Berichte tatsächlich in jeder wichtigen Frage zum Klimawandel die grundlegenden wissenschaftlichen Ungewissheiten systematisch verbergen oder kleinreden".

Wenn man sich die Mühe macht, die volle Bandbreite der Forschungsergebnisse von „Wissenschaftlern der wirklich besten Universitäten" zu sichten, deren „Glaubwürdigkeit unanfechtbar" sei, entdeckt man Johnston zufolge „eine ganze Anzahl von Fakten und Erkenntnissen, die [...] kaum, wenn überhaupt, [in der Klimabibel] erwähnt werden".

Dabei erörterte er auf Dutzenden Seiten die Mängel der Klimamodelle. Nach diesen würde mehr CO_2 zu einer Aufheizung der Luft nahe der Erdoberfläche führen. Dieser Effekt sei angeblich besonders in der Atmosphäre ausgeprägt, die dem Äquator am nächsten liegt. Johnston meint, dass uns die zweite Behauptung eine Chance bietet, empirisch zu überprüfen, ob die Modelle funktionieren.

Vergraben in den Seiten des entscheidenden Kapitels der 2007er Klimabibel über die Zurechnung gibt das IPCC zu, dass ein Problem besteht. Man gibt zu (in nicht allzu klaren Worten), dass die überschüssige Wärme nicht dort ist, wo sie nach den Modellen zu erwarten wäre. Die wirkliche Welt verhält sich nicht so, wie die Modelle vorhersagen.

Wie Johnston beobachtet, bleiben deshalb zwei Möglichkeiten: Entweder sind die Daten aus der wirklichen Welt falsch, „oder mit den Modellen stimmt etwas nicht." Raten Sie mal, welche Erklärung die Klimabibel wählt? Die Autoren des Kapitels sagen, die „wahrscheinliche Erklärung" sei, dass die Temperatur-Messdaten aus der wirklichen Welt durch „Fehler kontaminiert" wären.

Während das IPCC mit einer „wahrscheinlichen" Erklärung zufrieden sein darf, verdient es die Öffentlichkeit ganz sicher, darüber informiert zu werden, dass die Klimamodelle bei diesem wichtigen Test versagen. Doch wie Johnston betont, ist dieser Sachverhalt in dem Teil der „Zusammenfassung für Entscheidungsträger", der sich mit diesem Abschnitt befaßt, noch nicht einmal erwähnt.[53]

Ähnlich verhält es sich auch bei der Auseinandersetzung über die Rückkopplung. Wie Warren Meyer erklärt – er schreibt auf climate-skeptic.com – besteht die Klimakatastrophen-Hypothese aus zwei Teilen: Teil Eins ist die unkomplizierte Treibhausgas-Theorie. Sie besagt, dass durch eine Verdoppelung des CO_2-Anteils in der Atmosphäre (was bei Fortsetzung des gegenwärtigen Trends bis 2100 eintreten könnte) eine deutliche Erwärmung verursacht wird – um et-

[53] Johnstons 82-Seiten-Papier kann hier heruntergeladen werden: http://papers.ssrn.com/sol3/papers.cfm?abstract_id=1612851 [6.9.2012]. Die englischen Originalzitate finden sich auf S. 8f., 11 und 22.

wa um ein Grad Celsius. Nur wenige halten einen Anstieg von einem Grad innerhalb eines Jahrhunderts für besorgniserregend.

Die einzige Möglichkeit für die Erde, in den Bereich einer Klimakatastrophe zu kommen, entsteht, wenn man den viel umstritteneren Teil Zwei akzeptiert: Hier wird *angenommen,* dass das Klimasystem auf kleine Änderungen hochsensibel reagiert, und dass das eine Grad Erwärmung durch sogenannte positive Rückkopplungs-Mechanismen um zweihundert, dreihundert oder noch mehr Prozent verstärkt würde.

Zitat Meyer: „Negative Rückkopplung bedeutet, dass bei Störung eines Objekts oder Systems in eine Richtung Kräfte dazu neigen, diese Störung auszugleichen. Positive Rückkopplung bedeutet, dass die wirkenden Kräfte dazu neigen, eine Störung noch zu verstärken oder zu vervielfachen."

In der Sprache des Ingenieurs sagt Meyer, der sich wissenschaftlich mit Rückkopplungen beschäftigt hat, dass „fast jeder denkbare Prozess in der Natur mit negativer Rückkopplung abläuft." Wissenschaftler vermuten stets negative Rückkopplungen, meint er, es sei denn, jemand beweist das Gegenteil. Außer in der Klimawissenschaft. Es sei seltsam, in diesem Fall „nehmen alle die positive Rückkopplung als gegeben an."

Mit einigem Erstaunen schließt Juraprofessor Johnston, das die Klimakatastrophe nicht das *„Ergebnis [output]* der Klimaforschung ist, sondern eine *Voraussetzung [input]".* Dramatische Temperaturanstiege sind das Resultat einer Annahme der Klimamodellierer: Demnach würde der geringe Erwärmungseffekt des CO_2 weiter verstärkt. Doch das Thema „positive Rückkopplung" werde in der Technischen Zusammenfassung des IPCC-Berichts *„nirgendwo* erwähnt" – die einzige Version, die vermutlich von Politikern und Journalisten gelesen wird.[54]

So unglaublich es klingt: der einzige Grund, aus dem Klimamodelle aussagen, uns stehe eine Öko-Apokalypse bevor, ist daher der Glaube der Klimamodellierer an ein Klimasystem, das sich auf eine Weise verhält, die im Gegensatz zu den meisten anderen natürlichen Systemen steht. Wenn sich die Modellierer in zwei Gruppen

[54] Ebd., S. 25, 27. Hervorhebungen durch Johnston.

aufgeteilt hätten, in eine, die eine negative Rückkopplung einprogrammieren, und in eine andere, die eine positive Rückkopplung einprogrammieren würde, wäre bei den Modellen der ersten Gruppe nichts Alarmierendes herausgekommen.

Johnston erörtert verschiedene Fachaufsätze aus angesehenen akademischen Zeitschriften, die von gut funktionierenden negativen Rückkopplungen im Klimasystem ausgehen. Doch er meint dazu: Obgleich diese und andere Fragen lebhaft in der fachbegutachteten wissenschaftlichen Literatur diskutiert werden, erfährt der Leser der Klimabibel nichts darüber.

Nirgendwo erklärt das IPCC geradeheraus, dass einige Wissenschaftler meinen, dass die Klimamodelle bei einem wichtigen Test versagen – oder, dass Klimamodelle zur Erzeugung furchterregender Ergebnisse vorprogrammiert wurden.

In Johnstons Berufszweig gibt es *juristische Schriftsätze (legal briefs)* – und *Memoranden (legal memos).* Erstere sollen von einer speziellen Sichtweise auf einen Sachverhalt überzeugen.

Memoranden zählen dagegen alle verfügbaren und einschlägigen Fakten objektiv auf – nicht nur die dafür sprechenden, auch die dagegenstehenden. Nicht nur die Stärken, sondern auch die Schwächen. Die Vertrautheit mit den Fallstricken und Schwachpunkten ihres Falles versetzt Anwälte in die Lage, sich auf unvorhergesehene Wendungen vorzubereiten.

Vom IPCC wird ein ausgewogener und objektiver Bericht erwartet – wie ein Memorandum. Ausgestattet mit allen Fakten sollen die Gesetzgeber dann sachkundige Entscheidungen treffen.

Johnstons Kreuzverhör kommt jedoch zu dem Schluss, dass die Klimabibel tatsächlich einem juristischen Schriftsatz gleichkommt. Anstatt alle Fakten zu präsentieren, hat das IPCC wichtige Informationen ausgelassen. Es hat seine Botschaft manipuliert.

18] Gefährdet: Selbstdenker

Weshalb erstellt eine Organisation, die behauptet, *wissenschaftlich* zu sein, und die erklärt, einen *wissenschaftlichen* Sachstandsbericht zu produzieren, einen Bericht, der eher verzerrt als objektiv ist?

Dieses Puzzle besteht aus vielen Teilen. Doch besonders fällt das folgende ins Auge: Genau genommen ist das IPCC keine wissenschaftliche Köperschaft – und war es nie gewesen. Wissenschaftler, als Einzelpersonen, gehören dem IPCC nicht an, nur Staaten.

Deshalb erfährt man vom IPCC nur, aus welchen Ländern die Autoren kommen und darüber hinaus fast nichts. Internationale politische Rücksichten haben beim IPCC immer Vorrang. Wissenschaftliche Glaubwürdigkeit ist stets zweitrangig.

Noch nie hat das IPCC die Wissenschaftsakademien der Welt gebeten, die führenden Experten verschiedener Forschungsgebiete zu benennen, um diese dann systematisch in Dienst zu nehmen. Stattdessen werden die Regierungen um Nominierungen gebeten.

Das stellt aus vielerlei Gründen ein Problem dar. Die Regierungen demokratischer Länder kommen und gehen. Eine US-Regierung mit Al Gore als Vizepräsident behandelte Klimafragen anders als die Nachfolgeregierung mit Dick Cheney als Vizepräsident.

Das heißt, dass die politische Linie der jeweils in der Verantwortung Stehenden das Nominierungsverfahren für das IPCC beeinflusst. Wenn man nun noch zusätzlich in Betracht zieht, dass normalerweise das jeweilige Umweltministerium die Kontaktadresse für das IPCC ist, tritt das Problem klar hervor. In vielen europäischen Ländern wird das Umweltressort Politikern kleiner Grüner Koalitionsparteien übertragen. Da es unwahrscheinlich ist, dass ein von einem Grünen Parteipolitiker geleitetes Umweltministerium dieselbe Expertenliste aufstellen würde, wie ein von einem Konservativen geleitetes, wird klar, dass die Expertenauswahl eher von politischen als von wissenschaftlichen Überlegungen geprägt ist.

In nichtdemokratischen Ländern sichern die regierenden Eliten ihre Macht durch Geheimpolizei und das Militär. Auf deren Seite zu stehen, ist überlebenswichtig. Es gibt viele Orte in der Welt, wo man nachts mitsamt seiner Familie abgeholt und ins Gefängnis geworfen wird, wenn man einer falschen Person das Falsche sagt.

Wir dürfen nicht naiv sein. Wie wahrscheinlich ist es, dass aus dem Chaos, der Korruption und der weit verbreiteten Armut nichtdemokratischer Länder wissenschaftliche Experten von Weltrang hervorgehen? Noch etwas: Weshalb sollten wir annehmen, dass die von widerwärtigen Regimen für das IPCC nominierten Personen die Freiheit haben, zu unabhängigen wissenschaftlichen Ergebnissen zu kommen? Sie wären wirklich mutige Menschen, wenn sie eine Position bezögen, die den Vorgaben ihrer politischen Bosse entgegen stehen würde.

Deshalb ist der Anspruch, das IPCC besteht aus Wissenschaftlern aus 113 Ländern, die alle unabhängig voneinander zu den gleichen Schlussfolgerungen gekommen sind, auch so irreführend. Es gibt, wie man weiß, 195 Staaten weltweit. Selbst nach UNO-Angaben gehört davon nur eine kleine Gruppe zu den entwickelten Volkswirtschaften. Auf dieser Liste finden sich Australien, Österreich, Belgien, Kanada, Dänemark, Finnland, Frankreich, Deutschland, Griechenland, Italien, Luxemburg, Japan, Neuseeland, Portugal, Spanien, Schweden, die Niederlande, Großbritannien und die USA.

Das sind insgesamt 19 Staaten. Nehmen wir Russland, China, Israel und diejenigen Länder dazu, die erstklassige Bildungs- und Forschungseinrichtungen betreiben können, sind es immer noch wenig mehr als zwei Dutzend.

Der Moment, in dem entschieden wurde, die Nominierung der weltweit besten wissenschaftlichen Experten in die Hände von Politikern aus über 100 Ländern (anstatt in die einer Handvoll angesehener Wissenschaftsakademien) zu legen, war der Moment, ab dem das IPCC kein wissenschaftliches Gremium mehr war.

Wenn man noch tiefer bohrt, wird es sogar noch heikler. Oben erwähnte ich bereits, dass die NOAA – die „National Oceanic and Atmospheric Administration“ der Vereinigten Staaten – eine Seite in einer ihrer Publikationen einer Würdigung der Tätigkeit ihrer Angestellten für das IPCC widmete. Dieser Seite zufolge haben „mehr als 120 NOAA-Wissenschaftler" zur 2007er Klimabibel beigetragen.

Das allein ist eine erschreckende Zahl. Eine einzelne amerikanische Regierungsbehörde ließ 120 Angestellte an IPCC-Aktivitäten teilnehmen. Ist wirklich jeder davon ein Spitzenexperte?

Doch dabei erhebt sich eine noch wichtigere Frage: Waren diese Menschen wirklich frei, ihre eigenen unabhängigen Schlüsse als IPCC-Autoren zu ziehen? Hatte man ihnen eine schriftliche Zusicherung gegeben, dass sie die Freiheit hatten, ihrem Gewissen als Wissenschaftler zu folgen, sollte sie ihr Gewissen in einen Konflikt mit der Organisation führen, die ihr Gehalt bezahlt?

Vom IPCC wird erwartet, dass es die wissenschaftliche Literatur zum Klimawandel objektiv auswertet. Wie viel Neutralität kann man von 120 zum NOAA gehörenden IPCC-Leuten erwarten, wenn die NOAA bereits entschieden hat, dass der Mensch den Klimawandel verursacht?

Die NOAA hat einen Haufen Geld für Klimamodelle ausgegeben, die wiederum vom IPCC benutzt werden, um seine Auffassungen zu untermauern. Die NOAA ist deshalb kaum ein Arbeitsplatz, an dem man dafür befördert wird, die Parteilinie zum Klimawandel in Frage zu stellen.

Dazu eine erhellende Anekdote aus dem Buch „The Climate Caper" eines australischen Atmosphärenwissenschaftlers: „In den frühen neunziger Jahren war ich an der Einrichtung eines Forschungszentrums in der Antarktis beteiligt [...], um die Rolle der Antarktis und des südlichen Polarmeers im globalen Klima zu erforschen. Damals beging ich den Fehler, in einem ausführlich in der Zeitung ‚The Australian' an einem nachrichtenarmen Ostersonntag wiedergegebenen Interview zu erwähnen, dass noch immer eine Menge Zweifel am Katastrophenpotenzial der globalen Erwärmung bestehe. Man muß nichts weiter dazu sagen, als dass mir nach wenigen Tagen von der höchsten Ebene [des wichtigsten australischen wissenschaftlichen Gremiums CSIRO (Commonwealth Scientific and Industrial Research Organisation)] klar gemacht wurde, es würde sich aus dem Projekt des Aufbaus des neuen Zentrums zurückziehen, falls ich derartige öffentliche Äußerungen wiederholen würde [...], [wodurch] das ganze Vorhaben gestorben wäre" (siehe Anm. 55).

Der Autor Garth Paltridge berichtet weiter, dass das CSIRO in der Zeit dieses Interviews bei der australischen Regierung um zusätzliches Geld ansuchte. Heute, da er nach seiner Pensionierung frei sprechen kann, betont Paltridge, dass die meisten Forschungsgelder von Regierungen bereitgestellt werden. Eine Handvoll Förderagenturen, die von Wissenschaftsadministratoren verwaltet werden, verteilen es dann.

Solche Administratoren wollen ihre Etats stets ausweiten. Während der vergangenen 20 Jahre haben sie gelernt, dass Klimaalarm eine wirksame Methode für die Sicherung zusätzlicher Geldquellen ist. Sie verstehen sehr gut, dass es in ihrem Interesse ist, die Klimawelle zu reiten.

Umgekehrt riskieren Wissenschaftler, die unangenehme Fragen stellen oder gegenüber Journalisten Zweifel äußern, diejenigen bloßzustellen, die am Geldhahn sitzen. Wie Paltridge kamen sie zu dem Schluß, dass sie ihre eigenen Fördermittel einbüßen könnten, falls sie nicht den Mund halten.

Das unvermeidliche Ergebnis ist nach Paltridge, dass Politiker, die deutliche Antworten erwarten, sich jetzt „nirgendwo mehr zum Einholen einer zweiten Meinung hinwenden" können. Wissenschaftsinstitutionen haben eine bestimmte Meinung zum Klimawandel angenommen, weil diese Meinung ihren finanziellen Interessen dient.

Das ist eine scharfe Schlußfolgerung, denn es wird impliziert, dass die Lage nicht deutlich besser wäre, wenn Wissenschaftsgremien die Experten für die Arbeit an der Klimabibel nominierten. Keiner, so scheint es, sieht es als seine Aufgabe an, die Integrität der Wissenschaft selbst zu schützen.

Am Schluss seines Buches diskutiert Paltridge die Sozialpsychologie der klimawissenschaftlichen Welt. Er zeichnet ein Bild, in dem viel zu viele Leute akademische Grade durch spezifische Forschungen erwerben, als dass sie alle im jeweiligen Spezialgebiet sinnvoll eingesetzt werden könnten. Es ist daher nicht ungewöhnlich, wenn sich kluge, bestens ausgebildete Menschen in einer unbefriedigenden Arbeitsroutine wiederfinden, bei Arbeiten, die sie nicht befriedigen und durch die sie kaum Beachtung finden.

Und dann erscheint plötzlich das IPCC auf der Bildfläche. Es bietet Sinnstiftung, die Möglichkeit zum Heldentum und die Aussicht, die Welt zu retten. Die Wissenschaftler werden zu Tagungen an exotischen Orten eingeladen. Ihre Namen werden mit einem Nobelpreis in Verbindung gesetzt. Die Medien haben allen Grund, sie wie Stars zu behandeln.

Viele würden all das berauschend finden. Einige würden sicher so weit gehen, ihre eigenen unguten Gefühle zu unterdrücken und sich einzureden, dass all die anderen smarten Leute doch recht haben müssen mit der Bedrohung durch den Klimawandel, auch wenn sie selbst noch nicht so ganz davon überzeugt sind.[55]

[55] Garth Paltridges Aussage über die Folgen seines Interviews findet sich in Kap. 4 von „The Climate Caper". Vgl. dort auch den Abschnitt „Too Many Scientists" in Kap. 5.

19] Die internationale politische Bühne

Dass das IPCC eher eine politische als eine wissenschaftliche Köperschaft ist, läßt sich leicht sagen. Es braucht nicht viel für so eine Aussage. In der Blogosphäre wird das immer wieder so geäußert. Doch da wir oft nur sehen, was wir sehen wollen, ist die Sache damit aber noch lange nicht erledigt. Die wirkliche Frage ist, ob diese Aussage nach einer sorgfältigen und vorurteilslosen Beurteilung der Lage noch eine sinnvolle Schlußfolgerung ist.

Nach zwei Jahren Recherche ist mir klar geworden, dass es im IPCC wirklich nur um Politik geht. Wenn man erst einmal weiß, wonach man suchen muss, kommen die Beweise rasch ans Licht – und sie kommen von den IPCC-Insidern selbst.

Wissenschaftliche Körperschaften, Medien, Bürokraten, Politiker – sie alle haben uns erklärt, dass der Zweck des IPCC darin besteht, unser Wissen über den Klimawandel zusammenzufassen. Auch ich habe im ersten Kapitel dieses Buches diese Aussage gemacht, als ich erklärte, Aufgabe des IPCC sei die „Sichtung der wissenschaftlichen Literatur zum Klimawandel, die Beurteilung seiner Bedeutung und die Abfassung einer bis heute erscheinenden Berichtsreihe."

Wie die meisten habe ich angenommen, dass solche Berichte gebraucht würden, damit Regierungen gut fundierte Entscheidungen treffen können. Politische Entscheidungsträger überall in der Welt berufen sich tatsächlich auf IPCC-Dokumente als Begründung für ihre Überzeugungen und die von ihnen eingeschlagene politische Richtung. Alle, von der amerikanischen „Environmental Protection Agency" bis zur englischen „Advertising Standards Authority", sehen die IPCC-Berichte als maßgeblich an.

Doch erst nach der Lektüre von 700 Seiten Antworten auf den IAC-Online-Fragebogen, wo echte IPCC-Mitarbeiter auf unterschiedliche Weise immer wieder dieselben Aussagen machen, fand ich ein weiteres Puzzle-Teil, das paßte. Was diese Menschen genau wissen, worauf aber öffentlich kaum hingewiesen wird, ist die besondere Rolle, die die Klimabibel auf der internationalen Bühne spielt.

Was die Vereinten Nationen betrifft, würde es ohne die Klimabibel keine Klimagespräche geben. Damit Klimaverhandlungen auch nur irgendein Ergebnis zeitigen, muss jeder erst einmal auf den gleichen Stand sein. Wenn ein Land berichtet, dass seine Gletscher zunehmen und ein anderes das Gegenteil, würde das Verfahren durch unzählige Streitereien darüber behindert, was tatsächlich Sache ist.

Die Klimabibel steht daher für eine kollektive Überzeugung. Sie ist ein *politisches* Dokument, das die von Politikern diverser Länder geteilten Ansichten bezüglich klimabezogener Themen festlegt. Ihr Hauptzweck ist, bestimmte internationale *politische* Diskussionen herbeizuführen.

Seit 1992 finanziert die UNO eine ganze Konferenzreihe mit dem Ziel der Verminderung der weltweiten Treibhausgasemissionen. Regelmäßig treffen sich Vertreter der UNO-Mitgliedstaaten an Orten wie Rio, Bali und Cancun, um diese Diskussionen zu führen.

Die UNO-Klimaverhandlungen einen Zirkus zu nennen, klingt unfreundlich, trifft aber zu. Unter den Teilnehmern jener mehrtägigen Ereignisse finden sich Tausende Berufsaktivisten. Sie sind Angestellte von Organisationen wie Greenpeace, WWF, Friends of the Earth, David Suzuki Foundation u. ä. Diesen Gruppen wird von der UNO ein offizieller Beobachterstatus zugebilligt. Ihr Ziel ist anscheinend, so zu tun, als ob es eine weitverbreitete öffentliche Unterstützung für drastische Emissionsbeschränkungen gäbe.

Doch Aktivisten sind weder gewählt, noch irgendwem verantwortlich. Sie behaupten, für die „Zivilgesellschaft“ zu sprechen, vertreten aber eine politische Philosophie weit links der politischen Mitte. Würde ein Großteil der Öffentlichkeit diese Philosophie unterstützen, wäre die Grüne Partei eine ernsthafte politische Kraft. Dass sie sich in den meisten wohlhabenden Ländern in der Minderheit befindet, zeigt uns, dass der Durchschnittsbürger ihre Vision nicht anziehend findet.

Die offiziellen Regierungsdelegationen werden in der Regel von Bürokraten aus den Umweltministerien beherrscht. Einige davon verbringen einen Großteil ihres Lebens in Flugzeugen und fliegen von einem UN-Event zum nächsten. Schön, wenn man einen solchen Arbeitsplatz ergattern kann, doch werden solche Leute mangels Anreiz nie einsehen, dass der gesamte Prozess eine teure und unproduktive Zeitverschwendung ist.

Während der Klimaverhandlungen inszenieren Aktivisten öffentliche Aktionen, um Regierungsvertreter zu kompromittieren und so zu unausgegorenen Zusagen zu veranlassen. Das ist problematisch, da solche Regierungsvertreter sowieso bereits glauben, dass dringend etwas geschehen muss. Viele wollen Mutter Erde schützen, doch niemand scheint sich für normale Menschen einzusetzen.

Es ist schön und gut, wegen der CO_2-Emissionen besorgt zu sein. Doch besteht das Leben aus Kompromissen. Mann sollte stets fragen, was vernünftigerweise erreicht werden kann und was der Preis dafür ist. Denn alles, was wir tun, ist energieabhängig: Lebensmittel kühlen, Mahlzeiten kochen, Wohnungen und Schulen heizen, Krankenhäuser betreiben, die Fahrt zum Arbeitsplatz und der Transport unserer Senioren zu ihren Arztterminen. Heute stammt die preiswerteste und zuverlässigste Energie aus fossilen Energieträgern, vorwiegend Kohle, Öl und Gas. Alle drei emittieren CO_2.

Der einzige Weg für Regierungen, kurzfristig die CO_2-Emissionen drastisch zu senken, ist eine drastische Erhöhung der Energiekosten. Wenn sich der Strompreis über Nacht vervierfachen würde, müssten viele Fabriken schließen, da sie die Rechnung ihres Versorgers nicht mehr bezahlen könnten. Diese Fabriken produzieren Computer oder Rauchmelder, machen Nahrungsmittel haltbar, stellen Arzneimittel oder Brillen her und beschäftigen Ihren Nachbarn oder Schwägerin.

Wenn sich der Benzinpreis vervierfachen würde, müßten die Speditionen die meisten Fernfahrer entlassen. Dann würden die verderblichen Waren in den Lagerhäusern verrotten, anstatt an Kunden geliefert zu werden. Krankenschwestern, die Patienten zu Hause betreuen, könnten ihre Autos nicht mehr betanken. Auch wäre es zu teuer, Kinder zum Schwimmunterricht zu bringen.

Aktivisten meinen, *drastische* Maßnahmen seien das Gebot der Stunde. Wenn man aber genauer auf die von ihnen hingeworfenen Zahlen und Terminvorstellungen schaut, erscheint es unrealistisch, dass ihre Ziele erreichbar sind, ohne die Hälfte der Bevölkerung arbeitslos zu machen.

Die meisten von uns denken, dass es inakzeptabel ist, wenn Umweltprobleme gelöst werden, indem die Welt ins Unglück gestürzt wird. Vielleicht wurde von der Gesellschaft der 1930er nicht so viel CO_2 emittiert, doch das ändert nichts an der Tatsache, dass die Große Depression eine tragische, zutiefst frustrierende Zeit war.

Es gibt noch ein Problem: Ein integraler Bestandteil der Klimaverhandlungen besteht aus finanziellen und technischen Hilfen von reichen Ländern für ärmere Länder, damit sie sich dem Klimawandel anpassen können. Für sich allein genommen, mag das bewundernswürdig sein. Allerdings ist geplant, dass reiche Länder riesige Beträge an einen Fonds überweisen, der von der UNO verwaltet werden soll. Das heißt mit anderen Worten, dass eines der Ziele eines Klimavertrags darin besteht, der UNO die Kontrolle über einen Berg frischen Geldes zu übertragen.

Es ist nicht schwer zu erkennen, warum ausgerechnet UN-Bürokraten das für eine großartige Idee halten. Doch wie steht es um die Meinung der normal arbeitenden Menschen, deren Steuern auf dem UN-Bankkonto enden sollen? Wann sind sie überhaupt das letzte Mal gefragt worden, was sie von diesem Arrangement halten – oder ob sie nicht ein anderes vorzögen? Wann sind ihnen das letzte Mal die Vor- und Nachteile verständlich erklärt worden?

Wann haben wir dabei jemals eine ernsthafte Diskussion darüber erlebt, wie *unverantwortlich* die UNO in Wirklichkeit ist? Die Stadt New York, Gastgeber des UN-Hauptquartiers, kann das UN-Personal noch nicht einmal dazu bringen, ihre Strafzettel fürs Falschparken zu zahlen. Über einen Zeitraum von fünf Jahren sammelten sich dort 150.000 unbezahlte Strafzettel im Gesamtwert von 18 Millionen US-Dollar an.

Dabei zeigt sich, dass UN-Mitarbeiter aus Ländern mit blühender Korruption die meiste Verachtung für die Einhaltung der Parkvorschriften an den Tag legen und am wenigsten geneigt sind, Strafzettel zu bezahlen. Mit anderen Worten: Viele UN-Offizielle kommen aus Ländern, die sie nicht gerade ermutigen, sich rücksichtsvoll zu benehmen. Diese Leute glauben, dass sie für ihre Übertretungen nicht belangt werden können. Sie glauben nicht einmal, dass die Gesetze auch für sie gelten. Doch gehören sie zu denen, die an Entscheidungen über das Schicksal von Milliarden von Klima-Dollars beteiligt sind.

Um eine Vorstellung zu bekommen, wie ein UNO-Komitee zur Bewilligung von Klimamitteln aussehen könnte, müssen wir nur auf die Zusammensetzung des IPCC-Vorstandes schauen. Das ist die oberste Führung, das sind diejenigen, die den Gesamtprozess koordinieren. Gegenwärtig gehören zu diesem aus 31 Mitgliedern bestehenden Gremium *zwei* Sudanesen – aus einem Land in der Krise. Der Präsident des Sudan wird seit seiner Machtergreifung durch einen Militärputsch beschuldigt, hinter Kriegsverbrechen in Darfur zu stehen. 2010 wurden im Sudan internationalen Beobachtern zufolge die Wahlen manipuliert. Die Lebenserwartung beträgt 55 Jahre.

Länder wie Iran, Saudi-Arabien, China, Kuba und Malaysia sitzen ebenfalls im IPCC-Vorstand. 2009 schockierten iranische Behörden die Welt mit Angriffen auf friedliche Demonstranten. Amnesty-International-Beobachtern ist es seit 1990 verboten, nach Kuba einzureisen. In Malaysia schließt die Regierung Zeitungen und verhaftet Blogger.

Die Malediven, eine winzige Inselgruppe mit einer Bevölkerung von weniger als einer halben Million hat auch einen Sitz im IPCC-Vorstand. In diesem Land werden Menschen (gewöhnlich Frauen) öffentlich ausgepeitscht, wenn sie außerehelichen Sex haben. Auch Madagaskar sitzt im IPCC-Büro. Anfang 2009 wurde dessen gewählter Präsident durch einen Militärputsch abgesetzt. Die Gesetze dort sind so biegsam, dass das Oberste Gericht den Militärmachthaber danach für legitim erklärte – ungeachtet der Tatsache, dass er erst 34 Jahre alt war und ein Präsident von Madagaskar laut Verfassung mindestens 40 Jahre alt sein muss.

Insgesamt ist das IPCC ein Kind der Vereinten Nationen. Zur UNO gehört eine Anzahl zwielichtiger Staaten, die von gewalttätigen, unverantwortlichen Regierungen beherrscht werden. Wir können wegsehen und uns weigern, darüber nachzudenken, was das bedeutet. Oder wir können uns der unangenehmen Tatsache stellen, dass IPCC-Berichte ein wesentliches Glied in einer Kette sind. Einer Kette, die zu Steuerzahlern wie Ihnen und mir führt, die UN-Programme finanzieren, bei denen Staaten wie diese Einfluss ausüben.

20] Der Wagen vor dem Pferd

Auf einer Veranstaltung zur Feier des 20. IPCC-Geburtstags hielt der IPCC-Vorsitzende eine Rede, in der er öffentlich eingestand, dass es nicht das vordringlichste Ziel des IPCC ist, Regierungen bei vernünftigen Entscheidungen zum Klimawandel zu helfen.

Er erklärte: „Das UNFCCC ist unser Hauptkunde – wenn ich diese Institution mal so nennen darf – und das Zusammenspiel mit ihm bereichert unsere Arbeit."

Die Abkürzung UNFCCC steht für „United Nations Framework Convention on Climate Change" („UN-Rahmenvertrag zum Klimawandel", auch „Klimarahmenkonvention"). Dieser internationale Vertrag wurde 1992 auf dem „Erdgipfel" in Rio de Janeiro abgeschlossen. Wenn der IPCC-Vorsitzende erklärt, der Hauptzweck seiner Organisation bestehe in der Unterstützung einer UN-Körperschaft, die ein *politisches* Abkommen zwischen Staaten verwaltet, dann sagt er damit tatsächlich, dass die Klimabibel unmöglich ein objektiv-wissenschaftliches Dokument sein kann.

Hier wurde der Karren vor das Pferd gespannt. Die UNO wartete nicht ab, bis die Klimawissenschaft ausgereift war. Stattdessen hatten hohe UN-Würdenträger die Treibhausgase schon davor angeklagt und verurteilt. Schon damals hatte man beschlossen, anthropogene Emissionen für gefährlich zu halten.

Im Jahre 1992 wurde dann dieses voreilige Urteil durch 154 Nationen abgesegnet, als sie die Klimarahmenkonvention (UNFCCC) unterzeichneten. (Davon sollten sich später einige durch die Unterzeichnung des Kyoto-Abkommens zu einer Verminderung ihrer CO_2-Emissionen verpflichten. Das Kyoto-Abkommen ist eine Komponente des UNFCCC-Prozesses.)[56]

[56] Artikel 2 der Klimarahmenkonvention (d. i. UNFCCC) nennt als Hauptziel dieses Vertrags die „Stabilisierung der Treibhausgaskonzentrationen in der Atmosphäre auf einem Niveau, das

Man muss sich vor Augen halten, dass die UNO die Mutter aller Bürokratien ist. Bürokraten versuchen immer, ihr Mandat, ihre Finanzen und ihr Prestige auszuweiten. Der Gedanke, dass anthropogene Emissionen ein globales Umweltproblem ist – und dass dieses Problem mithilfe eines großen globalen Vertrages gelöst werden könnte – wirkte zweifellos sehr anziehend auf das UN-Personal. Das versetzte sie in das Zentrum des Geschehens.

Schritt eins bestand in der *politischen* Entscheidung, dass ein Vertrag über Treibhausgase ein angemessenes und erreichbares Ziel wäre. Schritt zwei war die Erkenntnis, dass man vor den Verhandlungen zu einem solchen Abkommen bestimmte Dokumente benötigen würde, die eine gemeinsame Ausgangsbasis bildeten. Zum Schritt drei gehörte die Rekrutierung von Wissenschaftlern, die an der Produktion solcher Dokumente mitzuwirken hatten.

Man beachte, dass die UNO eine Brandmauer zwischen den wissenschaftlichen Aktivitäten des IPCC und den politischen Machenschaften des UNFCCC hätte errichten können – dies aber absichtlich nicht getan hat. In solchen Dingen Umsicht walten zu lassen, liegt deren Konzept so fern, dass Rajendra Pachauri in der oben bereits zitierten Rede erklären kann, die große Nähe des IPCC zum UNFCCC „bereichere" seine Organisation.

Es wird daher überwältigend deutlich, dass das IPCC seine wissenschaftlichen Berichte nicht nur um der wissenschaftlichen Erkenntnis willen schreibt. Die Wissenschaftler sind wegen der Erreichung eines ganz bestimmten Zieles dabei. Dieses Ziel besteht in der Produktion von Materialien, die für das UNFCCC von Nutzen sind.

Das UNFCCC hat die letzten 20 Jahre stets von uns allen gefordert, unsere Emissionen zu drosseln. Im Jahre 2007 erklärte sein Direktor Yvo de Boer, diese Drosselung nicht herbeizuführen, sei „nichts weniger als kriminell verantwortungslos".

---

die gefährliche [vom Menschen verursachte] Störung des Klimasystems verhindern kann". Das Dokument von 1992 nimmt es als gegeben an, dass es der Menschheit möglich ist, die Anteile der verschiedenen Gase in der Atmosphäre zu „stabilisieren". Dabei tanzte unser in ständiger Veränderung begriffener Planet bereits Milliarden von Jahren vor unserem Erscheinen nach seinem eigenen Rhythmus. Man fragt sich, ob die, die den Vertrag entwarfen, daran dachten, dass solche menschlichen Versuche zur Stabilisierung des Klimas selbst ebenso auf eine gefährliche Störung des Klimasystems hinauslaufen könnten.

Mit Stand August 2011 gab es 193 Kyoto-Protokoll-Signatare (Kanada trat wenig später aus). Vgl. http://unfccc.int/kyoto_protocol/status_of_ratification/items/2613.php [20. 9. 2012].

Die Lage stellt sich demnach so dar, dass politische Akteure (UN-Bürokraten), die ein politisches Ziel (ein Treibhausgasabkommen) verfolgen, Wissenschaftler angeheuert haben, um sich bei der Erreichung dieses Ziels unterstützen zu lassen.

Das muss nicht unbedingt falsch sein, so lange alle mit diesen Tatsachen offen und ehrlich umgehen. Hingegen wird uns ständig erzählt, „die Wissenschaft sagt“, wir müssten etwas gegen Emissionen tun. Doch das ist nicht die wirkliche Abfolge der Ereignisse.

Die erste, kürzeste und am schnellsten geschriebene Ausgabe der Klimabibel erschien 1990. Ihre Ergebnisse galten als vorläufig. Dennoch überzeugte die UNO mit Hilfe von Umweltaktivisten bis Juni 1992 erfolgreich eine Mehrheit von Regierungen, ein Rahmenabkommen zu unterzeichnen, in dem die Treibhausgase zu Erzschurken erklärt wurden.

Die vierte Ausgabe der Klimabibel, die die stärksten (aber immer noch spekulativen und mit Vorbehalten versehenen) Formulierungen enthält, erschien 15 Jahre *später.*

21] Was macht ein anständiger Wissenschaftler wie Sie an einem Ort wie diesem?

Als ich mit der Lektüre der IPCC-Insider-Antworten auf die Fragen der Online-Umfrage begann, war ich geschockt, wie oft die Formulierung „buy-in" auftauchte.[57] Einem Koordinierenden Leitautor zufolge erfordert „internationales Handeln gegen den Klimawandel [...] die vollständige Gewinnung [buy-in] der Regierungen zum aktuellen Wissensstand. Die Aufgabe des IPCC ist es, dafür den Mechanismus zur Verfügung zu stellen".

Jemand anderes schrieb: „Die Regierungen einzukaufen [buy-in] ist der Hauptgrund für die Existenz des IPCC".

Solche Bemerkungen tauchen häufig als Antwort auf die Frage nach den Ansichten zur Annahme der Klimabibel durch die großen IPCC Treffen (auch Plenarsitzungen genannt) auf. Bei diesen Treffen befinden sich Wissenschaftler gegenüber Politikern, Umweltbürokraten und Diplomaten in der Minderzahl.

Hier sollte darauf hingewiesen werden, dass die 2007er Klimabibel 3.000 Seiten umfasst. Normale Politiker oder Journalisten werden davon nie mehr als einige Abschnitte lesen. Daher bereitet das IPCC eine Zusammenfassung jedes der drei Bestandteile vor, aus denen die Klimabibel besteht.

Diese „Zusammenfassungen für Entscheidungsträger" („Summary for Policymakers") sind nur ein paar Dutzend Seiten lang. Die Pointe dabei ist: Die Wissenschaftler *entwerfen* diese Dokumente

---

[57] Slang-Begriff, hier etwa „jemand für etwas gewinnen, einkaufen", auch „jemand zur Zustimmung bringen, jemand weichklopfen" sowie „jemand bestechen"(Anm. d. Ü.).

nur. Über die endgültigen Formulierungen wird auf diesen großen IPCC-Sitzungen – Zeile für Zeile – gestritten, tagelang.

Sie haben richtig gehört: Die einzigen IPCC-Dokumente, die vermutlich je von Außenstehenden gelesen werden, sind keineswegs wissenschaftlichen Stellungnahmen. Bevor sie die Öffentlichkeit lesen darf, durchlaufen die *„Zusammenfassungen für Entscheidungsträger"* einen Prozeß politischer Zensur.

Würden diese Sitzungen im Fernsehen übertragen, verlören viele Zuschauer bereits nach einer einzigen jede Rest-Illusion, dass das IPCC eine der Wissenschaft verpflichtete Organisation sein könnte, die wissenschaftlich fundierte Berichte schreibt. Doch diese Treffen finden hinter verschlossenen Türen statt. Vertreter aktivistischer Organisationen dürfen die Verhandlungen beobachten – Journalisten sind ausgeschlossen (Man erinnere sich an Pachauris Behauptung „Was auch immer wir tun, ist in jeder Phase genauen Überprüfungen zugänglich"? Wohl doch nicht so ganz!).[58]

IPCC-Insider, die den IAC-Online-Fragebogen beantworteten, drückten sich sehr deutlich über diese Sitzungen aus. Davon hier drei Kommentare:

- „Ich vermute, [...] jeder, der nicht in diesen Prozess involviert war, kann schwer glauben, wie es bei diesen Treffen zugeht; der Aufwand, die Dauer der Sitzungen und die zu Tage tretende Kleingeistigkeit einiger Diskussionen würden vielen als äußerst ungenügender Weg, internationale Angelegenheiten zu behandeln, vorkommen" (S. 114).
- „Dies war ein quälender, frustierender Prozess, da an jedem einzelnen Satz auf einem großen Bildschirm vor Vertretern von über 100 Regierungen herumgefeilt wurde. Man entfernte sich dabei immer weiter von einem realistischen Zeitplan. In Brüssel lief dieser Prozess 2007 an den beiden letzten Tagen auch nachts" (S. 334).

[58] Es ist beunruhigend, dass grüne Aktivisten teilnehmen dürfen, Journalisten aber nicht. Das bedeutet, dass Interviews mit grünen Aktivisten zu den wichtigsten Informationsquellen der Artikel bzw. Sendungen der Journalisten gehören. Zufällig oder absichtlich garantiert das heutige Verfahren, dass jegliche Information, die an die Medien gelangt, stark gefiltert ist – vom IPCC selbst und von Leuten mit aktivistischer Zielsetzung.

- „Nach meiner Erfahrung tendiert die „Zusammenfassung für Entscheidungsträger“ mehr in Richtung eines politischen Prozesses als in Richtung wissenschaftlicher Präzision (S. 278).“

Während einige der Befragten darauf beharrten, dass der wissenschaftliche Gehalt der Zusammenfassungen diese Treffen unbeschadet überstand, nahmen andere die entgegengesetzte Position ein. Zweifellos entfalteten unterschiedliche Treffen auch eine unterschiedliche Dynamik. Der entscheidende Punkt scheint jedoch folgender zu sein: Wenn wirklich nichts Bedeutendes auf diesen Zusammenkünften passiert, warum macht man dann soviel Aufhebens? Warum veröffentlicht das IPCC nicht einfach Zusammenfassungen, die von Wissenschaftlern verfaßt worden sind?

Angesichts der Tatsache, dass sich zahlreiche IPCC-Insider laut darüber beklagen, wie es auf diesen Plenarsitzungen zugeht, warum versagen sich die Wissenschaftler diesem Prozess nicht? Bemerken Sie nicht, dass ihre Teilnahme dem IPCC erlaubt, eine zutiefst politische Zielsetzung als Wissenschaft zu tarnen?

Dass noch immer so viele Wissenschaftler ihre Zeit freiwillig und über Jahre in das IPCC investieren, führt zu einer Besorgnis erregende Schlussfolgerung. Hier noch einige weitere Zitate von Antworten auf den Fragenkatalog. Zur Erinnerung: Hier reden Wissenschaftler.

- „Es gibt deutliche Bedenken hinsichtlich der zeilenweisen Billigung eines wissenschaftlichen Dokuments durch Regierungsvertreter. Andererseits war jedoch der Hauptgrund für den Einfluss des IPCC, dass sich die Regierungen engagieren und einbezogen werden. Im Vergleich zu anderen Aspekten des IPCC-Prozesses bin ich mir hier viel weniger besorgt“ (S. 365).
- „Das IPCC ist ein seltsamer Zwitter. Daher notwendigerweise chaotisch. Aber auch notwendig, damit [Regierungen] sich einbringen“ (S. 413).
- „Man könnte sich ein von Wissenschaftlern geleitetes Gremium vorstellen [...] aber das wird es nicht geben. Der große Vorteil des derzeit von Regierungen gesteuerten IPCC liegt darin, dass die Regierungen die IPCC-Ergebnisse nicht so einfach nachträglich zurückweisen können [...]. Der Preis für die-

> se Beteiligung der Regierungen kann sehr hoch sein, aber das ist einfach eine gegebene Tatsache“ (S. 85f.).

In jedem der obigen Fälle sehen wir Wissenschaftler, die persönliche, auf Erfahrungen beruhende Wertungen abgeben. Sie wissen, dass die Wissenschaft nicht das IPCC steuert. Dennoch findet jeder von ihnen nach der Beurteilung der Lage eine Ausrede für das Mitwirken. Jeder hat seine eigenen Gründe, warum er weiterhin ein Rädchen in der UNO-Klimavertragsmaschine sein will.

Alle sollten verstehen, dass diese Gründe nichts mit Wissenschaft zu tun haben.

Ein weiterer Beteiligter drückte es so aus: „Der Prozess ist schwierig, aber ich erkenne an, dass er dem Ziel dient, Regierungen an die wissenschaftlichen Fakten zu binden“ (S. 112).

Die Verfasserin dieses Buches ist dagegen der Ansicht, dass diese Person die Dinge genau falsch herum sieht. Die „Zusammenfassungen für Entscheidungsträger“ gleichen internationalen Verträgen. Wenn über jedes Wort sorgfältig verhandelt wird, können wir sicher sein, dass jeder wissenschaftliche Sachverhalt, der diese Verhandlungen überlebt, nur einem einzigen Zweck dient: eine Hand voll politische Agenden voranzutreiben.

Regierungen erkennen den Vorrang wissenschaftlicher Fakten nicht an. Stattdessen werden Wissenschaftler ausmanövriert und unterdrückt. Obwohl diejenigen, die an den IPCC-Berichten mitarbeiten, in ihren Forschungsfeldern äußerst versiert sein können, so besteht kein Grund für die Annahme, dass sie Leuten mit jahrzehntelanger Erfahrung im internationalen politischen Intrigenspiel das Wasser reichen können.

Eines Tages könnte das IPCC als Musterbeispiel dafür dienen, wie sehr Dinge schief laufen können, wenn politische Amateure von hochrangigen UN-Funktionären benutzt und manipuliert werden.

22] Die Wissenschaft hat (nicht) gesprochen

Die Antworten auf den IAC-Online-Fragebogen zeigen eines ganz deutlich: Vielen Wissenschaftlern ist in vollem Umfang bewusst, dass das IPCC von Politikern gesteuert wird, und dass die Berichte einem größeren politischen Ziel dienen.

Deswegen ist es doppelt erschreckend, dass bei uns in der wirklichen Welt Leute auf die IPCC-Berichte verweisen und behaupten, „die Wissenschaft" hätte „gesprochen". Nein, ein hochpolitisiertes Gremium – das sich hinter dem Prestige und der Autorität der Wissenschaft versteckt – hat gesprochen.

Im November 2007 sprach UN-Generalsekretär Ban Ki-Moon beim IPCC. Anlass war die Veröffentlichung des letzten Teils der Klimabibel von 2007, der Zusammenfassung der Zusammenfassungen, genannt „Synthesis-Report": „Heute", so meinte er, „haben die Wissenschaftler der Welt gesprochen, klar und mit einer Stimme".

Das war eine krasse Untertreibung. Gemäß einer von der „American Association for the Advancement of Science" erstellten Übersicht gibt es weltweit 5,8 *Millionen* Forscher und Ingenieure. Weniger als 4.000 Seelen hatten jemals mit dem IPCC zu tun. Die kleine Minderheit der mit dem IPCC verbundenen Wissenschaftler als „die Wissenschaftler der Welt" anzusehen, ist vollkommen unmöglich.

Wie bereits erwähnt, umfasst die 2007er Klimabibel 3.000 Seiten. In den meisten Fällen beschäftigten sich die einzelnen Autoren jeweils mit nur einem oder zwei von 44 Kapiteln insgesamt. Die meisten würden freimütig zugeben, dass ihnen die Expertise zur Beurteilung der vielen anderen Teile des Berichts fehlt. Es würde sogar überraschen, wenn bereits 10 Prozent der IPCC-Wissenschaftler alle 3.000 Seiten gelesen hätten.

Die IPCC-Wissenschaftler stimmen auch nicht mit jedem Wort auf jeder Seite dieses Mammutberichtes überein. Kein einziges Kapitel – nicht einmal eine einzige Aussage – wurde jemals von jedem Wissenschaftler beim IPCC befürwortet. Zu behaupten, dass die Wissenschaftler „mit einer Stimme" gesprochen hätten, ist daher eine extreme Irreführung.

Doch der UNO-Chef ist nicht der einzige, der eine verzerrte Sicht der Realität verbreitete: Drei Tage nach der Rede forderte die „New York Times" in einem Leitartikel mit dem Titel „Die Wissenschaftler sprechen" jedes Mitglied des US-Kongresses zur Lektüre der „Zusammenfassung der Zusammenfassungen" auf. Kein einziges Wort wurde dabei darüber verloren, dass dieses Dokument keinen ungefilterten Text wissenschaftlicher Experten enthielt, sondern das, was eine Plenarsitzung davon übrig gelassen hatte, auf der die IPCC-Oberen fünf Tage lang herumgeknetet hatten. Das zeigt beispielhaft, wie die Medien das schlechte Verhalten des IPCC begünstigt und es nicht etwa zu mehr Ehrlichkeit ermutigt haben.

Denn das IPCC beginnt zwar stets mit einem von Wissenschaftlern entworfenen Dokument. Dieser Text wird jedoch von Politikern, Bürokraten und Diplomaten heimlich umgeschrieben. Die Medien tun so, als wäre nichts passiert, anstatt ihren Lesern, Zuschauern und Zuhörern zu erklären, dass dieser Prozess höchst ungewöhnlich und verbunden mit einem erschreckend hohen Risiko politischer Manipulationen ist. Nichts davon ist für sie erwähnenswert.

Ende 2010 erschien der australische „Sydney Morning Herald" mit der Schlagzeile „Die Wissenschaft hat zum Klimawandel gesprochen, jetzt sind die Politiker am Zug". Aus dem auf die Schlagzeile folgenden Text hätte niemand entnehmen können, dass die Politiker schon lange vorher bestimmt hatten, welche Worte, oder genauer, welche „Wissenschaft" geäußert werden durften.

Dass wissenschaftliche Integrität beim IPCC ins Hintertreffen geraten ist, ist ausdrücklich vom Vorsitzenden Rajendra Pachauri bestätigt worden. Auf eine Interviewfrage von 2007, warum die Zusammenfassung des ersten Abschnittes der Klimabibel veröffentlicht wurde, bevor der gesamte Text fertig war, antwortete er, dass es dafür eine völlig logische Erklärung gäbe.

(Dies ist nebenbei gesagt übrigens eine gängige IPCC-Praxis. Ein Zyniker könnte sie ein Beispiel dafür nennen, wie das IPCC die Medien-Berichterstattung manipuliert. Wenn die Reporter über die wichtigsten Nachrichten schreiben, gibt es für sie keinerlei Möglichkeit, unabhängig zu verifizieren, ob die vom IPCC zur Verfügung gestellte Zusammenfassung eine akkurate Wiedergabe der Langfassung ist. Sie müssen ganz einfach darauf vertrauen, dass das der Fall ist. Später, nach der Veröffentlichung des kompletten Berichts, sind die Reporter schon wieder bei etwas anderem und die Sache hat keinen Nachrichtenwert mehr.)

Pachauri legte dar, dass der von IPCC-Wissenschaftlern geschriebene Entwurf der Zusammenfassung während der Plenarsitzung einige Änderungen erfahren hätte. Diese Änderungen wären seiner Ansicht nach unbedeutend. (Noch einmal, diese ach so transparente Organisation erwartet von uns, dass wir ihr aufs Wort glauben. Da Journalisten diesen Prozess nicht beobachten dürfen, können sie sich auch kein eigenes Urteil bilden). Dennoch verkündete Pachauri: „Wir müssen notwendigerweise sicherstellen, dass der zugrunde liegende Bericht mit den Verbesserungen übereinstimmt".

Da haben wir es – direkt aus dem Munde des Chefs. Der Vorsitzende des IPCC gibt zu, dass, nachdem die Politiker ihren Einfluß geltend gemacht haben, das IPCC sich erneut den Kapiteln der ursprünglichen Klimabibel annimmt, die von seinen zahlreichen Autorengruppen geschrieben wurden. Es spielt keine Rolle, dass diese Autoren vom IPCC zu den weltweit besten Experten erklärt wurden. Was sie geschrieben haben, muss der Politik weichen.

Dem Vorsitzenden selbst zufolge biegt das IPCC deren Formulierungen zurecht, damit die zugrundeliegenden wissenschaftlichen Abschnitte der Klimabibel mit jener Version der Realität übereinstimmen, die von den Politikern beschlossen worden ist.

Wer dieses Verfahren verstanden hat, für den kann das Lesen einer Zeitung zu einer Übung in Selbstbeherrschung werden. Ein endloser Singsang von Aktivisten, Journalisten und Politikern trägt den Mythos weiter, dass „die Wissenschaft" via IPCC „gesprochen hat".

Die logische Schlußfolgerung ist, dass wir nun alle der moralischen Pflicht unterliegen, auf diese Linie einzuschwenken. Keinerlei Zweifel sind zugelassen. Jede Debatte ist verboten. Ende 2009, kurz vor den UNFCCC-Klimagesprächen in Kopenhagen, erschien ein besonders hässliches Stück Journalismus in einer britischen Zeitung. Darin wurde der damalige Premier Gordon Brown wir folgt zitiert:

„Nur Tage vor Kopenhagen dürfen wir uns nicht durch rückständige antiwissenschaftliche Klimaskeptiker ablenken lassen, die glauben, die Erde ist eine Scheibe." Brown erklärte im „Guardian": „Wir kennen die Wissenschaft. Wir wissen, was wir tun müssen!"

Als nächstes beschrieb Umweltminister Ed Miliband die Klimaskeptiker als „Saboteure" und meinte weiter: „Die Skeptiker treiben mit der Wissenschaft auf gefährliche und verlogene Weise Politik [...]. Die Beweislage ist eindeutig, und die Zeit, die wir für Maßnahmen haben, ist kurz."

„Wir kennen die Wissenschaft." Abgesehen davon, dass die Wissenschaft sehr stark von Politikern beeinflusst wurde. „Die Skeptiker treiben Politik." Angesichts eines IPCC, das selbst Teil einer ausgewachsenen politischen Maschine ist, eine starke Behauptung.

Einen Monat zuvor und Tausende Meilen entfernt hatte der damalige australische Premierminister Kevin Rudd eine Rede gehalten. Dabei bezog er sich auf den IPCC-Bericht von 2007, um seine Sicht zu erläutern. Er erklärte, daß Menschen, die die Ergebnisse der Klimabibel infrage stellen, feige und intellektuell unredlich sind. Die Vorstellung, es gebe eine echte Debatte über den Klimawandel, bezeichnete er als „politischen Versuch, einen seit langem bestehenden wissenschaftlichen Konsens zu unterlaufen, einen Versuch, die akzeptierte Wissenschaft in die Richtung einer **vorbestimmten politischen Agenda** zu treiben."[59]

Also ehrlich: Das IPCC wurde von Politikern gegründet, seine Experten wurden von Politikern ausgewählt, seine Schlussfolgerungen werden von Politikern ausgehandelt. Eine vorbestimmte politische Agenda war während der letzten 20 Jahre Teil dieser Szene.

Wenn Rudd, Miliband und Brown – oder irgendjemand anderes – darüber jammern, dass die, die mit dem IPCC nicht konform gehen, *politisch* motiviert sind, gleicht das denen, die die Gefahr gesucht haben und sich beklagen, dass sie darin umkommen.

---

[59] Die Rede des [damaligen] australischen Premiers Rudd findet sich nur noch hier: https://docs.google.com/viewer?a=v&pid=explorer&chrome=true&srcid=0BwKfjKsXaxaGZjdkYjc5NDktYWM2Yi00YmI1LTllZDAtNmVkZTIzM2FlODk3&hl=en [22. 9. 2012]. Hervorhebung hinzugefügt.

23] Wissenschaft ist kein Tyrann

Im Dezember 2007 hielt der schwedische Umweltminister Andreas Carlgren während einer UNFCCC-Konferenz in Bali eine Rede. Sie enthielt die folgenden peinlichen Behauptungen: „Die Wissenschaft hat uns kristallklar bestätigt, was von uns verlangt wird, um eine dramatische Bedrohung des Klimas unserer Erde zu vermeiden [...]. Die Wissenschaft drängt uns, dass wir daher die globale Erwärmung auf 2 Grad begrenzen müssen [...]. Bis 2050 müssen die Emissionen mindestens um 50 Prozent bis 85 Prozent reduziert werden. Das sagt uns das IPCC."

In Wahrheit kann in der Klimawissenschaft fast nichts als ‚kristallklar' charakterisiert werden. Wenn alles wirklich so einfach ist, wäre ein Bericht, den ein Beirat für Carlgrens eigenes Ministerium zusammenstellte und der nur vier Tage nach seiner Bali-Rede veröffentlicht wurde, nicht zu etwas anderen Schlussfolgerungen gekommen: „Es ist bemerkenswert, dass das IPCC **keine Position bezogen hat**, bei welchem Niveau ein Temperaturanstieg schädlich ist, oder als möglicherweise schädlich einzustufen wäre."[60]

Carlgren zufolge hat die Wissenschaft mithilfe des IPCC als ihrem Sprachrohr auf ein Thermometer gezeigt und genau gesagt, welcher Grad an Erwärmung gefährlich sein wird. Doch andere – darunter Autoren eines IPCC-freundlichen Berichts – bestehen darauf, dass nichts dergleichen vorgekommen ist. Wenn so Klarheit aussieht, dann bewahre uns der Himmel vor Unklarheiten.

---

[60] Hervorhebung hinzugefügt. Der 169-seitige Bericht der schwedischen Kommission findet sich hier: http://www.sweden.gov.se/content/1/c6/09/46/09/f1ba24fc.pdf [22. 9. 2012]. Vgl. S. 50 des PDF (im Dokument als S. 48 gezählt). In einer 29-seitigen Kurzversion des vorgehend zitierten PDF befindet sich auf S. 25 das Zitat, „the IPCC has not taken a position". https://docs.google.com/viewer?a=v&pid=explorer&chrome=true&srcid=0BwKfjKsXaxaGODYyNTlhN2UtNjM3ZC00NWUxLWJlZWQtZGI4ZjVhNzJhNjQy&hl=en [22. 9. 2012].

Man muss verstehen, dass es in der Klimawissenschaft sehr viel Ungewissheit gibt. Unser Wissen ist bestenfalls spärlich. Da dieser Planet 4,5 *Milliarden* Jahre alt ist und es die Menschen erst seit 250. 000 Jahren gibt, kamen wir zu spät zur Party. Schlimmer noch, wir haben erst vor rund 150 Jahren mit der Aufzeichnung von Temperaturdaten im globalen Maßstab begonnen.

Wenn man das bedenkt, ist es nicht so furchtbar plausibel, dass Wissenschaftler, die sich auf derart magere Daten stützen, ganz sicher wissen können, ob die gegenwärtigen Temperaturschwankungen nicht doch Teil Jahrhunderte oder gar Jahrtausende währender, natürlicher Zyklen sind.

Aktivisten und Journalisten lieben das Spiel „Die Wissenschaft sagt...“. Doch die wahre Aufgabe eines Wissenschaftlers besteht darin, Daten zu sammeln und zu interpretieren. Selbst in Fällen, wo jedermann volles Vertrauen in die Genauigkeit dieser Daten hat, ist es ein ganz anderes Thema, wie wir darauf *reagieren* sollen.

Man stelle sich vor, städtische Beamte klopften eines Tages an meine Tür und teilten mit, dass sich am anderen Ende meiner Straße eine ungewöhnliche Erdspalte aufgetan hätte. Auch sagten sie, dass die Stadt einen Plan für den Umgang mit dieser Situation hätte. Falls der aber nicht funktioniert, bestünde das Risiko, dass sich die Spalte bis zu meinem Haus erweiterte und es verschlingen könnte.

In so einem Fall hätte ich eine ganze Reihe von Möglichkeiten, jede mit ihren besonderen Vor- und Nachteilen:

- Ich könnte versuchen, mein Haus zu verkaufen und auszuziehen – bevor alle Nachbarn entscheiden, es mir gleich zu tun.
- Nach einigen Recherchen gehe ich davon aus, dass das Vorgehen der Stadt im Umgang mit diesem Problem in anderen Fällen erfolgreich war. Also gäbe es wenig Anlass zur Sorge.
- Meine Nachbarn und ich können uns zusammentun, einen eigenen Experten anheuern und von ihm eine zweite Meinung einholen.
- Ich könnte entscheiden, vor meinem Haus ein Schild mit der Aufschrift „zu verkaufen“ anzubringen, falls sich der Spalt bis zu einem bestimmten Punkt ausweitet.

Die Spalte ist eine wissenschaftliche Tatsache. Doch aus seinen Tiefen ragt kein handgeschriebenes Schild mit „kristallklaren Informationen" heraus, wie wir darauf reagieren sollten. Die Bewohner meiner Straße würden sich jeweils anders entscheiden – was davon abhängt, wie sehr sie ihr Haus lieben, welchen Grad an Vertrauen sie in städtische Beamte setzen, ob die Zeit für einen Immobilienverkauf günstig ist, ob ihre Kinder Albträume haben und so weiter.

Mit anderen Worten, selbst wenn es stimmt, dass eine durch menschliches CO_2 verursachte moderate Erwärmung durch positive Rückkopplungen in der Atmosphäre verstärkt würde (oder durch negative Rückkopplungen gedämpft) – wie Individuen, Kommunen und Staaten darauf reagieren sollten, darüber lässt sich diskutieren:

- Sollen wir unser Vertrauen in neue Technologien setzen, weil wir hoffen, dass der menschliche Einfallsreichtum einen Weg finden wird, überschüssige Kohlendioxidmengen zu neutralisieren, bevor ein Klimawandel eintritt?
- Sollen wir unser Hauptaugenmerk darauf richten, die Deiche aufzustocken – und darauf, dass den am meisten von Dürren bedrohten Menschen ausreichende Wasservorräte bereit stehen?
- Sollen wir die Temperaturaufzeichnungen der Welt doppelt und dreifach überprüfen, nur um sicher zu stellen, dass die Änderung um wenige Zehntelgrad, über die sich alle Welt verrückt macht, nicht doch auf Messfehlern beruht?
- Sollen wir darauf vertrauen, dass zukünftige Generationen aus klugen und fähigen menschlichen Wesen bestehen, die in der Lage sind, sich um sich selbst zu kümmern?
- Oder sollen wir verkünden, dass eine drastische weltweite Emissionsreduktion die **einzige akzeptable Lösung** ist?

Wenn Politiker wie der schwedische Umweltminister darauf bestehen, dass „die Wissenschaft sagt", mehr als die Hälfte unserer Emissionen müsste innerhalb weniger Jahrzehnte verschwinden, dann haben sie entschieden, keine Debatte zuzulassen. Sie haben der Öffentlichkeit keine Auswahl an Szenarien angeboten. Sie haben uns nicht dazu eingeladen, Vor- und Nachteile verschiedener Lösungswege zu diskutieren (auch als Kompromißsuche bekannt).

Stattdessen haben sie sich auf nur eine einzige Lösung festgelegt.

Nichts daran ist demokratisch. Vielmehr ist das ein Beispiel dafür, wie eine kleine Gruppe ihre eigene Meinung allen anderen aufzwingt. Diese Leute unterstellen, dass die Wissenschaft ein Tyrann ist, dass Erdspalten immer gemeinsam mit einer Gebrauchsanweisung auftreten, in der der einzig mögliche Lösungsweg erklärt wird.

Netter Versuch. Doch falls Al Gore recht hat und wir einem „planetarischen Notstand“ gegenüber stehen, benötigen wir unsere gesamten geistigen Kräfte und alle nur möglichen Diskussionen. Falls Ban Ki-Moon recht hat und der Klimawandel „die definitive Herausforderung unseres Zeitalters“ ist, hätten die Bewohner dieses Planeten ein Recht darauf, die ganze Bandbreite unserer Wahlmöglichkeiten zu kennenzulernen.

Politiker behaupten ständig, „die Wissenschaft“ fordere Emissionsreduktionen. Journalisten erzählen uns, „die Wissenschaft sagt, eine Reduktion um mindestens 25 bis 40 Prozent ist notwendig.“

Wenn Sie das nächste Mal solche selbstgewissen Proklamationen hören, dann erinnern Sie sich daran, dass diejenigen, die das Spiel „Die Wissenschaft sagt...“ spielen, dieselben sind, die der Gesellschaft das Wort verbieten.

Es gibt natürlich einen ziemlich offensichtlichen Grund, weshalb die IPCC-Leute die Antwort in der Reduktion von Emissionen sehen. Lange hat man gerätselt, warum die Klimawandeldebatte im Paket verhandelt wird. Man sagt uns nämlich nicht nur, wir hätten ein Problem, man verkauft uns auch eine ganz bestimmte Lösung. Das fühlte sich komisch an.

Doch nun macht alles Sinn. Der IPCC-Vorsitzende selbst, man erinnere sich, meinte, „Hauptkunde“ seiner Organisation seien keineswegs normale Menschen oder die Regierungen der Welt. Das Anliegen des IPCC besteht darin – jetzt klingt es in unseren Ohren – die UNFCCC-Klimaverhandlungen zu unterstützen.

Weil die UNFCCC ein Emissionsvertrag ist, halten natürlich sehr viele der mit dem IPCC verbundenen Menschen die Verminderung der Emissionen für die beste Lösung. Klaro!

24] Eine Lösung sucht sich ein Problem

Im Lande IPCC bedeuten Worte nicht das gleiche wie anderswo. Auf der IPCC-Website endet die Eigenbeschreibung mit der Behauptung, die Organisation sei „politisch neutral, macht der Politik nie Vorschriften“. Damit wird ein weiteres Mal gesagt, dass das IPCC strikt der Wissenschaft folgen soll und es anderen Leuten überlässt, zu überlegen, wie die Antworten der Menschheit aussehen sollen.

Doch wie wir bereits gesehen haben, besteht das *Hauptziel* des IPCC darin, die UNFCCC-Verhandlungen zu ermöglichen. Da internationale Verträge über Emissionen Sache der Regierungen sind, ergibt die Aussage, das IPCC sei politisch neutral, keinen Sinn.

Mehr noch, in Reden und Interviews hat sich das Personal, das man mit dieser „niemals-der-Politik-Vorschriften-machenden“ Körperschaft in Verbindung bringt, seit langem für spezifische Maßnahmen ausgesprochen. Anstatt mit gutem Beispiel voran zu gehen, waren einige der in dieser Hinsicht schlimmsten Delinquenten Offizielle der IPCC-Spitze.

Das Problem hat zwei Seiten: Jedes Mal, wenn sich IPCC-Angestellte für eine spezifische Maßnahme gegen den Klimawandel einsetzen, überziehen sie ihr Mandat. Darüber hinaus wird offenbar, dass viele von diesen Maßnahmen direkt aus dem Drehbuch hartgesottener Umweltaktivisten übernommen wurden.

Eine ganz bestimmte Art von Menschen glaubt seit langem, dass die Menschheit ihr eigenes Nest besudelt hat und unser Überleben auf der Kippe steht. Es stimmt nicht, wenn gesagt wird, daß Umweltaktivisten gegen Recycling sind. Identische Analysen kommen seit Jahrzehnten aus dieser Richtung. Doch hier kommt der wichtige Punkt: Egal, welches Problem für sie gerade aktuell war – Überbevölkerung, Ozonzerstörung, saurer Regen, globale Erwärmung –

stets haben die Umweltaktivisten die gleichen Lösungsansätze verfochten.

Ihre Lösungen laufen stets darauf hinaus, dass die Menschheit die Industriegesellschaft und einen Großteil der individuellen Freiheit hinter sich läßt. Eine Rückkehr nach Eden ist offenbar die Antwort – in ein entschleunigtes, grüneres und „natürlicheres" Leben, das mehr auf traditionelle Werte als auf gedankenlosen Konsumismus setzt.

Nichts hindert den Einzelnen daran, sich für einen solchen Lebensstil zu entscheiden. Doch das reicht nicht. Unter Berufung auf die Autorität wissenschaftlicher Experten bemühen sich eingefleischte Umweltaktivisten schon lange, ihre Visionen auf alle Menschen zu übertragen.

1970 erschien in Großbritannien die erste Ausgabe der Zeitschrift „The Ecologist". In einem zweiseitigen Leitartikel wurde damals ausgeführt, dass die Menschen aufgehört hätten, Teil des Gleichgewichts der natürlichen Welt zu sein, als sie mit Landwirtschaft und Bergbau begannen und sich in Städten konzentrierten. Damals hätten sie sich zu ökologischen Parasiten verwandelt. Der Gründer der Zeitschrift und Autor des Beitrages Edward Goldsmith verglich die Menschheit dabei mit einer „Infektion" und einer „Krankheit", die sich „noch immer ausbreitet".

Bekannt als der „Gottvater der Grünen" war Goldsmith – er verstarb 2009 – kein freundlicher Hippie. Vielmehr zeigen seine Schriften einen strengen, dogmatischen Patriarchen, der es als seine Aufgabe ansah, die kleinsten Details im Leben anderer Leute zu steuern.

1970 war Goldsmith davon überzeugt, dass die „Bevölkerungsexplosion" zu unserem Aussterben führen könnte. Er äußerte, dass wir es riskierten, die Erde „in leblosen Abfall" zu verwandeln und erklärte, dass „die Vorräte des Planeten an Mineralien und fossilen Treibstoffen [...] schon jetzt beängstigend erschöpft" und bald ganz verbraucht sein würden. Er klang besonders dann wie ein komischer Kauz, als er die Technik brandmarkte – und dabei davor warnte, dass diese „wie ein Kartenhaus kollabieren" könnte.

Goldsmith zufolge „erfüllen die Menschen nicht mehr ihre *korrekten* ökologischen Funktionen". Unsere Population sei zu schnell gewachsen, als dass die Gesellschaft ihre „*korrekte* Struktur" bewahren könne.[61] Auch kann ihm nicht nachgesagt werden, ein Demokratie-Fan gewesen zu sein – ein System, in dem die Menschen ihren gewählten Repräsentanten Machtbefugnisse übertragen, und in dem diese Repräsentanten ihre Jobs nur so lange behalten, wie eine Mehrheit der Menschen ihre Politik akzeptiert.

In der Welt nach der Vision von Goldsmith sollten die Regierungen nicht dem Volk verantwortlich sein. Stattdessen sollten sie Rolle eines Schulmeisters „gegenüber einer immer mehr fordernden und genußsüchtigen Wählerschaft" spielen.

Goldsmith zufolge ist es nicht das Ziel von Bildung, die Menschen zu selbstdenkenden Individuen zu erziehen, sondern Gehirnwäsche zu betreiben, damit sie „ihrem Lebensstandard" weniger Aufmerksamkeit widmen, um „ihre *korrekten* Funktionen als Mitglied ihrer Familien, Gemeinden und des Ökosystems zu erfüllen". Die Menschen sollten nicht dort leben, wo sie wollen, sondern in autarken Gemeinschaften, womit die Umweltschäden in Verbindung mit dem Pendeln zur Arbeit oder Auslandsreisen beseitigt werden.

Mit anderen Worten: Der Gottvater der Grünen gehört in eine lange Reihe autoritärer Denker. Solche Leute kommen sowohl vom linken als auch vom rechten Flügel des politischen Spektrums – wie auch aus einer Reihe religiöser Traditionen. Goldsmith mochte den Gedanken nicht, dass Individuen über ihr eigenes Privatleben selbst entscheiden. Er war vielmehr davon überzeugt, dass eine Gruppe selbsternannter Experten/Führer/Priester verantwortlich sein sollte.

Diese Haltung sollte jeden erschaudern lassen, der beispielsweise glaubt, dass Frauen das alleinige Recht über ihren Körper haben. Goldsmith wollte sich in alles einmischen. Zitat Goldsmith: „Um die Bevölkerung einzudämmen, würden wir die ‚persönliche Freiheit' einzuschränken haben".

Zwei Jahre später widmete „The Ecologist" eine ganze Ausgabe einem Text mit dem Titel „A Blueprint for Survival" („Ein Plan für das Überleben"). Die spätere Buchversion wurde bis 1978 eine halbe Million Mal verkauft und in 16 Sprachen übersetzt.

---

[61] Alle Kursiva in diesem Kapitel hinzugefügt.

Im Vorwort wurde erklärt, falls man den Trends *erlauben* würde *weiterzulaufen*, würde es zu einer „irreversiblen Unterbrechung des lebenserhaltenden Systems dieses Planeten" kommen. Deswegen wäre eine „neue Lebensphilosophie" erforderlich: „Unser ‚Plan für das Überleben' kündigt die Formierung einer **Bewegung für das Überleben** an und – hoffentlich – die Morgenröte eines neuen Zeitalters, in dem der Mensch lernen wird, mit der übrigen Natur zu leben und nicht gegen sie."[62]

Eine neue Lebensphilosophie. Die Morgenröte eines neuen Zeitalters. Nicht dabei war etwas so Bescheidenes wie das Säubern von Wasserläufen oder ein gesteigertes Verantwortungsbewusstsein.

Wie heute flogen die Medien darauf. Der Londoner „Sunday Times" zufolge war die „Blueprint"-Schrift „albtraumhaft überzeugend [...] Nach der Lektüre scheint nichts mehr so wie früher."[63]

Die Sprache dieses 40 Jahre alten Buches ist fast die gleiche, die wir heute hören. Dem ersten Satz der Einführung zufolge ist unsere industrielle Lebensweise nicht *nachhaltig*. Auf der nächsten Seite geht es um die *dringenden und radikalen Maßnahmen*, die durchgeführt werden müssten. Einige Seiten später wird die Menschheit für dümmer als Kühe erklärt: „Der industrielle Mensch in der heutigen Welt gleicht einem Bullen im Porzellanladen, mit dem einzigen Unterschied, dass ein Bulle, der nur über halb so viele Informationen über das Porzellan verfügt wie wir über die Ökosysteme, sicherlich eher versuchen würde, sein Verhalten an seine Umgebung anzupassen als umgekehrt. Im Gegensatz dazu geht der *Homo Sapiens Industrialis* davon aus, dass sich der Porzellanladen an ihn anzupassen hat, und er hat sich zum Ziel gesetzt, ihn in kürzester Zeit in einen Scherbenhaufen zu verwandeln."[64]

Man beachte bitte diese negative Sicht auf die Menschheit: Während Tiere *sicherlich* ihre Umgebung wahrnehmen würden, macht es uns Freude, unsere Umgebung so schnell wie möglich zu zerstören – und zwar ohne erkennbaren Zweck.

---

[62] Hervorhebung im Original.

[63] Auf mindestens einer Ausgabe des Buches erschien dieses Zitat größer als der eigentliche Titel.

[64] Kursiva im Original.

Was hat das alles nun mit dem IPCC zu tun? Einer der Gründe, warum „Blueprint" vor 40 Jahren so ernst genommen wurde, liegt darin, dass er „von 34 namhaften Biologen, Ökologen, Ärzten und Ökonomen" propagiert wurde. Am Anfang des Buches erklärten diese Menschen – dort zusammen mit ihren wissenschaftlichen Graden und Berufen aufgelistet – dass sie „der Analyse der Probleme, denen wir heute gegenüber stehen, und den vorgeschlagenen Lösungen" in vollem Umfang unterstützten.

Schon vor vier Jahrzehnten haben also Wissenschaftler aktivistische und alarmistische Kampagnen unterstützt, die von Leuten ausgehen, die uns übrige nur als minderbegabte Kinder ansehen, die einen strengen Schulmeister brauchen.

Das IPCC steht deshalb für die Fortsetzung einer Tradition. Auch wenn sein Fachwissen nur auf einen engen Bereich beschränkt ist: Bereits lange vor Schaffung des IPCC glaubten einige Wissenschaftler, dass sie über besondere Einsichten zu weiter gefassten *politischen* Fragen verfügten.

Ich bin sicher, dass es sich lohnt, an einer solchen Übung teilzunehmen: einen VIP-Pass für ein Treffen hinter verschlossenen Türen zu erhalten, bei denen wichtige Diskussionen stattfinden. Doch es läuft am Ende alles darauf hinaus, das Wissenschaftler unter sich bleiben wollen. Komplexe, tief im Menschen verwurzelte Verhaltensweisen können nicht von der bloßen Geisteskraft von Einzelnen hinweggefegt werden, die zufällig einen Doktor in einem wissenschaftlichen Spezlalfach haben.

Es gibt keinen Grund zu glauben, dass ein durchschnittlicher Chemiker mehr Wissen über die Zukunft hat – oder dazu, wie eine Gesellschaft mit Erfolg verändert werden könnte – als ein durchschnittlicher Unternehmensvorstand. In beiden Fällen handelt es sich um nichts weiter als um *Meinungen.*

25] Pachauris Anliegen

Im Jahre 2008 erklärte Rajendra Pachauri in einer öffentlichen Rede: „Wir vom IPCC verordnen keine spezifischen Maßnahmen, doch Maßnahmen sind ein Muss."

Merkwürdig: Es muss ein anderer Rajendra Pachauri gewesen sein, der in einem Interview mit „YaleEnvironment360" einige Monate zuvor wortwörtlich Bemerkungen wie diese gemacht hat:

- Ein Preis für Kohlenstoff ist absolut notwendig.
- Wir müssen die Emissionen sehr schnell vermindern.

Das Interview zeigt erneut, mit welchen Glacéhandschuhen die Medien das IPCC behandeln. Denn statt den Chef eines der einflussreichsten Gremien der Welt intensiv zu befragen, wurde Pachauri von den Verantwortlichen einer wichtigen Umweltpublikation wie ein Star behandelt. Seine Interviewer begrüßten ihn mit den Worten: „Willkommen zurück in New Haven. Wir freuen uns sehr und sind *geehrt*, Sie als *unseren Gast* hier zu haben".[65]

Während des Interviews wurde Pachauri wiederholt gebeten, über Dinge zu reden, die nichts mit Wissenschaft zu tun haben. So wurde er nach seiner Ansicht zu einer aktuellen Verlautbarung des US-Präsidenten befragt. Man wollte von ihm wissen, wie reiche Länder armen Ländern helfen sollten. Dann sollte er sich vorstellen, er hätte „positive diktatorische Vollmachten", und gefragt, welche konkreten Maßnahmen er dann unverzüglich ergreifen würde.

Pachauri kam den Bitten stets nach. Der Chef einer angeblich politisch neutralen Köperschaft beteiligte sich an einer umfangreichen politischen Diskussion.

Pachauri hätte erklären können, dass ihm nicht zustehe, zu solchen Themen eine Meinung zu äußern. Er hätte sagen können, dass er als Leiter des IPCC verpflichtet ist, dessen Unparteilichkeit zu

---

[65] A Conversation with Nobel Prize Winner Rajendra Pachauri, a.a.O. Kursiva hinzugefügt.

wahren – dass das IPCC nicht nur neutral sein, sondern auch als solches angesehen werden muss. Doch das tat er alles nicht.

Bei anderen Gelegenheiten äußerte er, dass normale Menschen den Klimawandel bekämpfen sollten, indem sie an einem Tag pro Woche auf Fleisch verzichteten. Er hat auch erklärt, dass dem – wie er es nennt – verschwenderischen westlichen Lebensstil die Bremsen angezogen werden müssten. Der „Guardian" zitierte ihn so: „Der Stromverbrauch von Hotelgästen sollte überwacht werden; drastische Steuern auf Flüge sollten eingeführt werden, um die Leute vom Fliegen abzuhalten. Eiswasser in Restaurants sollte beschränkt [verboten?] werden [...]. Rajendra Pachauri [...] warnte, dass sich die westliche Gesellschaft einem **radikalen Wertewandel** unterziehen muss, um die schlimmsten Auswirkungen des Klimawandels vermeiden zu können. Ein **neues Wertesystem** [...] sei jetzt dringend erforderlich" (Hervorhebung hinzugefügt).

Radikaler Wertewandel? Neues Wertesystem? Sind das die für den Chef eines wissenschaftlichen Gremiums angemessenen Konversationsthemen? Seit wann gehört es zu den Aufgaben wissenschaftlicher Organisationen, der Öffentlichkeit mitzuteilen, welche Werte man haben soll?

Seit wann sind Wissenschaftler die neue Priesterkaste? (Normalerweise sagen nur Ärzte oder geistliche Führer den Menschen, was sie essen sollen.)

Apropos drastische Flugsteuern, die Pachauri für nötig hält, um andere vom Fliegen abzuhalten: Im oben erwähnten Yale-Interview wurden auch beiläufig Pachauris diesbezügliche Gewohnheiten erwähnt: „Er befand sich auf einer weiteren Station eines der vielleicht weltweit hektischsten Reisepläne. Als wir ihn trafen, reiste Pachauri gerade von China in die USA, dann nach Europa, Afrika und wieder zurück nach China, alles innerhalb weniger Wochen."

Welches Beispiel liefert Pachauri einer Welt, in der Telefonkonferenzen immer billiger werden? Ist seine Botschaft in Wahrheit nur, dass die kleinen Leute nicht fliegen sollten?

Warum ruft er nicht Prominente dazu auf, sich für die Rettung der Welt zu opfern, anstatt in Privatjets zu reisen (Oprah Winfrey, Leonardo DiCaprio, Arnold Schwarzenegger, Ihr seit gemeint!), anstatt zu fordern, es sollte teurer werden, dass Kinder in den Sommerferien ihre Großeltern besuchen?

Aber vielleicht ist Pachauri zu viel damit beschäftigt, die Führer der Welt zu beschimpfen. Im Januar 2009 erklärte er in einer Rede, dass die Emissionsziele des gerade sein Amt antretenden US-Präsidenten Obama „verschärft werden müssen“. Im Oktober des gleichen Jahres erschien ein Zeitungsartikel unter der Überschrift „Pachauri: Obama sollte viel mehr für das Klima tun“.

Im vorigen Kapitel habe ich die Ansichten von Edward Goldsmith erörtert, dem Gründer und Herausgeber der Zeitschrift „The Ecologist“. Der Fairness halber sei erwähnt, dass Pachauri Goldsmiths offene Verachtung der Demokratie nicht teilt. In einem Interview erklärte er Ende 2007: „Jede Demokratie ist zehnmal besser als das, was man in China hat“. Pachauri steht auch der Technologie weniger feindlich gegenüber.

Aber in anderen Bereichen sind seine Ansichten mit denen von Goldsmith identisch. Beide Männer glauben, dass das Überleben der Menschheit von einem Leben „in Harmonie mit der Natur“ abhängt (Wie kann jemand mit giftigem Efeu, einer Dürre, einem Sandsturm oder einem Erdbeben in Harmonie leben?). Beide glauben, dass die angemessene Aufgabe einer Regierung nicht darin besteht, den Willen der Allgemeinheit zu vertreten, sondern die Gesellschaft umzuformen und Alltag der Menschen drastisch zu verändern.

Pachauri zufolge ist eine „rasche Transformation des Wirtschaftssystems“ nötig. Die Regierungen „müssen kulturelle Verhaltensmuster neu definieren“ und Lebensstiländerungen müssten sich *überall* einstellen.[66] Wohlhabende Länder, so meint er, „können nicht weiter auf dem gegenwärtigen Niveau konsumieren“. Und dann kommt dieser schöne Satz: „Wir waren so berauscht von dem Verlangen, immer mehr zu produzieren und zu konsumieren, egal, wie die Folgen für die Umwelt sind, so dass wir auf einem unnachhaltigen Weg sind. Ich werde nicht eher ruhen, bis ich auf jedem nur

[66] Die S. 7f. des Papiers „Climate Change Resilience: An Urgent Action Agenda“ sind den Gedanken Pachauris gewidmet, der als Plenarredner und „Vorsitzender, mit dem Nobelpreis ausgezeichnetes Zwischenstaatliches Beratungsgremium zum Klimawandel [=IPCC]“ bezeichnet wird. Die zitierten Aussagen stehen auf S. 8. Der Text ist das Kap. 3 eines 2009 veröffentlichten Buches, das von der Rockefeller Foundation nach dem „Global Urban Summit“ in Italien im Juli 2007 herausgebracht wurde.

möglichen Forum die Notwendigkeit wesentlicher struktureller Veränderungen bei Wachstum und Entwicklung der Wirtschaft artikuliert habe. Das ist **das eigentliche Thema. Der Klimawandel ist lediglich ein Teil davon**" (Hervorhebung hinzugefügt).

Wie bitte? Der Klimawandel ist Teil *wovon*? Diese Sätze sollte man noch einmal lesen. Pachauri zufolge ist das eigentliche Thema die Herbeiführung „wesentlicher struktureller Änderungen bei Wachstum und Entwicklung der Wirtschaft." Der Kampf gegen den Klimawandel ist eher ein Teilaspekt eines viel größeren Plans.

Ich habe mir das nicht ausgedacht. Obiges Zitat findet sich in einem 5.000 Worte umfassenden Profil von Pachauri, das in „Nature" erschien. Diese Zeitschrift gilt als eine der angesehensten wissenschaftlichen Publikationen der Welt. Ende 2007 erklärte sie Pachauri zum „Nachrichtenmacher des Jahres".

Gabrielle Walker zufolge, der Verfasserin dieses Profils, bezieht sich Pachauri im normalen Gespräch ständig auf „das Ziel". Trotz ihres Doktorgrades in Chemie scheint das Frau Walker nicht im Mindesten zu beunruhigen.[67]

Pachauri ist seit 2002 IPCC-Chef. Daraus heißt, dass ein angeblich neutrales Gremium, das mit der objektiven und ausgewogenen Beurteilung wissenschaftlicher Fakten beauftragt worden ist, zehn Jahre von einem Mann geleitet wurde, der kein Geheimnis daraus macht, im Klimawandel-Alarm ein Mittel zum Zweck zu sehen.

Sein wahres Ziel ist die Transformation der Weltwirtschaft.

Pachauri ist berechtigt, jedes ihm sinnvoll erscheinende Anliegen zu verfolgen. Doch wer die globale Wirtschaft umstrukturieren will, sollte mit Argumenten diskutieren, die zu diesem Thema gehören. Es ist feige und unehrlich, dies durch die Hintertür zu bewerkstelligen, unter dem Deckmantel des Vorgehens gegen eine Umweltkrise.

---

[67] Gabrielle Walker: The team captain, in: Nature, vol. 450/20, 27.12.2007.

26] Dem Führer folgen

Man sollte nicht unterschätzen, welcher Schaden dem IPCC entsteht, weil dessen Vorsitzender alles andere als politisch neutral ist. Ständig signalisiert Pachauri gegenüber der von ihm geleiteten Organisation, dass die öffentlichen Versprechen des IPCC das Papier nicht wert sind, auf das sie geschrieben wurden, dass es kein Problem ist, sich anders zu verhalten, als man sich definiert.

Da ist es keine Überraschung, dass andere mit dem IPCC verbundene Wissenschaftler es genauso machen. Anstatt sich peinlich genau auf ihr Fachgebiet zu beschränken, unterstützen diese Wissenschaftler öffentlich politische Maßnahmen, von denen sie glauben, dass sie zur Bekämpfung des Klimawandels nötig sind. Emissionsreduktion ist dabei das große Thema.

Wie oben ausgeführt, ist dieses Verhalten undemokratisch. Es hindert die gesamte Gesellschaft, sich an der Debatte zu beteiligen. Es impliziert fälschlicherweise, dass die Aufgabe der Wissenschaftler darin besteht, das Problem nicht nur zu diagnostizieren, sondern auch gleich eine passende Lösung auszusuchen.

Thomas Stocker ist ein Schweizer Klimamodellierer. Nach 10 Jahren IPCC-Mitarbeit wurde er 2008 Ko-Vorsitzender der Arbeitsgruppe 1. Jede Arbeitsgruppe des IPCC wird von zwei Personen geleitet – eine aus einem wohlhabenden Land und eine aus einem Entwicklungsland. Informell geht jeder davon aus, dass Erstere die Verantwortung trägt (zum Teil, weil sich deren Regierung zur Tragung der Kosten für Unterbringung und Finanzierung der administrativen Aufgaben der Arbeitsgruppe bis zur Fertigstellung der jeweiligen Ausgabe der Klimabibel verpflichtet hat).

Weil Stocker der Vorsitzende des „naturwissenschaftlichen" Abschnitts der Klimabibel ist und sein Co-Vorsitzender aus China kommt, kann man seinen Einfluss in der gegenwärtigen Organisationsstruktur des IPCC kaum überschätzen.

Im Jahre 2009 erklärte Stocker in einem Interview, dass „alle Gesellschaften der Welt einen klaren Fahrplan zur Reduktion von Emissionen“ beschließen müssten. Er meinte auch, jeder Sektor der Wirtschaft sollte „zum *großen Ziel* einer Dekarbonisierung der Gesellschaft beitragen“ (Kursiva hinzugefügt).

Alle Gesellschaften auf dem Planeten? Schließt das diejenigen ein, die sich kaum selbst ernähren können? Wirklich? Erwartet er, dass Menschen, die sich über das gehemmte Wachstum der Kinder in ihren Armen Sorgen machen, schon heute um CO_2-Emissionen kümmern, die in 100 Jahren ein Problem sein könnten?

In einem anderen Interview im gleichen Jahr hörte sich Stocker für alle Welt wie ein Politiker an, als er vom bevorstehenden UNFCCC-Klimagipfel forderte, dort „müssen die von industrialisierten Ländern erwarteten Reduktionen klar festgelegt werden. Gleichzeitig müssen Sanktionen definiert werden, falls diese Reduktionsziele nicht erreicht werden [...], zudem brauchen wir einen klaren Plan, auf welche Weise man mit Emissionszertifikaten handelt.“

Es ist klar, was hier vorgeht. Dieser Mann hat beschlossen, dass die primäre Reaktion der Menschheit auf den Klimawandel Emissionsreduktionen sein sollen. Er hat auch entschieden, dass Strafen für diejenigen Länder nötig sind, die ihre Ziele verfehlen. Mehr noch, er hat beschlossen, dass es ein Handelssystem für Emissionsrechte geben soll.

Was ich gerne wissen möchte: Welcher Teil seines Physikstudiums befähigt ihn, solche *politischen* Entscheidungen im Namen von uns allen zu treffen?

Im Juni 2011 erzählte Stocker einer kanadischen Zeitung, eine Verdreifachung des Benzinpreises könnte dabei mithelfen, die Welt zu retten. Der „Vancouver Sun“ zufolge glaubt Stocker: „Deutlich höhere Benzinpreise würde den Menschen helfen einzusehen, dass es ‚viel smartere Möglichkeiten gibt, von Punkt A nach Punkt B zu gelangen‘, als ‚in drei Tonnen Stahl und Gummi‘ zu steigen, die Treibhausgase ausstoßen [...].“[68]

Weder Stocker noch der Journalist, der den Artikel verfaßte, hielten es für nötig, darüber zu sprechen, welche Auswirkungen eine solche Preissteigerung auf Familien haben würde, die nur mit Mühe

---

[68] Eine Kopie des Artikels findet sich hier: http://chimalaya.org/2011/06/11/triple-price-of-gas-to-save-planet-climate-expert-argues/ [28. 9. 2012].

ihre Rechnungen bezahlen können – oder auf Landwirte, deren Traktoren mit Diesel betrieben werden.

Ebenfalls prominent im IPCC ist Jonathan Overpeck. Er hat einen Doktor in Geologie, beim Erstellen der 2007er Klimabibel wirkte er in fünf verschiedenen IPCC-Funktionen – darunter als Leiter eines wichtigen Kapitels (sicher reiner Zufall, dass seine Ehefrau Julia Cole eine der Beitragenden Autorinnen dieses Kapitels ist).

Beschränkt sich Overpeck auf sein Fachgebiet und lässt uns unsere eigenen Schlussfolgerungen ziehen? Nein! Im Jahr 2009 sagte er vor einem Ausschuss des US-Kongresses aus, dass zwei Maßnahmen erforderlich wären, um eine Wasserknappheit im Flussbett des unteren Colorado zu verhindern: Eine davon wäre eine weitere Forschungsförderung in Höhe von 200 Millionen Dollar. Die andere wäre eine *weltweite* Emissionsreduktion: „globale Emissionen von Treibhausgasen, besonders Kohlendioxid, müssen signifikant reduziert werden. Die Reduktion von Treibhausgasen um 80 Prozent bis 2050, bezogen auf das Jahr 1990, ist ein gutes Ziel."

Was das bedeutet: Diese Kombination von Daten und Zahlen hat mit Geologie nichts zu tun, sondern ist ein politisches Ziel, für das sich politische Aktivisten einsetzen.[69]

Zum zweiten, wie kann man diesen Vorschlag auch nur ansatzweise für sinnvoll erachten? Glaubt wirklich jemand, dass der beste Weg für die Rettung eines Flusstals in den USA darin besteht, Milliarden Menschen im Ausland so zu verunsichern, dass sie ihre Art zu heizen, zu kochen und am Verkehr teilzunehmen radikal verändern? Glaubt jemand wirklich ernsthaft, dass sich der Rest der Welt um dieses Flussbett Sorgen macht – oder machen sollte? Ein noch extremeres Beispiel für amerikanische Selbstbezogenheit ist kaum denkbar.

---

[69] Für Aktivistengruppen, die Emissionsreduzierungen auf der Basis eines spezifischen Zeitplans verfechten, vgl. u. a. Material von Greenpeace, StepItUp2007 und Conservation Law Foundation hier: http://www.greenpeace.org/eu-unit/Global/eu-unit/reports-briefings/2011%20pubs/6/20110-6%20Updated%20roadmap%20briefing.pdf [28. 9. 2012], http://april.stepitup2007.org/article.php?id=29 [28. 9. 2012], http://www.clf.org/newsroom/go-big-little-rhody-campaign-launches-to-cut-global-warming-pollution-80-percent-by-2050-elected-officials-join-residents-environmental-groups-at-zoo-to-rally-for-quick-action/ [28. 9. 2012].

Das Ausmaß, in dem Overpeck und seine Frau – beide Mitglieder der geowissenschaftlichen Abteilung der University of Arizona – inzwischen in ihren Geologie-Vorlesungen über Politik reden, wird durch einen Kurs vom Mai 2010 belegt, der sich mit „Klimamißverständnissen und Kommunikation" befasste. Für das von ihnen geleitete Seminar hatten Overpeck und Frau als externen Gastreferenten Max Boykoff eingeladen. Einer Presseverlautbarung der Universität zufolge hatte Boykoff am Vorabend vor Journalistik-Studenten geäußert, dass Medien nichts über die Ansichten von Klimaskeptikern berichten sollten, da dies zu „illusorischen, irreführenden und kontraproduktiven Debatten" beiträgt, die „dem Gemeinwohl einen schlechten Dienst erweisen."

Die Presseerklärung zitierte Overpeck dabei mit den Worten, „spezielle Interessengruppen machen Überstunden, um die Öffentlichkeit hinsichtlich der Wissenschaft durcheinanderzubringen".

Politiker verleumden ihre Opponenten routinemäßig, indem sie behaupten, diese würden Partikularinteressen vertreten – aber sollten Wissenschaftler so reden? Religiöse Eiferer sprechen routinemäßig von *der Wahrheit,* die nicht infrage gestellt werden kann – aber ist es für Geologen angemessen, sich auf ähnliche Weise über *die Wissenschaft* zu äußern?

Aus welchem Fachbuch gewann Overpeck, als er promovierte, den Eindruck, dass sich Geologen darum kümmern sollten, wie viele verschiedene Sichtweisen auf ein Thema in den Medien erscheinen? Würde es Journalisten gut anstehen, ihm zu vorzuschreiben, wie er sein Mikroskop einstellen soll?

Im 21. Jahrhundert traut man den Menschen genug Urteilskraft zu, sich ihre Repräsentanten selbst zu wählen. Man billigt ihnen genügend Intelligenz zu, die Schuld oder Unschuld von Personen unter Mordanklage zu bestimmen. Trotzdem glaubt eine bestimmte Gruppe von „Experten", dass man dem Bürger nicht zutrauen kann, die Spreu vom Weizen zu trennen, wenn es um Klimawandel geht. Offensichtlich wird jetzt in Geologiekursen die Idee diskutiert, dass die Öffentlichkeit vor bestimmten Perspektiven bezüglich des Klimas zu schützen ist.

Man könnte denken, das IPCC-Personal wäre umsichtiger, wenn es wirklich glauben würde, die Erde drohe sich in einen Feuerball zu verwandeln. Man würde von ihnen erwarten, dass sie sich auf ihr engeres Fachgebiet beschränken würden, damit niemand Anlass hätte, ihre Erkenntnisse anzuzweifeln.

Doch so verhalten sich diese Menschen nicht. Noch verlangt es das IPCC von ihnen. Hierhin gehört auch Chris Landseas Geschichte.

Landsea, Wirbelsturmexperte aus Florida, arbeitete sowohl an der 1995er als auch an der 2003er Klimabibel als Beitragender Autor und Fachgutachter mit. Ende 2004 wurde er erneut gebeten, einen kurzen Abschnitt über Wirbelstürme zu schreiben. Die Einladung kam von Kevin Trenberth, der verantwortlichen Person für das entsprechende Kapitel in der 2007er Klimabibel.

Trenberth wurde in einem neueren Interview als „Klimamodellierer und IPCC-Insider" beschrieben. Sowohl Landsea als auch Trenberth sind Meteorologen. Landsea befasste sich in seiner gesamten Laufbahn mit Hurrikanen. Trenberth nicht.

Einige Wochen nach der Einladung erfuhr Landsea zu seiner Überraschung, dass Trenberth an einer telefonischen Pressekonferenz teilnehmen wollte, in der behauptet werden sollte, dass *Experten* zufolge die globale Erwärmung *weiterhin* ein „häufigeres Auftreten intensiver Hurrikan-Aktivitäten" verursachen würde.

Landsea sandte daraufhin eine E-Mail an Trenberth und eine weitere Kollegin, Linda Mearns (die entschied, nicht an der Pressekonferenz teilzunehmen, vielleicht wegen Landseas Bedenken). Dezidiert wies Landsea darauf hin, dass keiner der für die Pressekonferenz vorgesehenen Teilnehmer jemals eine Studie über Beziehungen zwischen Wirbelstürmen und Klimawandel vorgelegt hatte. Die Schlußfolgerung daraus ist klar: Wie konnten diese Menschen vorgeben, sie hätten Expertenwissen in diesem Bereich?

Als *der* Fachmann lieferte Landsea in seiner Email einen kurzen Überblick dazu. Er begann mit der folgenden Erklärung: „Es sind keine wissenschaftlichen Studien bekannt, die einen schlüssigen physikalischen Zusammenhang zwischen dem Klimawandel und der Häufigkeit und Stärke von Hurrikanen belegen."

Ungeachtet der Bemühungen Landseas, ihn davon abzubringen, hielt Trenberth an der Pressekonferenz fest. 2004 hatte es in den USA eine ausgeprägte Hurrikansaison gegeben und die Medien freuten sich zu berichten, dass gewisse (selbsternannte) Experten auf eine Verbindung zum Klimawandel hinwiesen.

So wurde zum Beispiel in der Reuters-Story erklärt, dass die „vier Wirbelstürme, die im Sommer innerhalb von fünf Wochen in Florida und der Karibik wüteten [...] erst der Anfang wären". Der Journalistin schien entgangen zu sein, dass der zuerst in ihrer Story zitierte Experte, Paul Epstein, in Wahrheit Arzt und damit nicht gerade jemand war, der sein Leben der Erforschung von Hurrikanen widmete.

Noch etwas zur Behauptung, dass 2004 *erst der Anfang* gewesen sei: Nachdem der Hurrikan „Katrina" 2005 New Orleans verwüstet hatte, nahm die Anzahl starker Hurrikane, die auf das amerikanische Festland trafen, deutlich ab. Seither spricht man auch von einer ungewöhnlichen „Hurrikan-Dürre".

Nach der Pressekonferenz protestierte Landsea per E-Mail an fünfzehn führende Wissenschaftler-Kollegen bzw. IPCC-Mitglieder und mit Kopie an Trenberth gegen Trenberths Aktivitäten. Darunter auch der Vorsitzende Pachauri. Landsea verbreitete dabei auch einen Hyperlink zu einer Online-Aufzeichnung der gesamten Pressekonferenz. Seiner Ansicht nach hatten die Medien nicht übertrieben. Deren Berichte stimmten genau mit dem überein, was Trenberth dort tatsächlich gesagt hatte.

Also wo, fragte Landsea, sind die fachbegutachteten Veröffentlichungen, „die diese starken Aussagen zu belegen? Welche Studien erkennen einen Zusammenhang zwischen beobachteten Erwärmungstrends auf der Erde und langzeitlichen Trends bei der Hurrikan-Aktivität? So weit ich weiß, gibt es sie nicht."

Landsea sagte, er mache sich große Sorgen, dass „es dem IPCC-Prozeß nicht mehr möglich sein könnte, objektiv weiterzuarbeiten", denn Trenberth, verantwortlich für den Abschnitt der Klimabibel zu Wirbelstürmen, sei bereits „zu der Schlussfolgerung gekommen, dass die globale Erwärmung die Hurrikan-Aktivität verändert hat".

Landsea stellte dann eine vernünftige Forderung auf: „Ich möchte eine Zusicherung, dass alles, was in die IPCC-Berichte kommt, die besten verfügbaren Informationen und den Konsens der *auf diesem Spezialgebiet besten wissenschaftlichen Experten innerhalb der Wissenschaftlergemeinde"* widerspiegelt (Hervorhebung hinzugefügt).

Landseas Email datierte vom 5. November 2004. Es sollte zwei ganze Wochen dauern, bis von Pachauri eine Antwort kam. Der erklärte, dass ihn Reisen nach Korea und Australien an einer früheren Antwort gehindert hätten. (In einer anderen Welt hätte der IPCC-Chef vielleicht gesagt, dass die Verspätung zustande kam, da er für die sorgfältige Untersuchung der Sache Zeit gebraucht hatte.)

Anstatt anzuerkennen, dass Trenberths Verhalten das IPCC in eine peinliche Lage gebracht hatte, verhielt sich Pachauri zurückweisend: „Ich muss wohl kaum erwähnen, dass das IPCC hierzu unmöglich Stellung beziehen kann, denn einzelne Wissenschaftler können in ihrem eigenen Namen tun, was sie für richtig halten, solange sie nicht im Namen des IPCC sprechen. Ich darf auch erwähnen, dass die Medien oft übertreiben, auch wenn sich Wissenschaftler auf ausgewogener und objektiver Basis geäußert haben."

Es war klar, dass Pachauri – dessen oberste Priorität die Wahrung des guten Rufes des IPCC sein sollte – sich nicht die Mühe gemacht hatte, die Aufzeichnung der Pressekonferenz zu anzuhören. Hätte er, wäre ihm nicht entgangen, dass Trenberth als Leitautor des bevorstehenden IPCC-Berichtes vorgestellt worden war. Er hätte Trenberth selbst sagen hören: „Ich war einer der Leitautoren des IPCC-Berichts von 2001 [...] und tatsächlich habe ich zu einigen der Informationen zu Wirbelstürmen in diesem Bericht beigetragen."

Was Pachauri nicht vernommen hätte, war ein Disclaimer, in dem klargestellt wurde, dass Trenberth und seine Kollegen nur als Privatpersonen auftraten – und dass ihre Meinungen in keiner Weise mit denen des IPCC verwechselt werden dürften. Es hätte höchstens 10 Sekunden in Anspruch genommen, ein solches Dementi auszusprechen, doch das ist nicht geschehen.

Wie die Presseverlautbarung von damals verdeutlicht, wurden sowohl Trenberth als auch ein anderer Referent in voller Absicht als IPCC-Verantwortungsträger vorgestellt. Es war nicht einfach irgendwer, der etwas zu Hurrikanen und globaler Erwärmung behauptete, es waren von der UNO benannte Experten.

Bei dieser Gelegenheit wurde James J. McCarthy, der zweite in der Presseerklärung mit dem IPCC in Verbindung gebrachte Referent, als „Biologe und Ozeanograf der Harvard University und Leitautor des Abschnittes über die Auswirkungen des Klimawandels" im

2001er IPCC-Bericht vorgestellt. Diese Darstellung vertuscht, dass dieser Meeresbiologe in Wahrheit zwischen 1997 und 2001 hoher IPCC-Funktionär war. Er diente als Ko-Vorsitzender der IPCC-Arbeitsgruppe 2 für die 2001er Klimabibel.

Also hat nicht nur Trenberth die Grenze zwischen persönlicher Meinung und offiziellen Ansichten des IPCC verwischt. McCarthy war tatsächlich der viel dickere IPCC-Fisch. Es ist nicht gut für das IPCC, wenn ein so herausgehobener Funktionär wie McCarthy an einer Pressekonferenz teilnimmt, in der ein Zusammenhang zwischen globaler Erwärmung und intensiverer Hurrikantätigkeit behauptet wird, obwohl er kein Fachwissen auf diesem Gebiet vorweisen kann und keine fachbegutachtete Literatur seine Meinung unterstützte.

Doch zurück zu Pachauris Antwort. Der IPCC-Vorsitzende hatte entschieden, Landseas Beschwerde so auszulegen, dass es in ihr darum ging, was IPCC-Autoren öffentlich sagen dürfen und was nicht. Das ist eine wichtige Frage, doch Landsea war hauptsächlich wegen etwas anderem besorgt: Wie kann jemand – im IPCC involviert oder Teil der Öffentlichkeit – auf die Neutralität des IPCC vertrauen, wenn der für das Kapitel über Hurrikane Verantwortliche in einer Pressekonferenz Meinungen äußert, die den Forschungsergebnissen echter Fachwissenschaftler voll und ganz widersprechen?

Trenberths Antwort an Landsea scheint nicht öffentlich zugänglich zu sein. Daher wissen wir nicht genau, was er geantwortet hat. Was wir jedoch wissen ist, dass Pachauri ihn hundertprozentig unterstützte. Denn er teilte Landsea mit: „Ich stimme daher mit Dr. Trenberths Antwort auf Ihr Schreiben vollkommen überein, da das, was er sagte, dem IPCC in keiner Weise widerspricht und seine Aussagen [die 2001er Klimabibel] *offenbar* korrekt wiedergeben" (Hervorhebung hinzugefügt).

Bitte beachten Sie den Schlüsselbegriff „offenbar". Es scheint, als seien dem IPCC-Vorsitzenden die Implikationen dieser ernsten Angelegenheit so gleichgültig, dass er sich weder die Pressekonferenz anhörte, noch sich die Mühe machte, die 2001er Klimabibel selbst heranzuziehen.

Landsea betonte in seiner Antwort an Pachauri (die er als Kopie auch an alle anderen auf seinem ursprünglichen Verteiler schickte), er wisse genau, dass Trenberths Ansichten *keine* genaue Wiedergabe des Abschnitts der 2001er Klimabibel zu Hurrikanen sei, da er, Landsea, selbst an diesem Dokument mitgearbeitet hätte. Dann zitierte er dieses Kapitel Pachauri gegenüber im Wortlaut und machte dabei klar, dass das IPCC 2001 zu dem Schluss gekommen war, dass offenbar nichts Außergewöhnliches hinsichtlich der Häufigkeit oder Intensität von Hurrikanen passiert war.

Landseas klarsichtiger, würdiger Rückzug aus dem IPCC ist einer der wenigen lichten Momente der ganzen Geschichte. In der Erkenntnis, dass die Politik die Wissenschaft mit Füßen trat, beendete Landsea seine Email an Pachauri vom 8. Dezember 2004 mit den folgenden Worten: „Die begutachtete Literatur in meinem Gebiet und der Konsens der Leute, die sich mit der Klimavariabilität bei tropischen Zyklonen beschäftigen, besagt das Gegenteil von dem, was Trenberth öffentlich proklamiert.

[...] Wegen Dr. Trenberths Äußerungen [...] hat sich der IPCC-Prozess kompromittiert und seine Objektivität verloren [...]. Das IPCC wählte Dr. Trenberth als [Koordinierenden] Leitautor aus und betraute ihn damit, diese Aufgabe von einem unvoreingenommenen und objektiven Standpunkt aus wahrzunehmen. Dabei hat er versagt. Ich persönlich kann daher nicht länger guten Gewissens zu einem Prozess beitragen, der aus meiner Sicht nicht wissenschaftlich einwandfrei abläuft. Solange diese Struktur bestehen bleibt, werde ich nicht länger beim IPCC mitarbeiten [...].“

27] Moralische Zwerge

Eines kann man über den IPCC-Vorsitzen Rajendra Pachauri sagen: Er lässt keine Gelegenheit aus, andere zu enttäuschen. Die Tatsache, dass er so unangemessen in der Landsea-Affäre reagierte, kommt daher nicht überraschend.

Doch da sind noch die anderen Wissenschaftler, die in die Korrespondenz zwischen Landsea und Pachauri einbezogen waren. Sie alle wussten, was passiert war. Und was war ihre Reaktion? Wie viele von ihnen stellten sich hinter Landsea? Wie viele machten im IPCC weiter, trotz der beunruhigenden Dinge, die dieser Vorfall über diese Organisation zu Tage förderte?

Susan Solomon, Ko-Vorsitzende der Arbeitsgruppe 1 jener Ausgabe der Klimabibel, gehörte zu denen, an die sich Landsea gewandt hatte. Wir haben uns bereits mit ihr befasst. Das ist genau die, die 2005 damit drohte, Steve McIntyre hinauszuwerfen, als er versuchte, seine Aufgabe als IPCC-Fachgutachter gewissenhaft zu erfüllen.

Landseas erste E-Mail war am 5. November 2004 versendet worden. Die anscheinend einzige Antwort von Frau Solomon datiert vom 9. Dezember – einen Tag nachdem er erklärt hatte, seine Mitarbeit im IPCC zu beenden, da es seiner Meinung nach wissenschaftlich unsauber vorging.

Frau Solomon sandte ihre Antwort an jeden, der Landseas Original-E-Mail erhalten hatte, sowie eine weitere Person: Martin Manning. Der war Leiter der Technischen Unterstützungseinheit für die Arbeitsgruppe 1 – der Herr, der wenig später McIntyre mitteilen sollte, dass es nicht seine Aufgabe sei, Sekretariatsaufgaben für die Fachgutachter zu erledigen.

Falls sich jemand wundert, wo diese arrogante und respektlose Art herkam, so darf man davon ausgehen, dass der von Frau Solomon in der Landsea-Affäre im Jahr zuvor angeschlagene Ton die Maßstäbe setzte. Als sie ihre E-Mail versandte, wandte sie sich nicht nur an Landsea, sondern auch an alle anderen, mit denen Landsea seine Bedenken geteilt hatte.

Unter Verweis auf ihre Funktion als Ko-Vorsitzende der Arbeitsgruppe 1 wischte Frau Solomon Landseas gut begründete Bedenken vom Tisch, dass Trenberth sich als Hurrikan-Experte auf der Pressekonferenz dargestellt hatte. Frau Solomon schrieb, „wenn Sie oder ich als [NOAA-] Wissenschaftler vorgestellt werden, ist doch klar, dass wir nicht für die NOAA sprechen, schon gar nicht für die US-Regierung. Das ist in allen Institutionen und Organisationen bei der wissenschaftlichen Arbeit **Standardpraxis.**“[70]

Das IPCC ist aber nicht irgendeine Organisation. Regierungen in aller Welt verweisen auf die Klimabibel, wenn sie Milliarden von Dollar ausgeben und bei der Einführung neuer Steuern und strikter neuer Regeln für alles Mögliche, von LKWs über Glühbirnen bis hin zu Bauordnungen.

Präsident Obamas Wissenschaftsberater meint, das IPCC produziere „die wichtigsten Schlussfolgerungen“ zum Klimawandel. Die Medien erklären, das IPCC sei der *Goldstandard* einer Organisation. Somit haben wir doch ganz sicher das Recht, von den Beteiligten mehr als nur *Standardpraxis* zu erwarten.

Frau Solomon hätte dafür sorgen können, ähnlichen Missverständnissen in der Zukunft vorzubeugen, in dem sie Landsea recht gegeben hätte. Sie hätte ihre gesamte Arbeitsgruppe darüber informieren können, vor allem die, die an Landseas E-Mail-Verkehr teilhatten, dass jeder IPCC-Autor gehalten ist, vor öffentlichen Äußerungen kurz innezuhalten und deutlich zu machen, dass er nicht für das IPCC spricht. Das wäre gut und billig gewesen. Hätte Frau Solomon so gehandelt, hätte Landsea seine Entscheidung, dem IPCC zu kündigen, vielleicht noch einmal überdacht. Doch das geschah nicht.

Auch Landseas Bedenken, dass Trenberths öffentliche Äußerungen die Unparteilichkeit, mit der der Klimabibel-Abschnitt über Hurrikane verfaßt werden sollte, infrage stellen könnte, wischte Frau Solomon beiseite. Ihre Anmerkungen sind es wert, genau angeschaut zu werden, weil sie wichtige Einblicke in die Geisteshaltung der Truppe liefert, die sich beim IPCC tummelt: „wie Sie wissen, wird der vierte Sachstandsbericht 2007 erscheinen. Ich würde meinen, dass klarerweise wirklich niemand über die wissenschaftlichen

---

[70] Hervorhebung hinzugefügt.

Schlussfolgerungen dieses Berichtes reden kann, solange er nicht veröffentlicht ist. Wenn auch viele mit Klimastudien befasste Wissenschaftler abweichende Ansichten haben, wird die Zustandsbeschreibung wie im [2001er Bericht] einen wohlüberlegten Konsens repräsentieren, der auf der Auswertung veröffentlichter Fachliteratur beruht. Wie im [2001er Bericht] wird er Überlegungen zur beobachteten Häufigkeit und Intensität wie auch die verfügbaren Modelluntersuchungen einbeziehen. Die Autoren von Kapitel 3 werden alle relevanten Papiere gewichten und zu einem Gruppenkonsens kommen, wobei die Ergebnisse eines ausführlichen Begutachtungsprozesses einbezogen werden. Ich bin zuversichtlich, dass dieser Prozess sehr gewissenhaft durchgeführt werden wird."

Zunächst zerstreute Frau Solomon den Vorwurf vorgefasster Meinungen mit ihrem Hinweis, dass die Klimabibel erst 2007 veröffentlicht würde. Doch wie würde sie sich selbst fühlen, wenn sie vor einem Richter wegen Falschparkens erscheinen müsste und dieser Richter vorab öffentlich erklärt hätte, dass die überwiegende Mehrheit der Ertappten ganz klar schuldig ist? Wäre sie beruhigt, wenn sie im Falle von Indizien für ihre Unschuld und nach Einlegung einer Beschwerde gegen den Richter wegen Befangenheit mit der Begründung abgefertigt würde, dass ihr Fall erst in vielen Monaten verhandelt würde und noch gar nichts entschieden wäre?

Frau Solomon erklärte Landsea, dass die Autoren des IPCC-Hurrikan-Kapitels die wissenschaftliche Literatur *ebenso wie Modelluntersuchungen* berücksichtigen würden. Übersetzung: Selbst wenn die gesamte, auf *tatsächlich beobachteten Fakten beruhende* wissenschaftliche Literatur eine bestimmte Meinung vertritt, können Modellstudien sehr wohl etwas anderes aussagen.

Während Landsea sicher gehen wollte, dass die IPCC-Schlussfolgerungen zu Wirbelstürmen den Expertenkonsens *auf diesem Gebiet* widerspiegelten, informierte ihn Frau Solomon, dass die IPCC-Autoren *als Gruppe zu einem Konsens kommen* würden, nachdem sie die Meinungen einiger anderer dazu zur Kenntnis genommen hatten. Klartext: Vergessen sie, was ausgewiesene Experten eines bestimmten Fachgebietes für richtig halten. Die Wahrheit ist das, was das IPCC-Personal dafür hält.

Folgt man der Ko-Vorsitzenden der mit den „harten" wissenschaftlichen Grundlagen der Klimabibel befassten Arbeitsgruppe, ist dies der Weg, auf dem die IPCC-Kapitel entstehen. Das IPCC hält es nicht für nötig, die Ansichten echter Experten zu bedenken oder zu respektieren. Stattdessen legt das IPCC Entscheidungsbefugnisse in die Hände von Nicht-Fachleuten.

An dieser Stelle müssen wir uns daran erinnern, dass viele IPCC-Autoren nicht wegen ihrer wissenschaftlichen Fachkenntnisse ausgewählt wurden. Darunter sind Master-Studenten, solche, die aufgrund einer Quote ausgesucht wurden, Aktivisten und Modellierer von virtuellen Klimata. Nur so, meine Damen und Herren, erreicht das IPCC seinen wissenschaftlichen „Goldstandard".

Ich persönlich würde keine 500 Dollar für die Ratschläge eines Berichts ausgeben, der auf diese Weise erstellt wurde. Die Tatsache, dass die Führer reicher und wichtiger Nationen vorschlagen, Billionen für Maßnahmen gegen den Klimawandel aufgrund der Aussagen aus einem solchen Bericht auszugeben, erweckt in mir den Verdacht, dass diese Leute den Verstand verloren haben.

Doch wenden wir uns jetzt den anderen Wissenschaftlern zu, die bei dieser armseligen Affäre ganz vorne saßen, die Leute, denen Landsea seine Befürchtungen mitteilen wollte. Davon besetzen vier hohe Positionen in US-Behörden, die sich aber anscheinend völlig aus dem IPCC herausgehalten haben. Drei weitere stammten aus China, Gambia und Iran – Länder, bei denen man nicht davon ausgehen kann, dass sie frei in ihren Entscheidungen waren.

Es bleiben (neben Pachauri, Solomon, Manning und Trenberth) noch sechs Wissenschaftler, die ihre Verbindungen zum IPCC aufrecht erhielten, trotz dieser Vorkommnisse. Brian Hoskins, Phil Jones, Thomas Karl und Albert Klein Tank blieben am Kapitel über Hurrikane beteiligt. Thomas Peterson und Linda Mearns setzten ihre Mitarbeit bei anderen Kapiteln fort. Insgesamt wirkte Hoskins in vier verschiedenen IPCC-Funktionen, Karl in zwei.[71]

---

[71] Brian Hoskins war mit der Working Group 1 der 2007er Klimabibel eng verbunden. Er war Prüflektor für das Trenberth-Kapitel, einer der Leitautoren des „Technical Summary" und arbeitete am Entwurf des „Summary for Policymakers" mit. Er war zudem Fachgutachter. Vgl.
www.ipcc.ch/publications_and_data/ar4/wg1/en/annexessannex-iii.html,
www.ipcc.ch/publications_and_data/ar4/wg1/en/ch3.html,
www.ipcc.ch/publications_and_data/ar4/wg1/en/ts.html,

Es gibt Momente im Leben, in denen unsere Entscheidungen wirklich etwas bedeuten – wenn wir durch unsere Taten unseren Charakter offenbaren. Wenn wir an Unparteilichkeit glauben, müssen wir uns zu Wort melden. Wenn wir an die wissenschaftliche Integrität glauben, müssen wir sie verteidigen.

Genau das hat Chris Landsea getan. Dass er von Leuten umgeben war, die offenbar keine der Folgen jener Situation zu erkennen vermochten, die er ihnen schilderte, sollte uns alle nachdenklich stimmen.

Das moralische Versagen war erheblich. Und es hörte bei dieser kleinen Gruppe von Wissenschaftlern nicht auf. Landsea hatte sich im Dezember 2004 aus dem IPCC zurückgezogen. Im darauffolgenden Januar ging er mit einem „Offenen Brief an die Wissenschaftlergemeinde" an die Öffentlichkeit, den er 45 Kollegen zusandte, von denen ihn einer ins Internet stellte.

Landsea schrieb, er hoffe mit diesem offenen Brief die Aufmerksamkeit auf etwas zu richten, das „ich für ein Problem im IPCC-Prozess ansehe." Nach einer Schilderung der vorgefallenen Ereignisse schrieb er: „Ich kann nicht verstehen, warum meine Kollegen die Medien benutzten, um eine unhaltbare Agenda zu verbreiten, nach der die jüngsten Wirbelsturm-Aktivitäten eine Folge der Erderwär-

---

www.ipcc.ch/publications_and_data/ar4/wg1/en/spm.html [4. 10. 2012],
Derzeit ist Hoskins an der Meteorologischen Abteilung der University of Reading angestellt. Er war auch Präsident der „Royal Meteorological Society" (1998-2000), Präsident der International Association of Meteorology and Atmospheric Sciences (1991-1995). Im Jahre 2007 wurde er geadelt. Während einer Anhörung vor einem Ausschuss des englischen Oberhauses 2004 äußerte Hoskins, dass Lobby-Gruppen auf einzelne Wissenschaftler auf ungebührliche Weise Druck ausübten. In der hochpolitisierten Arena des Klimawandels ist das sicher ein ernsthaftes Problem. Doch es gibt kaum Anzeichen, dass er – oder irgendwer anderes – viel dafür getan hätten, die Öffentlichkeit darauf aufmerksam zu machen: „Ich finde, als jemand, der dem IPCC nahe steht, dass, wenn man Wissenschaftler und Politik [sic!] vermengt, Vertreter von Sonderinteressen einen ungeheuren Druck auf einzelne Wissenschaftler ausüben können. Es nützt den Akademien, solche Kollegen zu unterstützen, die andernfalls als Individuum angesehen werden, die mächtigen Lobby-Gruppen gegenüberstehen."
www.parliament.the-stationery-office.co.uk/pa/ld200304/ldselect/ldsctech/110/4020303.htm [4. 10. 2012]. Hier wundert man sich erneut, wo die Offenen Briefe sind? Welche konkreten Schritte hat die wissenschaftliche Gemeinschaft unternommen, um ihre Mitglieder vor übermäßigem Druck zu schützen? Wo ist die öffentliche Zurückweisung der Lobby-Gruppen durch wissenschaftliche Körperschaften, die so hart am Schutz ihrer wissenschaftlichen Integrität arbeiten? Der enorme Einfluß u. a. des WWF auf das IPCC wird in meinem Blog diskutiert, vgl. http://nofrakkingconsensus.com/2011/09/23/how-the-wwf-infiltrated-the-ipcc-%e2%80%93-part-1/ [4. 10. 2012].

mung seien. Bei Dr. Trenberths Rolle als [Koordinierendem] Leitautor, der für den Text über Wirbelstürme zuständig ist, so befürchtete ich aufgrund seiner weit außerhalb des Forschungsstandes liegenden öffentlichen Äußerungen, dass es dem IPCC-Prozeß schwer fallen würde, bezüglich der Auswertung der Hurrikanaktivität objektiv fortzufahren. [...] ich war enttäuscht, als das IPCC meine Bedenken abwies".

Seinem offenen Brief fügte Landsea die von ihm dazu verfassten E-Mails als Anhänge bei, dazu die Antworten von Pachauri und Frau Solomon. Man musste sich also nicht nur auf sein Wort verlassen, der Ablauf der Ereignisse lag klar dokumentiert vor.

Die Medien hätten das alles bringen müssen. Die Story hätte ein ausgewachsener Skandal sein können. Wenn eine Organisation, von der jeder denkt, dass sie maßgebliche *wissenschaftliche* Berichte verfaßt, von jemand kompromittiert worden ist, der eine wissenschaftlich unhaltbare Position vertritt, ist das sicher eine wichtige Entwicklung. Und wenn die Führung des IPCC eine Bunkermentalität entwickelt, indem sie sogar abstreitet, dass ein Problem besteht, verdient die Öffentlichkeit mit Sicherheit, davon zu erfahren.

Die „Washington Post" berichtete die wesentlichen Details und zitierte Landsea mit einer gewissen Ausführlichkeit. Doch dann charakterisierte der Journalist das Ganze als „Kabbelei zwischen Landsea und Trenberth", bevor er anfügte, dass es das IPCC abgelehnt hätte, sich in diesen *Disput* einzumischen.

Die Zeitschrift „Science" (von der „American Association for the Advancement of Science" herausgegeben) widmete der Angelegenheit in seiner dreiseitigen Rubrik „News of the Week" ein Drittel einer Seite. Nach dem Urteil der Redaktion verdiente es die Affäre, als letztes erwähnt werden – nach Artikeln über den Zusammenschluss zweier landwirtschaftlicher Forschungsinstitute in Entwicklungsländern, Budgetkürzungen bei der NASA, die Finanzierung wissenschaftlicher Ausbildung im südlichen Afrika und der Ankündigung einer jährlichen Zuwendung von einer Million Dollar an die „Arab Science and Technology Foundation".

Auf der Seite, auf der die Geschichte am Ende erschien, wurde als erstes und auf doppelt so viel Platz über einen Streit in einem Biologielabor der Boston University berichtet.

Der „Science"-Bericht über die Landsea-Affäre begann mit dieser Zeile: „Ein hässlicher Hickhack ist unter Beiträgern zur weltweit wichtigsten Studie zum Klimawandel ausgebrochen." Der nächste Absatz charakterisiert das Ganze als *Rangelei*. Der Artikel brachte auch ein neues Zitat von Pachauri, der wiederholte, den IPCC- Autoren sei „freigestellt, ihre Ansichten zu jedem Thema zu äußern".

Es erstaunt, dass niemand – weder die drei involvierten Autoren noch sonst jemand bei „Science" – eins und eins zusammenzählte, ungeachtet einer Verurteilung am Ende des Artikels. Uns wird dort mitgeteilt, dass Trenberth „seine Ansicht verteidigte, dass sich ändernde Bedingungen in den Ozeanen zu größerer Hurrikanintensität beitragen könnten. ‚Diese Ansicht ist plausibel', meint Hurrikanexperte Kerry Emanuel vom Massachusetts Institute of Technology. Doch die Hurrikanaktivität variiert von Jahrzehnt zu Jahrzehnt so stark, dass ‚**niemand in meinem Fachgebiet glaubt, dass man darin ein Signal erkennen könnte**'" (Hervorhebung hinzugefügt).

Wenn kein einziger Hurrikanexperte glaubt, dass zwischen Hurrikanen und der Erderwärmung eine Verbindung besteht, warum ist es dann für einen hochrangigen IPCC-Autor, der kein Hurrikanexperte ist, in Ordnung, auf einer Pressekonferenz das Gegenteil zu behaupten? Hier geht es nicht um zwei entgegenstehende Denkschulen von Leuten mit etwa dem gleichen Wissensstand. Das ist ein Fall, bei dem jemand ohne Fachwissen öffentlich seine persönliche Meinung direkt über die Medien verbreitet und diese mit dem Verweis auf seine Zugehörigkeit zum IPCC untermauert.

Wie konnte das IPCC zulassen, dass ein solcher Mensch weiterhin verantwortlich für den Abschnitt über Hurrikane ist: ein Gremium, von dem uns gesagt wird, es sei das weltweit führende wissenschaftliche Gremium? Wie konnten seine Verantwortlichen nur so borniert und unprofessionell sein? Haben sie von ihren Müttern nie gehört, dass Respekt nicht befohlen werden kann, sondern verdient werden muss?

Die Medienberichterstattung war zwar vollkommen ungenügend, doch wurde diese Geschichte bekannt. Viele, die mit dem IPCC zu tun haben, wurden auf die Ereignisse aufmerksam. Allerdings erreichten „Science" keine Leserbriefe, die von besorgten Wissenschaftlern unterzeichnet waren, die gegen Trenberths Verhalten protestierten – oder gegen Pachauris und Solomons hochtrabende Antwort. Es gab auch keinen Massenaustritt aus dem IPCC. Meines Wissens kam es zu keinem einzigen Austritt!

Wir lernen daraus etwas Wichtiges, nämlich, wie es um die Urteilsfähigkeit der wissenschaftlichen Gemeinschaft bestellt ist, die von uns erwartet, dass wir dieser genau gleichen Urteilsfähigkeit bei der Frage vertrauen, ob die globale Erwärmung vom Menschen verursacht ist.

Und dieser Vorgang sagt auch Einiges über die zwei Jahre später getroffene Entscheidung aus, das IPCC mit dem Friedensnobelpreis auszuzeichnen. Anscheinend vergibt man diesen Preis heutzutage an moralische Zwerge.

28] Stroh wird zu Gold gesponnen

Im Januar 2005 berichtete „Science“, dass kein einziger Hurrikanexperte einen Zusammenhang zwischen Hurrikanen und dem Klimawandel sehen würde. Bis Mitte 2011, als diese Zeilen niedergeschrieben wurden, haben umfangreiche Forschungen noch immer keinen Zusammenhang gefunden. Obwohl es unwahrscheinlich war, dass sich sämtliche Hurrikanexperten während der Zeit, in der die 2007er Klimabibel geschrieben wurde, in dieser Frage um 180 Grad drehen würden, hat sich das IPCC keineswegs entmutigen lassen, weiterhin von der Bedrohung durch Hurrikane zu schwafeln.

Gewöhnlich bezeichnen Wissenschaftler Hurrikane als Zyklone. Diese wurden nicht nur in Trenberths Kapitel, sondern auch in einem *Dutzend* anderer Kapitel besprochen. Der Grund liegt auf der Hand: Obwohl es den Hurrikanexperten zufolge keine Beweise gibt, dass der Klimawandel zu schlimmeren Zyklonen führt, *glauben* die IPCC-Leute dennoch, dass genau das der Fall ist. Warum? Weil die Klimamodelle dieses Ergebnis zeigen.

Klimamodelle sind eine Ansammlung von Annahmen und gelehrten Vermutungen darüber, wie sich die reale Welt verhält. Falls Sie glauben, dass solche Zirkelschlüsse fast so beängstigend wie ein Zyklon sind: Sie sind nicht allein. Das IPCC-Personal glaubt, Zyklone werden stärker, weil Modelle, die von Leuten programmiert werden, die daran glauben, dass sie stärker werden, ihnen das zeigen.

Die Klimabibel widmet der Diskussion neuerer Klimamodellstudien einen ganzen Abschnitt. Diese würden frühere Simulationen bestätigen, die behauptet hätten, dass „künftige tropische Zyklone“ in einer sich erwärmenden Welt „wahrscheinlich stärker ausfallen würden“. In einem anderen Abschnitt werden die widersprüchlichen Ergebnisse von Versuchen diskutiert, die Aktivität von Zyklonen zu simulieren – ebenso wie die Schwächen der Klimamodelle und die Defizite unseres heutigen wissenschaftlichen Kenntnisstandes.

Dennoch endet der Abschnitt mit der Erklärung, dass menschliche Aktivitäten *„wahrscheinlich eher* zu einer Zunahme der Intensität tropischer Zyklone beigetragen haben *als nicht*“ (Hervorhebung hinzugefügt). Dies ist selbstverständlich eine Meinung. Eine Meinung in scharfem Gegensatz zu denen der echten Hurrikanexperten. Doch die beiden für dieses Kapitel mit dieser Erklärung verantwortlichen Autoren waren Klimamodellierer – und diese haben im Lande IPCC die Macht.

An den drei Stellen in der Zusammenfassung der Zusammenfassungen der Klimabibel, an denen die politischen Führer der Welt darauf hingewiesen wurden, dass die Intensität von Wirbelstürmen nach Meinung des IPCC aufgrund der globalen Erwärmung zunimmt, fehlte der Hinweis, dass Hurrikanexperten dies bezweifeln.[72] Genau das meint der Anwalt Jason Johnston, bekannt durch sein Kreuzverhör, wenn er sagt, dass die Klimabibel eher Meinungsmache ist, als dass sie alle relevanten Fakten präsentiert.

Doch es gibt noch weitere Fälle für die kontroverse Behandlung von Naturkatastrophen durch das IPCC. Roger Pielke Jr. ist Professor für Umweltwissenschaft an der University of Colorado in Boulder. Er meint, dass der vom Menschen verursachte Klimawandel ein Problem ist, und dass wir in Technologien investieren sollten, die unsere Energieversorgung dekarbonisieren. Trotzdem entwickelte er sich in den letzten Jahren zum IPCC-Kritiker.

Pielke verfolgt die Forschung zu Naturkatastrophen sehr genau und meint, dass bisher kein Zusammenhang zwischen menschlichen CO_2-Emissionen und Extremwetterereignissen erkennbar ist. Überflutungen, Dürren und Hurrikane habe es schon immer gegeben. Ein Blick auf längerfristige und größere Zusammenhänge liefere keinen überzeugenden Beweis, dass sie zunähmen oder sich verstärkten.

2009 erklärte ein ernsthaft verärgerter Pielke in einem Blogbeitrag mit dem Titel „Systematic Misrepresentation of the Science

---

[72] Das IPCC diskutiert Zyklone (Hurrikane) an drei Stellen des „Synthesis Report“ – dem „summary of summaries“ („Zusammenfassung der Zusammenfassungen“), zweimal hier: www.ipcc.ch/publications_and_data/ar4/syr/en/spms3.html [5. 10. 2012] und einmal hier: www.ipcc.ch/publications_and_data/ar4/syr/en/mains3-3-5.html [5. 10. 2012].

of Disasters and Climate Change“, er „habe in der Welt der Wissenschaft einige beunruhigende Sachen erlebt“. Die „meisten Betrügereien habe ich in dem Bereich beobachtet, von dem ich ziemlich viel verstehe.“

In seinem Blogbeitrag beschrieb er die immer wieder auffällige miese wissenschaftliche Arbeitsweise von Forschern, die einen Zusammenhang zwischen einem vom Menschen verursachten Klimawandel und Naturkatastrophen entdeckt haben wollten. So würde in der 2001er Klimabibel behauptet, der Klimawandel sei Ursache für einen Teil der Schäden durch aktuelle Naturkatastrophen. Die Quelle dieser IPCC-Behauptung als fadenscheinig zu bezeichnen, wäre jedoch noch freundlich ausgedrückt. Der vom IPCC zur Unterstützung angeführte Beleg war laut Pielke eine nicht fachbegutachtete Studie, die kaum echte Meßwerte lieferte, ohne Beschreibung seiner Methodik daherkam und auch keine soliden Schlußfolgerungen erbrachte.

Die Studie wurde von einer Versicherungsgesellschaft angefertigt. Das ist ein Industriezweig, der dafür steht, durch höhere Prämien davon zu profitieren, wenn sich die Überzeugung durchsetzt, dass der Klimawandel die Ursache vermehrter Katastrophen ist. Weil die Versicherungsbranche nicht neutral ist, sollten informelle Spekulationen in einer ihrer Veröffentlichungen auf keinen Fall mit solider Wissenschaft verwechselt werden.

Demnach hat das IPCC aus Stroh Gold gesponnen. Unter den Augen von IPCC-Autoren wurden aus widersprüchlichen Studien überzeugende wissenschaftliche Beweise gemacht. Es ist beunruhigend, dass einer der Autoren der Versicherungsstudie, Gerhard Berz, zugleich Leitautor des IPCC-Kapitels war, in das diese einfloss. Ein weiterer Beteiligter war Laurens Bouwer, dem wir auf den ersten Seiten dieses Buches schon begegnet sind. Auch er war Leitautor für das Kapitel, obwohl seine Ausbildung noch nicht abgeschlossen war. Er hatte noch nicht einmal seinen Master gemacht.

Seit 2001 haben also IPCC-Offizielle auf der angeblich feststehenden Tatsache bestanden, der durch Emissionen ausgelöste Klimawandel würde die Kosten der Katastrophe in die Höhe treiben. Schlimmer noch, diese IPCC-Behauptung hat sich verselbständigt.

Pielke wies weiter darauf hin, dass in einem in „Science“ 2005 erschienen Kommentar von Evan Mills, einem bei der US-Regierung angestellten Wissenschaftler, eine Verbindung von Klimawandel und Katastrophenschäden hergestellt wurde. „Science“ genießt ein hohes Ansehen, weil man glaubt, die Zeitschrift veröffentlicht ausschließlich qualitativ hochwertige Informationen. Doch aufmerksame Leser bemerkten, dass Mills die 2001er Klimabibel und die Studie der Versicherungsgesellschaft als Hauptquellen zitierte. Damit erweckte er den Eindruck, dass dies a) solide Informationsquellen und b) voneinander unabhängige Beweisketten wären. Seit dieser Zeit gibt es nun einen Text in der fachbegutachteten Literatur, auf den man zur Stützung der Generalaussage verweisen konnte.

Im Juni 2009 wurde dem US-Kongress ein 196 Seiten dicker Bericht über die Auswirkungen des Klimawandels vorgelegt. Auf Seite 7 schrieb John Holdren, Wissenschaftsberater von Präsident Obama, dass der Bericht von einem „Expertenteam von Wissenschaftlern“ erstellt worden sei, die es verdient hätten, für „die außerordentliche Qualität ihrer Arbeit“ belobigt zu werden. Mills war einer der Autoren des Berichts – wie auch James McCarthy (jener frühere IPCC-Funktionär, der an Trenberths Pressekonferenz zu Hurrikanen teilnahm) und Jonathan Overpeck (der Gastreferenten in seine Geologiekurse einlädt, die dafür eintreten, dass die Medien so tun sollen, als gebe es keine Klimaskeptiker). Unter den „auszuzeichnenden Gutachtern“ des Berichts befand sich auch jene Susan Solomon, die Landseas Bedenken strikt zurückgewiesen hatte.

Nach Pielkes Meinung behandelt der Bericht den Mills-Artikel aus „Science“ als „definitive Quelle“ hinsichtlich der Frage von Katastrophenkosten und Klimawandel. Pielke meint, dass in dem Bericht weitere unbegutachtete Arbeiten von Mills erwähnt würden, um seine Argumente zu untermauern. Dagegen würden „relevante fachbegutachtete Forschungsergebnisse, die zu anderen Schlussfolgerungen kommen“, ignoriert. Schließlich meint Pielke, in seinem Lebenslauf würde Mills Beratertätigkeiten für mehr als 30 Organisationen auflisten. Die Tatsache, dass viele dieser Organisationen die Klima- und Energiepolitik der USA beeinflussen wollten, lasse Interessenkonflikte befürchten.

Also hat ein zweifelhaftes Ergebnis, das aus einem Dokument einer Versicherungsgesellschaft stammte, Eingang in die 2001er Klimabibel gefunden. Von dort wanderte es 2005 in die fachbegutachtete Literatur. Bis 2009 wurde es dann in einem Bericht der US-Regierung wie ein Evangelium behandelt. Willkommen in der vertrauenerweckenden Welt der Klimawissenschaft!

Doch Pielkes Kritik ging noch darüber hinaus. Wer glaubt, dass die Hurrikane immer schlimmer werden, verweist gerne auf die Tatsache, dass die Kosten der wirtschaftlichen Schäden in den letzten Jahren immer weiter gestiegen sind. Doch leben heute viel mehr Menschen als früher in Küstennähe, ihre Häuser sind heute größer und teurer! Also fallen die Kosten für die Schadensregulierung nach dem Durchzug eines Hurrikans höher aus.

Dazu Pielke: „Wenn man aus den Katastrophen-Daten Wachstum und Neubauten heraus gerechnet hat – überall, wo man hingeschaut hat, in den USA, in Europa, Asien, Australien, Mittelamerika, Indien“, seien alle zusätzlichen Kosten berechnet und es sei kein Trend zu sehen. Es existiere kein Beleg, dass Treibhausgasemissionen etwas damit zu tun haben. Pielke erklärte weiter, es seien viele fachbegutachtete Arbeiten zu diesem Thema verfaßt worden. Deren Ergebnisse seien „nicht mehrdeutig“.

Zu Pielkes Erschrecken begann der Abschnitt der Zusammenfassung der Klimabibel von 2007 über die Folgekosten von Katastrophen mit dem schwerpunktmäßigen Hinweis auf eine einzige Studie, die das genaue Gegenteil aussagte.

Pielke kannte diese eine Studie, weil sie aus einem Workshop vom Mai 2006 hervorgegangen war, zu dessen Organisation er beigetragen hatte. (Erinnern Sie sich an die schriftliche Versicherung Pachauris, dass sich die Klimabibel von 2007 „auf wissenschaftliche Studien stützte, die *vor* Januar 2006 abgeschlossen worden waren“? Wie erklären wir uns dann die Tatsache, dass diese Studie in den Kapiteln 1, 6 und 7 der Arbeitsgruppe 2 zitiert wurde, obwohl die Frist um mehrere Monate überschritten wurde?)

Auf Pielkes Workshop waren 24 Papiere präsentiert worden, die eine große Spannweite von Analysen und Meinungen abdeckten. Am Ende, nach zwei Tagen Diskussion und Debatte, stimmten die Teilnehmer gemeinsam einer Reihe von Konsenspunkten zu. Dabei erkannten sie an, dass ein Zusammenhang zwischen Sturmschäden und menschlichen Treibhausgasemissionen unmöglich ist – und dass das wahrscheinlich auch so bald nicht möglich sein wird.[73]

Das IPCC hat diesen Konsens ignoriert und stattdessen sein gesamtes Gedankengebäude auf einen speziellen Abschnitt einer einzigen Studie aufgebaut, der etwas anderes besagt. Das IPCC, meint Pielke, hat scheinbar nach allem gegriffen, was es finden konnte, um „eine Behauptung zu untermauern, die von der Breite der Fachliteratur ganz einfach nicht gestützt wird". Das IPCC versuchte Pielkes Worten zufolge, die „robusten Aussagen der gesamten Fachliteratur über den Haufen zu werfen, indem es eine einzelne, nicht fachbegutachtete Studie schwerpunktmäßig hervorhob."

Doch es gab noch mehr Schwindeleien. Denn da war noch die Sache mit der geheimnisvollen Grafik. Als Pielke diese Grafik Anfang 2007 zum ersten Mal auf seinem Blog unter die Lupe nahm, überschrieb er seinen Beitrag mit „Das ist einfach peinlich". Er schrieb: „Ich war bisher grundsätzlich IPCC-Unterstützer, doch jetzt muss ich einräumen, wenn es so schlampig und unverantwortlich in einem Teilbereich des Klimawandels, von dem ich etwas verstehe, vorgeht, warum sollte ich ihm dort vertrauen, wo ich kein Experte bin?"

Die Grafik zeigt zwei Linien – eine für den Temperaturverlauf und die andere für die Höhe der Katastrophenkosten. Beide wiesen leicht nach oben. Die Bildunterschrift begann so: „Ein Literaturbeispiel aus einer Studie [...]." Danach wurde die eine Studie zitiert, auf die zu stützen sich das IPCC entschieden hatte.[74]

Doch so eine Grafik existierte in der Studie, auf die man sich bezog, überhaupt nicht. Pielke sagte, er wäre schockiert und zugleich sehr verwundert gewesen, dass etwas derart Falsches in der Klimabibel gelandet war. Sofort und ohne besonders viel nachzudenken erkannte er mindestens sieben ernsthafte Probleme.

---

[73] Das Konsens-Statement von Pielkes Workshop vom Mai 2006 findet sich hier: http://cstpr.colorado.edu/sparc/research/projects/extreme_events/munich_workshop/summary_report.pdf [6. 10. 2012]. Im Punkt 11 auf Seite 5 heißt es u. a.: „Es ist immer noch nicht möglich, den Anteil der Schadenszunahme, die dem Klimawandel zugeordnet werden könnte, zu bestimmen." Punkt 13 auf Seite 6 besagt u. a.: „In der nahen Zukunft wird der quantitative Beitrag (Attribution) des auf Emissionen zurückzuführenden Klimawandels zu den Trends bei Verlusten durch Stürme und Überflutungen kaum eindeutig zu beantworten sein."

[74] Die mysteriöse Grafik findet sich hier (am Ende von S. 4): www.ipcc.ch/pdf/assessment-report/ar4/wg2/ar4-wg2-chapter1sm.pdf [6. 10. 2012].

Es sollte noch drei Jahre dauern, bis Pielke das Geheimnis des Ursprungs der Grafik vollständig enträtselt hatte. Dabei sollte er auf den kanadischen Klimamodellierer Francis Zwiers stoßen, der in seiner Eigenschaft als IPCC-Fachgutachter eine vom IPCC gemachte Behauptung zu den Hurrikanen infrage gestellt hatte. Dabei hatte das IPCC Zweifel an drei von Pielkes Fachaufsätzen geäußert. Zwiers ist für seine Forderung zu bewundern, dass das IPCC eine Begründung liefern sollte, falls es die Ergebnisse dieser Aufsätze zurückwies. „Was meint Pielke dazu?", fragte Zwiers.

Aufzeichnungen belegen, dass ein nicht identifizierter Autor jenes Kapitels antwortete: „Ich glaube, Pielke wird zustimmen, dass die Einbeziehung von 2004 und 2005 das Potenzial hat, seine früheren Schlussfolgerungen zu ändern [...]". Doch niemand hatte sich tatsächlich die Mühe gemacht, Pielke zu fragen. Ihm zufolge „erfand das IPCC einfach eine irreführende und falsche Antwort bezüglich meiner Ansichten. Das ist nicht gut."

Einer von Pielkes Blog-Lesern begann, die Kommentare anderer Fachgutachter dieses Kapitels durchzusehen. Er schrieb in einem Kommentar, dass eine frühere Version anscheinend eine andere Grafik enthielt – die von Fachgutachtern kritisiert worden war. Die Autoren des Kapitels reagierten offenbar auf diese Kritik, indem sie die Grafik durch eine andere ersetzten.

Im Februar 2010 gab schließlich ein Beitragender Autor des Kapitels zu, dass er die neue Grafik „informell" gezeichnet hätte.

Pielke dazu: „Das IPCC hat eine Grafik erstellt, die in der fachbegutachteten oder in der grauen Literatur gar nicht existiert hatte, um eine Beziehung zwischen steigenden Temperaturen und zunehmenden Katastrophenschäden nahezulegen."

Vom IPCC wird die Sichtung der *existierenden* wissenschaftlichen Literatur erwartet. Mit der Entscheidung, die geheimnisvolle Grafik hinzuzufügen, verfälschte es die Befunde.

Cynthia Rosenzweig war eine der beiden Leiter des Kapitels, bei dem das passierte, und war im IPCC alles andere als eine unbedeutende Mitspielerin. Die NASA-Klimamodelliererin hatte während der Vorbereitung der 2007er Klimabibel sechs verschiedene Funktionen inne. Mit anderen Worten, sie war Mitglied des, wie ich ihn nenne,

IPCC-Insider-Clubs. Der australische Meteorologe David Karoly war ebenfalls ein Leitautor dieses Kapitels. Auch er trug sechs Hüte.

Erfundene Meinung, gefälschte Belege. Das Kapitel, in dem das IPCC Naturkatastrophen abhandelte, war keine Arbeit, die dem Goldstandard Rechnung trug. Sub-Standard wäre zutreffender. Das stellt mit Sicherheit die zahlreichen weiteren Abschnitte der Klimabibel infrage, an denen Rosenzweig und Karoly beteiligt waren.

29] Ausschneiden und Einfügen am PC

Die Arbeit des IPCC wird häufig als „Literatursichtung" bezeichnet. Doch werden die IPCC-Berichte Sachstandsberichte genannt, weil von deren Autoren erwartet wird, dass sie sich mit der gesamten existierenden Fachliteratur vertraut gemacht haben, bevor sie zusammenfassen, was dort ausgesagt wird. Das ähnelt in gewisser Weise dem Vorgehen bei einer Gerichtsverhandlung. Nach der Anhörung der verschiedenen Versionen des Tathergangs entscheidet die Jury, welche davon die wahrscheinlichste ist.

In seinem Buch von 2008 erklärte der kanadische Klimamodellierer Andrew Weaver: „Das Verfassen der IPCC-Sachstandsberichte ist zweifellos der intensivste und strengste wissenschaftliche Prozess, an dem ich je beteiligt war."

Doch der bloße Fakt, dass Wissenschaftler teilnehmen, macht einen Prozess nicht wissenschaftlich. Nur wenige würden die Tätigkeit eines Gerichts als *wissenschaftlich* bezeichnen. In beiden Fällen werden Beweise untersucht und bewertet. Das Endergebnis hängt von der guten oder schlechten Urteilsfähigkeit der Beteiligten ab.

Bei Gericht haben beide Seiten die Möglichkeit, Geschworene abzulehnen, die vielleicht doch nicht nach allen Seiten offen sind. Bei einer Verhandlung über einen Fall mit einer Fast-Food-Kette sollte kein Mitarbeiter der Firma in der Jury sitzen. Auch sollten keine Verbraucheranwälte dabei sein, deren Organisation die Kette seit Jahren kritisiert hat. Das Ziel ist ein fairer Prozeß, bei dem Menschen ohne vorgefaßte Meinung beteiligt sind.

Als das IPCC entschied, über von Moskitos übertragbare Krankheiten zu schreiben, fiel das Ergebnis Paul Reiter zufolge „amateurhaft" aus. Was nahe legt, dass – anstelle von auf einer systematischen Untersuchung der gesamten vorliegenden Fachliteratur basierenden Schlußfolgerungen – vorgefasste Meinungen auf Seiten der IPCC-Autoren ihren Weg in den Text fanden.

Es gibt tatsächlich gute Gründe anzunehmen, dass genau das passiert ist. In den frühen Jahren des IPCC wurden Kapitel meist von einer Person geleitet, nicht von zwei.[75] Für das Gesundheitskapitel der ersten Klimabibel zuständig war in dieser Eigenschaft ein australischer Epidemiologie-Professor namens Anthony McMichael.

Einer Biografie von 2001 zufolge decken McMichaels Forschungsinteressen einen großen Themenbereich ab – geistige Gesundheit, Berufskrankheiten, der Zusammenhang zwischen Ernährung und Krebs sowie Umweltepidemiologie. In den späten achtziger Jahren war er Mitautor eines Bestsellers über „eine gesündere Lebensweise". Darin ging es um Ernährung und physische Fitness.

Aus dieser Biografie wissen wir, dass McMichael erst „während der neunziger Jahre" ein „starkes Interesse" an den Gesundheitsrisiken entwickelte, die mit globalen Umweltveränderungen in Verbindung gebracht werden. Warum also wurde in den frühen 1990er Jahren unter all den Experten, die weltweit vom IPCC für die Leitung des Kapitels über die mögliche Auswirkungen des Klimawandels auf die menschliche Gesundheit hätten ausgewählt werden können, ausgerechnet McMichael ausgewählt?

Ich vermute, dass das mehr mit einem anderen Buch aus der Feder McMichaels zu tun hatte – es ist 1993 erschienen, unter dem Titel „Planetary Overload: Global Environmental Change and the Health of the Human Species" („Planetare Überlast: Globale Umweltveränderungen und die Gesundheit der menschlichen Spezies"). Die zentrale These des Buches ist, dass die menschlichen Aktivitäten das Ökosystem der Erde unterminieren. Tenor und Analyse entsprechen Hunderten anderen Umwelttraktaten, die während der letzten Jahrzehnte veröffentlicht worden sind.

McMichael erklärt darin, dass „Menschen nicht ohne die Natur leben können, außerhalb des großen Netzes des Lebens". Es ärgert ihn, dass wir zu entfernt „von den Rhythmen der natürlichen Systeme" sind. Er hält die Umweltverschlechterung für „ein noch nie da

---

[75] In der Frühzeit des IPCC hießen die Kapitel-Verantwortlichen statt „coordinating lead authors" „convening lead authors". Die alte Bezeichnung wird immer noch von denen benutzt, die früher mit dem IPCC zusammengearbeitet haben.

gewesenes moralisches Problem“ und meint, die Bewohner reicher Länder führten ein verschwenderisches „ökologisch verzerrtes Leben“.

McMichaels Sprache entspricht nicht der zurückhaltenden Art, wie sie von leidenschaftslosen Wissenschaftlern gepflegt wird. 1993 sprach er nicht davon, es gebe die Befürchtung, Kohlendioxid *könnte* eventuell „verschiedene natürliche Zyklen der Biosphäre“ stören. Er verkündete selbstbewußt, dass dies der Fall ist. Wie Rajendra Pachauri und Edward Goldsmith glaubt McMichael, dass die Umweltveränderungen eine umfassende „Umstrukturierung unserer sozialen Werte“ erfordern würden.

Mit anderen Worten, „Planetary Overload“ ist kein wissenschaftliches Buch. Es ist eine Polemik – ein Aufforderung, die Welt durch die öko-alarmistische Brille des Autors zu sehen. McMichaels Brotberuf hat etwas mit öffentlicher Gesundheit zu tun, doch bezüglich der meisten Themen seines Buches besitzt er keinerlei Fachwissen.

Er hat selbstverständlich ein Recht auf seine persönliche Meinung. Doch war er die beste Wahl, um ein IPCC-Kapitel zu leiten? Formulieren wir die Frage anders: Wenn man gezielt etwas herausstellen möchte, sicherstellen, dass eine bestimmte Sichtweise im Gesundheitskapitel der Klimabibel vorherrscht, wäre dann nicht jemand mit Ansichten wie McMichael der perfekte Kandidat?

Eine gerade Linie führt von dem, was McMichael bereits 1993 in seinem Buch geschrieben hatte, zu dem, was die 1995er Klimabibel der Welt zu Gesundheitsthemen erklärte. „Planetary Overload“ befindet sich nicht auf dem 182 Titel umfassenden Quellenverzeichnis am Ende des Gesundheitskapitels. Das ist sonderbar, wurden doch ganze Passagen dieses Buches direkt in die Klimabibel übertragen. Meine Recherche hat ergeben, dass in 11 Fällen Textpassagen in beiden Dokumenten fast identisch sind.[76]

Man vergleiche zum Beispiel diese beiden Passagen:

---

[76] Alle elf sind hier aufgeführt: https://docs.google.com/document/d/1YBo0Tk1A20Y97MjmFhekjME9SM3800Yi1lRIrxfH7Rk/edit?hl=en_US [6. 10. 2012]. Das vollständige 1995er Gesundheitskapitel ist hier verfügbar: http://nofrakkingconsensus.files.wordpress.com/2010/08/1995-ipcc-report-health-chapter.pdf [6. 10. 2012].

McMichaels Buch von 1993, Seite 154:
„In Ostafrika würde ein relativ kleiner Temperaturanstieg im Winter es der Malariazone ermöglichen, sich ‚aufwärts' auszudehnen und die großen städtischen Populationen auf dem Hochland zu befallen, die derzeit für Moskitos wegen der kühleren Temperaturen auf größerer Höhe unerreichbar sind – z. B. Nairobi (Kenia) und Harare (Zimbabwe). Tatsächlich würden solche Populationen weltweit, derzeit gerade noch außerhalb der Gebiete mit endemischer Malaria liegend, einen ersten Beweis für klimabezogene Verschiebungen beim Auftreten dieser Krankheit liefern."

Bericht der Arbeitsgruppe 2 der 1995er Klimabibel, Seite 574:
„Daher ist die Vorhersage plausibel, dass in Ostafrika ein relativ kleiner Temperaturanstieg im Winter das Malaria-Habitat ausdehnen und somit *faciparum malaria* ermöglichen könnte, über die normale Höhengrenze von 2.500 m hinaus in die großen malariafreien urbanen Hochland-Populationen zu gelangen, z. B. Nairobi in Kenia und Harare in Zimbabwe. Tatsächlich würde die weltweite Überwachung solcher Populationen, derzeit gerade noch außerhalb der Grenzen stabiler endemischer Malaria liegend, einen ersten Beweis für klimabezogene Verschiebungen beim Auftreten von Malaria liefern."

Was das IPCC über Malaria in Ostafrika behauptete, war genau das, was in McMichaels Buch steht – mit ein paar zusätzlich eingefügten Wörtern. Anstatt die äußerst umfassende Literatur zur Malaria zu sichten, verfaßt von Experten, die der detaillierten Erforschung dieser Krankheit ihr Leben gewidmet haben, plapperte dieses IPCC-Kapitel einfach McMichaels polemische Ansichten nach.

Das war Problem Nummer eins. Problem Nummer zwei ist die Tatsache, dass der entsprechende Absatz der Klimabibel Fehler enthält. So liegt Nairobi beispielsweise 1.660 Meter über dem Meer – weit unter der vom IPCC unterstellten Grenze von 2.500 Metern. Im Gegensatz zur Behauptung des IPCC, dass die Malaria aufgrund des Klimawandels für Nairobi etwas Neues sei, wurde die Stadt (die in einem Sumpfgebiet entstand) von dieser Krankheit seit ihrer Gründung 1896 bis in die 1950er Jahre geplagt.[77]

Harare in Zimbabwe liegt nur 1.500 Meter über dem Meer – volle 1.000 Meter tiefer als sie laut Klimabibel liegen müsste.

Wie Paul Reiter in seiner Anhörung vor dem britischen Oberhaus 2005 ausführte, hatte das IPCC bereits 1995 beschlossen, dass der Klimawandel für die Ausbreitung der Malaria verantwortlich gemacht werden sollte. Der einzige Beleg für diese These war jedoch ein von Nichtfachleuten geschriebener Artikel, der in einer populärwissenschaftlichen Zeitschrift veröffentlicht worden war.[78] Das stimmt: Ein einziger nicht fachbegutachteter Zeitschriftenartikel genügte dem IPCC dafür als Beweis.

Es ist das gleiche Phänomen, über das sich Roger Pielke Jr. im vorangehenden Kapitel beschwert hatte. Anstatt die Ansichten der glaubwürdigen Experten und die Ergebnisse einer großen Zahl wissenschaftlicher Arbeiten wiederzugeben, betreibt das IPCC skandalöserweise pure Manipulation. Im Ergebnis hat das von ihm der Öffentlichkeit präsentierte Bild wenig Bezug zur Wirklichkeit.

Reiter kritisierte auch, dass bei der Erörterung der moskitoübertragenen Krankheiten in der Klimabibel vieles aus Vorhersagen stammte, die durch Computermodelle generiert wurden. Diese Vorhersagen, meinte er, „basierten auf einem höchst simplistischen Modell“, das für ganz andere Zwecke entwickelt worden war. Trotzdem erklärte das IPCC, dass Modellprojektionen zufolge der Anteil der von Malaria bedrohten Weltbevölkerung in der zweiten Hälfte des 21. Jahrhunderts von 45 Prozent auf 60 Prozent steigen würde.

An dieser Stelle ist der Hinweis notwendig, dass Polen von der Weltgesundheitsorganisation (WHO) erst 1967 für malariafrei erklärt wurde, die Niederlande 1970. In großen Teilen der Welt wurde die Malaria während des 20. Jahrhunderts ausgerottet. Ungeachtet dieses klaren historischen Trends will uns das IPCC weismachen,

---

[77] Zu Malaria im historischen Kontext vgl. Fn. 23.

[78] Die Webseite des „American Scientist“ beschreibt sich selbst als „zweimonatlich erscheinende Illustrierte über Wissenschaft und Technologie“. Es ist keine Fachzeitschrift und es findet keine Peer Review statt. Bei dem diskutierten Artikel handelt es sich um: Levins, R., T. Awerbuch, U. Brinkman, I. Eckhardt, S.R. Epstein, N. Makhoul, C. Albuquerque de Possas, C. Puccia, A. Spielman, and M.E. Wilson, 1994: The emergence of new diseases. American Scientist 82, pp. 52-60.

dass der Anteil der Menschen mit Malariarisiko während des 21. Jahrhunderts *zunehmen* würde.

Reiter zufolge wurde die Malaria durch das IPCC „faktenarm, vorurteilsbehaftet und wissenschaftlich unannehmbar" abgehandelt. Doch die Medien waren nicht in der Lage, das zur Kenntnis zu nehmen. Sie verbreiteten nicht nur die Behauptung des IPCC, dass der Klimawandel zur Ausbreitung der Malaria führen würde, sie entstellten die Fakten noch weiter.

Die britische Zeitung „The Independent" erklärte die Malaria fälschlicherweise zur Tropenkrankheit und verkündete im Oktober 1995: „Unter den 2.000 führenden Meteorologen der Welt und weiteren, vom IPCC konsultierten Experten besteht Konsens darüber, dass sich Tropenkrankheiten immer mehr in gemäßigte Temperaturzonen ausbreiten werden [...]."

Tatsächlich haben nur 21 Personen an dem Kapitel mitgewirkt, das Moskito-übertragene Krankheiten behandelte. 2.000 Wissenschaftler haben dieses Thema nicht einmal *diskutiert*, von einem Konsens ganz zu schweigen.

30] Die Lenkung der Gesellschaft

Anthony McMichaels Leitung des Gesundheitskapitels von 1995 war nur der Beginn der IPCC-Karriere dieses Professors für Öffentliche Gesundheit. Während der Planungsphase der 2001er Klimabibel führte das IPCC die Praxis ein, einem Leitautor (damals noch „convening author") aus der industrialisierten Ersten Welt einen ebensolchen aus der Dritten Welt an die Seite zu stellen. McMichael wurde erneut mit der Leitung des Gesundheitskapitels betraut, zusammen mit Andrew Githeko, einem Forscher aus Kenia.[79] Als die Zeit für die nächste Aktualisierung der Klimabibel reif war, die 2007 herauskam, wurde McMichael zum dritten Mal ausgewählt, wenn auch für eine kleinere Rolle.

Öffentliche Gesundheit ist ein Zweig der Medizin, der seit langem mit Kreuzzüglern in Verbindung gebracht wird, die darüber meckern, was man ißt und trinkt und wie viel man wiegt. Daran sollte man denken, bevor man sich mit den anderen Mitwirkenden am Gesundheitskapitel von 1995 befaßt – einem Dokument, von dem Paul Reiter meint, es sei verantwortlich für die weite Verbreitung völlig irriger Ideen über Malaria und Klimawandel. Er kämpft bis heute dagegen an.

---

[79] Andrew Githeko erlangte seinen PhD in medizinischer Entomologie laut der Vita am Ende dieses Dokuments 1992 an der Liverpool School of Tropical Medicine: http://idl-bnc.idrc.ca/dspace/bitstream/10625/44031/1/130440.pdf [9. 10. 2012]. 1999 wurde er einer der höchstrangigen Autoren der Klimabibel. Auf einer Linked-In-Seite vom September 2011 wird er als: „NOBEL LAUREAT Climate CHange" [sic] bezeichnet: http://www.webcitation.org/61uf3wUI8 [9. 10. 2012]. Ich habe auf meiner Seite ausgeführt, warum ich glaube, dass der Nobel-Preis durch die Verleihung an das IPCC entwertet wurde: http://nofrakkingconsensus.com/2011/01/19/the-uses-and-abuses-of-a-nobel-prize/ [9. 10. 2012], http://nofrakkingconsensus.com/2011/01/20/ipcc-nobel-laureates-lack-scientific-credibility/ [9. 10. 2012], http://nofrakkingconsensus.com/2011/01/24/all-for-a-nobel-cause/ [9. 10. 2012], http://nofrakkingconsensus.com/2011/05/06/slivers-of-the-nobel-pie/ [9. 10. 2012].

Neben McMichael gab es neun weitere Leitautoren. Jonathan Patz wurde schon früher erwähnt. Er qualifizierte sich 1987 als Arzt und erlangte 1992 seinen Master in Öffentlicher Gesundheit. Einem Profil aus dem Jahr 2007 zufolge war Patz früher Hausarzt und glaubt, „je weiter man die Kausalkette einer Krankheit hinauf verfolgen kann, je mehr Menschen kann man davor bewahren, krank zu werden".

Erlauben Sie mir eine kurze Abschweifung: Ende der 1990er Jahre waren die Medien voll mit Geschichten über den Jahr-2000-Programmfehler, der zu Beginn des Jahres 2000 katastrophal zuschlagen würde. In der Zeitschrift „Newsweek" erschien 1997 beispielsweise die Schlagzeile „Der Tag, an dem sich die Erde abschaltet" („The Day the World Shuts Down"). 1998 erschien dort ein weiterer Artikel, in dem unter anderem diese Zeilen standen:

„Mark Andrews, ein Arzt aus San Diego, war wegen der bevorstehenden Katastrophe so besorgt, dass er seine Praxis schloss, mit seiner Familie auf eine Farm in einem südwestlichen Bundesstaat zog und von dort aus begann, überall auf dem Land darüber zu referieren, wie man sich auf den Jahr-2000-Fehler vorbereiten könnte. ‚Mir war klar geworden, dass ich mehr Leben retten könnte, wenn ich die Leute dazu bringe, für den Notfall zu planen', sagte er."

Mir kommt es so vor, als bestehen zwischen Ärzten wie Andrews und Ärzten wie Patz Parallelen.[80]

Im Jahre 1995 erschien die vermutlich erste Studie von Patz. Darin ging es um postoperative Gesundheitsrisiken. Das bedeutet, dass er nur zwei Jahre nach seinem Master-Abschluß, ohne eine einzige relevante Veröffentlichung – warum, ist unklar – zum IPCC-Leitautor berufen wurde. Beim Gesundheitskapitel der Klimabibel von 2001 war er wieder Leitautor. Danach, bei der Ausgabe von 2007, agierte er, seltsamerweise, als Leitautor des Kapitels zu Nordamerika.

Patz wird heute als „UNO-IPCC-Wissenschaftler" beschrieben.[81] Doch in Interviews klingt er mehr wie ein Aktivist. In seinem Profil von 2007 wird er so zitiert: „Davon ausgehend, dass die meisten

---

[80] Vgl. dazu den Exkurs am Ende dieses Kapitels.

[81] Der Arzt Jonathan Patz wird bei Youtube als „UN-IPCC-Wissenschaftler" bezeichnet: www.youtube.com/watch?v=yf8i9V8AQUs&feature=related [12. 10. 2012]. Ein Seite der University of Wisconsin-Madison mit der Vita von Patz enthält das Video, verlinkt darauf und wiederholt so die Behauptung vom „UN-IPCC-Wissenschaftler".

Entwicklungsländer unter schwerwiegenden Infektionskrankheiten und Hunger leiden, was vor allem mit dem Klima zusammenhängt, sind diese Länder am meisten von der von uns in der industrialisierten Welt verursachten Erderwärmung betroffen. Das ist ein riesiges ethisches Problem. Man könnte auch sagen, dass unsere Energiepolitik indirekt **Krankheiten** in andere Weltgegenden **exportiert**."[82]

Hungersnöte und Krankheiten haben die Menschen seit je heimgesucht. Manchmal hängen sie mit dem Klima zusammen, manchmal nicht. In den 1950er Jahren war es die Politik der chinesischen Regierung und nicht das Klima, die schätzungsweise 20 Millionen Hungertote verursachte. Reiter weist darauf hin, dass die Malaria in Shakespeares Dramen dreizehnmal erwähnt wird. Wer glaubt, die moderne, wohlhabende Welt ist am *Export* der Malaria in die Entwicklungsländer schuld, liegt ganz und gar daneben.

Wie so viele Umweltaktivisten glaubt Patz, dass wir „ganz dringend unsere Abhängigkeit von fossilen Treibstoffen beenden müssen" und dass wir „natürliche Ressourcen auf nicht nachhaltige Weise aufbrauchen". Er hat ein Recht auf seine Meinung. Doch die wichtige Frage lautet: Wenn die Klimabibel dazu gedacht ist, dass sich Regierungen, Abgeordnete, Richter und Journalisten darauf berufen sollen, sollte sie dann nicht durch nüchterne, leidenschaftslose Fachleute erstellt werden, statt von Leuten, deren Analyse sich nicht von der von Greenpeace unterscheidet?

In den letzten Jahren hatten diverse von Patz' Studien einen Ko-Autor, der ebenfalls Arzt war und der – Sie ahnen es – ebenfalls einen Master in Öffentlicher Gesundheit hält. Sein Name ist Paul Epstein. Vielleicht erinnern Sie sich, dass er einer von denen war, die 2004 an Trenberths Pressekonferenz zu Hurrikanen teilnahmen. Davor war er 1995 Leitautor des ersten Gesundheitskapitels der Klimabibel. Immerhin hatte Epstein anders als Patz vor seiner Mitarbeit beim IPCC viele Artikel veröffentlicht.

Doch hier muss ein wichtiges Warnschild gesetzt werden. Epstein schrieb weniger als Forscher, dessen Studien vertieftes Spezialwissen vermitteln, sondern eher wie ein Medizinjournalist. Die von ihm veröffentlichten Arbeiten vor der 1995er Klimabibel behandelten eine

[82] Hervorhebung hinzugefügt.

Vielzahl von Themen, von Gesundheitsproblemen in Nikaragua über kurdische Flüchtlinge bis hin zu sowjetischen Nuklearunfällen.[83]

Und der Zeitschriftenartikel von wissenschaftlichen Laien, in dem behauptet wurde, dass sich die Malaria bereits durch den Klimawandel ausgebreitet hätte? Epstein war einer der Autoren. Zufällig war er aber auch einer von denen, die im Namen des IPCC entschieden, dass dies eine gesicherte wissenschaftliche Erkenntnis ist.[84]

2008 schrieb Epstein einen Leitartikel in einer medizinischen Fachzeitschrift unter der Überschrift: „Fossile Treibstoffe, Allergien und viele andere Krankheiten" („Fossil fuels, allergies and a host of other ills"). Wo er die vorgeschobene vorsichtige wissenschaftliche Argumentationsweise verließ, verlor er sich in hemmungslosem politischen Aktivismus: „Aus sozialen, ökologischen und gesundheitlichen Gründen müssen wir uns von fossilen Treibstoffen freimachen [...]. Bei der Abkehr von fossilen Treibstoffen müssen grundlegende Entscheidungen getroffen werden. Die Berufe im Bereich der Öffentlichen Gesundheit haben eine Schlüsselrolle zu spielen [...]. Wir können Politikern und der Industrie helfen, wohlbegründete Entscheidungen zu treffen [...]. Wir dürften jetzt in der Lage sein, **die Gesellschaft** auf einen Weg hin zu einer gesunden und nachhaltigen Energiezukunft **umzusteuern.**"[85]

Wieder einmal sehen wir daher, dass einem früheren Leitautor des IPCC-Gesundheitskapitels nicht nur der umfassende Sachverstand eines Reiter fehlt, sondern er die Welt auch übertrieben stark

---

[83] Beispiele für Epsteins publizistische Aktivitäten: Folgen des Krieges in Nikaragua für die Gesundheit (The Lancet, 29. 6. 1985), Gesundheitseinrichtungen in Nikaragua im Fadenkreuz (ebd., 12. 10. 1985), Quecksilbervergiftungen (ebd., 1. 6. 1991), kurdische Flüchtlinge (Journal of the American Medical Association, August 1991), Armut und Erkrankungen der Atemwege (Seminars in Respiratory Infections, December 1991), Seuchen und Armut (American Journal of Preventative Medicine, Juli/August 1992), Sowjetische Nuklearunfälle vor Tschernobyl (The Lancet, 6. 2. 1993), Cholera in Westafrika (ebd., 3. 1. 1998), pathogene Pflanzen in Ostafrika (ebd., 21. 2. 1998), West-Nil-Virus und Klima (Journal of Urban Health, Juni 2001), Krankheiten durch Schwimmen (Environmental Health Perspectives, Juli 2001), Herausforderungen für die US-Trinkwasserproduktion im 21. Jahrhundert (ebd., Februar 2002), globale Probleme bei der medizinischen Ausbildung (The Lancet, 23. 2. 2002), AIDS in Africa (ebd., 2. 11. 2002), Klimawandel und kindliche Gesundheit (Ambulatory Pediatrics, Januar 2003).

[84] Dabei handelt es sich um den in Fn. 75 zitierten Aufsatz von Levins, R. et al., der vom Gesundheitskapitel der Klimabibel von 1995 zitiert wurde. Einer der Leitautoren war Paul Epstein. Vgl. http://nofrakkingconsensus.files.wordpress.com/2010/08/1995-ipcc-report-health-chapter.pdf [13. 10. 2012].

[85] Hervorhebung hinzugefügt.

durch die Aktivistenbrille sieht. Epstein selbst hat zugegeben, dass er glaubt, es sei die Aufgabe von seinesgleichen, die *Gesellschaft* auf einen bestimmten Weg zu *steuern.*

Damit sind wir schließlich bei Alistair Woodward – einem neuseeländischen Professor, der sein Berufsleben ebenfalls als Arzt mit einer Ausbildung im Bereich Öffentliche Gesundheit begann. Er ist Doktor der Epidemiologie und Leiter der „School of Population Health“ (Schule für Volksgesundheit) der University of Auckland.

Woodward war bei allen Gesundheitskapiteln des IPCC dabei. Gegenwärtig leitet er dieses Kapitel für die kommende 2013er Klimabibel.[86]

Vor rund 20 Jahren, 1994, veröffentlichten Anthony „cut-and-paste“ McMichael und Woodward gemeinsam eine Studie. Darin vertraten sie die These, „noch radikaler sozialer Wandel“ sei unabwendbar, selbst wenn die Effizienz fossiler Treibstoffe gesteigert und die Verschmutzung technologisch verringert würde.

Es gibt natürlich keinen Grund zu glauben, dass die Welt so umgestaltet werden kann, dass grüne Aktivisten zufrieden gestellt wären. Völker, bei denen versucht wurde, radikale Änderungen von oben nach unten durchzusetzen, haben Ozeane von Blut erlebt. Menschliche Gesellschaften sind organisch. Sie entwickeln sich allmählich aus sich heraus. Versuche, diese Entwicklung zu planen, sind zu kläglichem Scheitern verurteilt.

Die Idee, dass die Menschen ihre Lebensweise dramatisch verändern, nur weil grüne Aktivisten das für richtig halten, gehört ins Reich der kindlichen Fantasien. Mit den Worten von Roger Pielke Jr.: „Die große Mehrheit der Menschen möchte sich keine Änderung ihrer Lebensweise verordnen lassen“. Viele kommen kaum damit zurecht, so wie es ist. Sie haben Mühe, ihre Rechnungen zu bezahlen, ihren Kindern Chancen zu eröffnen und sich um die Älteren und Behinderten zu kümmern. In demokratischen Gesellschaften wird eine

[86] Bei der 1995er Klimabibel war Woodward ein Beitragender Autor (vgl. Fn. 81 unten). Danach war er Prüflektor der 2001er Ausgabe und Leitautor der 2007er Ausgabe, vgl. www.ipcc.ch/publications_and_data/ar4/wg2/en/ch8.html [13. 10. 2012]. Obwohl es derzeit noch eine zweite Koordinierende Leitautorin gibt, die amerikanische Mikrobiologin Rita Colwell, ist sie offenbar neu beim IPCC-Process dabei. Woodward wird daher dort als Veteran sicher den Ton angeben. Zu Colwell vgl. http://www.cbcb.umd.edu/~rcolwell/ [13. 10. 2012].

politische Partei, die sich für *radikalen sozialpolitischen Wandel* einsetzt, selten wiedergewählt. Das ist die Realität.

Sind Woodward Ansichten in den letzten beiden Jahrzehnten gereift? Hat er seine grüne Brille abgelegt, ist er moderater geworden? Kann man von diesem Mann, der jetzt das Gesundheitskapitel koordiniert, erwarten, dass er eine neutrale, vorurteilslose, auf wissenschaftlichen Fakten anstatt auf Umweltaktivismus beruhende Bewertung des Sachstandes abliefert?

Im Juli 2011 wurden auf der Webseite mit Woodwards akademischer Vita zehn Veröffentlichungen aufgeführt, bei denen er Autor oder Mitautor war. Alle stammen von 2009, die Hälfte davon befaßt sich mit Klimawandel. In der ersten, im Februar veröffentlichten Studie ging es um die Bepreisung von Kohlenstoff. Das hat nur wenig mit Wissenschaft oder Medizin zu tun. In der Schlussfolgerung der Studie wird erklärt, „falls der Klimawandel nicht durch rechtzeitige *zentrale Regierungsmaßnahmen eingedämmt* wird, dann wird es weltweit zu Opfern durch Krankheiten kommen."[87]

Die letzten drei Absätze sind nichts anderes als politische Parolen. Angestellte des Gesundheitssektors sollten „Aktionen gegen den Klimawandel" diskutieren, dazu auffordern und unterstützen. Sie sollten ihre Ansichten einem Komitee bekannt geben, das das neuseeländische Emissionshandelssystem überprüfte. Sie sollten „global mit anderen Angestellten des Gesundheitssektors verbünden", um den UN-Klimagipfel von Kopenhagen aktiv vorzubereiten.

Dass so etwas vom „New Zealand Medical Journal" abgedruckt worden ist, erstaunt. Doch das war leider nur der Anfang.

Acht Monate später veröffentlichte das gleiche Journal noch mehr politischen Schmalz. Woodwards Name tauchte als zweites in einer Liste von 26 Ko-Autoren auf, von denen die meisten im Öffentlichen Gesundheitswesen arbeiten. Im Text heißt es, dass Neuseeland „seine Treibhausgasemissionen bis 2020 halbieren" sollte. Und, „um das Risiko eines *katastrophalen* Klimawandels zu reduzieren, könnten noch tiefere Einschnitte erforderlich sein".[88]

Hier muss man noch einen Meinungsartikel erwähnen, der 2006 von einem prominenten englischen Klimaforscher für die BBC ge-

[87] Hervorhebung hinzugefügt.
[88] Hervorhebung hinzugefügt.

schrieben wurde. Als Direktor des „Tyndall Centre for Climate Change Research“ glaubt Mike Hulme, dass menschliche Aktivitäten mit dem Klimawandel zu tun haben – und dass dagegen etwas unternommen werden muss. Doch noch drei Jahre vor dem hier genannten Woodward-Papier kritisierte er, wie Aktivisten das Thema verzerrten: „Das Gerede von der Katastrophe ist nicht die Sprache der Wissenschaft [...]. Die Aussage, dass der Klimawandel ‚katastrophal‘ werden wird, verschleiert eine Kaskade wertebeladener Annahmen, die nicht aus der empirischen oder der theoretische Wissenschaft stammen.“ Dabei wies er darauf hin, dass die Tendenz, sich auf eine „Sprache der Angst, des Schrecken und der Katastrophe“ zurückzuziehen, bereits „in anderen Bereichen öffentlicher Gesundheitsrisiken zu beobachten war“, und merkte an, dass diese Redeweise nicht als wissenschaftlich akkurat angesehen werden kann.

Nichts anderes als Angst, Schrecken und Katastrophe beherrscht das Woodward-Papier. Es ist von einem *ausufernden Klimakollaps, Kipp-Punkten* und *einem fast nicht mehr aufzuhaltenden* Klimawandel die Rede. Es heißt weiter, es müssten „konzertierte Aktionen“ unternommen werden, „bevor es zu spät ist“, und dass die Lage *extrem gefährlich* ist. Vier Studien von Greenpeace und zwei Dokumente des World Wildlife Fund werden zitiert.

Außerdem erklären die Autoren des Papiers, dass der Kampf gegen den Klimawandel einen „tiefgreifenden Umbau der Struktur und Funktion Neuseelands“ erforderlich machen wird.

Endete das vorhergehende Woodward Papier noch mit einem politischen Schlachtruf, wird dieses jetzt von einer Militärkappelle begleitet. Ärzten wird geraten, *die Gesellschaft zu mobilisieren*, weil sie eine *Führungsverantwortung* tragen würden. Danach folgt eine Liste mit 13 Punkten, die abzuarbeiten seien – eingeteilt in drei Kategorien. Die Mehrheit der Vorschläge (sieben) gehört in die *politische* Kategorie. Zwei weitere tauchen in der Kategorie *persönlich* auf und die restlichen vier in der Kategorie *beruflich*.

Die Beweislage könnte nicht klarer sein: Das ist keine medizinische Studie. Wie die Autoren selbst zugeben, haben neun ihrer dreizehn Vorschläge mit dem Arztberuf nichts zu tun.

Übrigens lautet einer dieser Vorschläge, dass die Ärzte ihre Patienten zu *Aktionen gegen den Klimawandel erziehen und ermutigen* sollten. Der Tag, an dem meine Ärztin anfangen würde, über den Klimawandel zu reden, wäre der Tag, an dem ich mir eine professionelle Kraft suchen würde, die versteht, dass ich zu ihr wegen meiner Probleme komme, nicht wegen ihrer.

Zwei weitere Papiere zum Thema Klima auf Woodwards Liste sind moderater, doch das letzte schlägt dem Fass den Boden aus. Es lautet kurz gefasst „Nieder mit der Meinungsfreiheit! Ihr sollt alle das Gleiche denken!"

Darin erklären Woodward und seine Mitautoren: „Als Berufsstand und als Weltbürger **müssen wir abweichende Meinungen und Leugnung** überwinden."[89] Das Papier verdient den Preis für den dümmsten Spruch des Jahres mit seiner Behauptung, dass „Wandel nicht notwendigerweise normal ist." Sie finden das sicher genauso amüsant, wie ich, dass dort auch erklärt wird: „Die Klimawandel-Leugner haben Daten selektiv verwendet, während das IPCC alle verfügbaren Daten gewissenhaft herangezogen hat..."

Beim Eishockey nennt man einen „Hattrick", wenn ein Spieler in einem einzigen Spiel drei Tore erzielt (früher haben die Fans das bejubelt, indem sie ihre Hüte auf die Eisfläche warfen, von englisch *hat* für Hut). Im Jahre 2009 hat der Mann, der jetzt das Gesundheitskapitel des IPCC leitet, seinen eigenen Hattrick geschafft. Sein Studien-Dreigestirn zeigt eine unverhüllte Neigung zu politischem Aktivismus. Nirgendwo gibt es einen Hinweis darauf, dass kalte, wissenschaftliche Fakten, wie sie von Fachleuten wie Paul Reiter vorgebracht werden, eine Chance hätten, in Woodwards tief eingegrabenes Glaubenssystem einzudringen.

Als er 2004 Chef der Schule für Volksgesundheit seiner Universität geworden war, nutzte Woodward Teile seiner Antrittsvorlesung, um auf Kritiker wie Reiter zu antworten. Diese Bemerkungen sind besonders entlarvend: „Die Reiter-Gruppe glaubt, dass die Arbeit des IPCC und seiner Anhänger ungenau und wissenschaftlich irreführend ist. Die von uns, die beim IPCC dabei sind, meinen dagegen, dass die Wissenschaft in Ordnung ist, es ist **die Definition der Genauigkeit**, um die es hier geht. Es geht um viel. Was getan werden muss, und wann, um das CO_2-Niveau zu reduzieren, hängt ab von

[89] Hervorhebung hinzugefügt.

den Kosten des [Nichtstuns gegen den] Klimawandel[s]. Wenn so etwas berechnet wird, sind die Auswirkungen auf die Gesundheit bedeutende Rechnungsposten. **Wenn Krankheiten wie Malaria kein Grund zur Sorge sind**, dann gibt es weniger zwingende Gründe, die Kohlenstoffemissionen zu kappen."[90]

Bin ich die Einzige, die denkt, dass Woodward damit zugegeben hat, warum das IPCC unmöglich zu dem Ergebnis kommen kann, dass die Verbreitung der Malaria nichts mit dem Klimawandel zu tun hat – da das die Begründung für Emissionsreduktionen unterminieren würde?

Ein grotesker Aspekt der Malaria-Diskussion ist, dass jeder, der sich ernsthaft mit dieser Krankheit befaßt, sich gar nicht um den Klimawandel kümmern muss. Laut Weltgesundheitsorganisation sterben täglich 2.000 Kinder unter fünf Jahren an Malaria. Wann haben Sie das zum letzten Mal in den Abendnachrichten gehört?

Wenn wir kaum einen Gedanken an heutige Opfer dieser furchtbaren Krankheit verschwenden, wie hilfreich kann es da sein, uns mit einer Zunahme von Malariafällen in 50 Jahren zu ängstigen?

Eine Welt, die sich nicht aufraffen kann, mehr für die Malaria-Opfer von heute zu tun, hat kein Recht, theoretische, zukünftige Opfer als Munition in der Klimadebatte zu benutzen.

[90] Woodwards Vorlesungstext findet sich hier: www.fmhs.auckland.ac.nz/soph/aboutus/_docs/inaugural_lecture.pdf [13. 10. 2012]. Vgl. besonders S. 9-12. Das Zitat erscheint auf Seite 11. Hervorhebung hinzugefügt.

Exkurs: Y2K-Problem, Klimaschutz und die Medien

Es existieren auch starke Parallelen zwischen der Art, wie Journalisten die Jahr-2000-Problematik („Y2K-Problem") behandelten und wie sie mit Klimawandel umgehen. Im Januar 1999 veröffentlichte die Zeitschrift „Vanity Fair" einen Artikel mit dem Titel „Der Y2K-Albtraum".[91]

Die Einleitung las sich so: „Kommt der Jahrtausendwechsel mit Dunkelheit und Chaos, weil Milliarden Zeilen Computer-Code mit zweistelligen Jahreszahlen Krankenhäuser, Banken, Polizei und Feuerwehr, Fluglinien, Elektrizitätswerke, das Pentagon und das Weiße Haus lahmlegen werden? Solche Albtraum-Szenarien sind nur zu wahrscheinlich. Als Robert Sam Anson den Jahr-2000-Fehler bis zu seiner Entstehung zurückverfolgt, entdeckt er Dummheit, Gier und Leugnung, die zwei Jahrzehnte lang von Warnungen von Technik-Experten und die Ergebnisse von Y2K-Tests abgelenkt haben, die die Dimensionen einer global tickenden Zeitbombe enthüllten."

Man beachte die Wortwahl: Albtraum-Szenarien, *Dummheit, Gier* – und mein Favorit: *Verleugnung*. Warnungen, die ignoriert werden. *Eine global tickende Zeitbombe.* All diese Phrasen werden derzeit von den Medien bei ihrer Klimawandel-Berichterstattung eingesetzt.

Man beachte bitte auch, dass der Autor des Artikels, Robert Sam Anson, kein Neuling war. Als er das schrieb, war er seit über drei Jahrzehnten Journalist (http://www.vanityfair.com/contributors/robert-sam-anson). Dennoch lag er voll daneben. Er schrieb z. B., es sei sicher, dass die Maschinen mit Schlag Mitternacht nicht mehr wüssten, was sie tun sollen. Er erklärte, dass viele Computer *sterben* würden, wie auch *das blinde Vertrauen, das die Welt in sie gesetzt hatte.* Er erwartete, dass damit verbundenen Schadensklagen einen Gesamtumfang *von einer Billion Dollar allein in den USA* betragen würden. Doch nichts davon trat ein.

Journalisten unserer Tage übertreiben den Klimawandel, indem sie betonen, wie grausam er die Dritte Welt treffen würde. 1999 riet Anson den Lesern: „Die Auswirkungen des Jahr-2000-Fehlers auf die Versorgung mit Lebensmitteln, Saatgut und Dünger könnte 10 bis 300 Millionen Tote" in Ländern, die Pech haben, zur Folge haben. Er zitierte jemand anders, der vor sozialer Unruhe in solchen Regionen warnte.

Anson hatte viele gebildete einflussreiche Personen befragt – Wissenschaftler, Ökonomen, Regierungsmitglieder, IT-Spezialisten. Sie waren ihm zu Diensten und redeten von einem versehentlichen Atomkrieg

---

[91] The Y2K Nightmare, http://www.trailing-edge.com/~bobbemer/anson.htm [12. 10. 2012].

und „Blut auf den Straßen". Sie behaupteten, dass „unsere gesamte Lebensweise gefährdet wäre" und sagten voraus: „Im Jahr 2000 wird Asien verbrannter Toast sein."

US Senator Chris Dodd zufolge gab es drei Orte, die an Silvester 1999 zu meiden waren: „Aufzüge, Flugzeuge, Krankenhäuser." (2007 stand er an der Spitze einer Klimakampagne gegen die Börsenaufsicht. 2008 setzte er sich für eine Kohlenstoffsteuer als einen Weg ein, um den „potentiell zerstörerischen Klimawandel" abzuwenden.)

Die Vorhersagen des Journalisten Anson und vieler anderer prominenter Experten lagen meilenweit daneben. Das *drohende Unheil*, die *potentielle Katastrophe*, das *Unheil*, die wirtschaftliche *Rezession*, die *potentiell katastrophalen Konsequenzen*, das *drohende Ende*", all das, wovor gewarnt wurde, trat nie ein.

Einer jener Experten war ein kanadischer Computer-Consultant namens Peter de Jager. Anson zufolge hielt de Jager kurz vor dem Jahrtausendwechsel jährlich 85 Reden. Er „bekam Berichten zufolge [...] mehr als eine Million Dollar pro Jahr", um Y2K-Alarm zu schlagen. Anson zitierte folgendes aus de Jagers Kolumne von 2003:

„Waren Sie jemals bei einem Autounfall dabei? Die Zeit scheint sich zu verlangsamen [...]. Es ist zu spät, auszuweichen – Sie werden zusammenstoßen. Jetzt können Sie nur noch zusehen, wie es geschieht [...] Wir rasen auf das Jahr 2000 zu. Wir laufen auf den Fehler in unserem standardmäßigen Datumsformat zu [...]. Leider, anders als beim Autounfall, steht die Zeit nicht still. Ganz im Gegenteil: **Wir beschleunigen noch in Richtung auf die Katastrophe** [...]. Wir sollten durch unsere Computer ein leichteres Leben haben. Das war die Hoffnung. **Stattdessen haben wir eine Katastrophe angerichtet**."[92]

Auf Seite 27 seines Buches „Flat Earth News" (2009) berichtet Nick Davies, dass De Jager Anfang Januar 2000 auf seiner Webseite zugab, Italien habe sich, anders als er es sich vorgestellt hatte und als eines der wenigen Länder, das dem Problem einige Beachtung (und etwas Geld) schenkte, nicht in einen rauchenden Aschehaufen verwandelt.

„Meiner Sicht des Problems wurde von Tatsachen widersprochen, die ich nicht abstreiten kann" erkannte de Jager bescheiden an. „Italien erlebte keine signifikanten Auswirkungen [...]. Länder, die nichts getan hatten, hatten weniger Probleme, als wir befürchtet hatten."

Was also haben die Medien aus der peinlichen Y2K-Episode gelernt? Nach der Art, wie sie mit dem Klimawandel umgehen, zu urteilen, rein

[92] Hervorhebung hinzugefügt.

gar nichts. Zum Beispiel eine Geschichte im „Time Magazine" von 2006: Auf einer vollen Seite wird gejammert, die Erde stehe an einem *Kipp-Punkt*, dass der Planet *krank* sei, *zerbrechlich*, *gegen ein Fieber ankämpft* und *von uns endgültig genug* hätte. Das wichtigste Foto dieser „Time"-Geschichte kam, wie könnte es anders sein, von Greenpeace.[93]

[93] Earth at the Tipping Point: Global Warming Heats Up, www.webcitation.org/60oY1oXeQ [12. 10. 2012].

31] Das erfundene Artensterben

Im September 2007, anlässlich einer kurzen Rede im UN-Hauptquartier, erklärte der IPCC-Vorsitzende Pachauri, dass „20 bis 30 Prozent der Tier- und Pflanzenarten“ wegen der globalen Erwärmung „vom Aussterben bedroht“ wären. Einige Monate später nutzte er seine Rede anlässlich der Nobelpreisverleihung, um der Welt mitzuteilen, ein Scheitern bei der Abwehr des Klimawandels „könnte sich als extrem schädlich für die menschliche Rasse und alle Arten erweisen, die sich den Raum auf dem Planeten Erde teilen.“

Im Februar 2008 nannte Pachauri die Zahl von 20 bis 30 Prozent in seinem Vortrag vor einem Ausschuss der Legislative von North Carolina. Im November des gleichen Jahres erklärte er einem Auditorium der Universität Zürich, dass der Klimawandel „die Biodiversität reduzieren wird“ – wieder mit dem Verweis auf die 20 bis 30 Prozent. Im Dezember 2008 trug er diese Botschaft in Polen vor.

Unermüdlich schürte Pachauri 2009 und 2010 mit diesem Thema die Angst vor dem Artensterben. Daher war ich schon schockiert, als ich entdeckte, dass überhaupt nicht klar ist, wie das IPCC zu diesen beängstigenden Zahlen kommt.

Im Kapitel 4 des 2007er Berichts der Arbeitsgruppe 2 endete ein Absatz im Abschnitt mit dem Titel „Globale Zusammenfassung und Auswirkungen auf die Biodiversität“ („Global synthesis including impacts on biodiversity“) mit den folgenden Worten: „Aufgrund aller obiger Ergebnisse und unserer Zusammenstellung (Abbildung 4.4, Tabelle 4.1) **schätzen wir**, dass durchschnittlich 20 bis 30 Prozent aller untersuchten Spezies **wahrscheinlich** einem zunehmenden Aussterberisiko durch die Auswirkungen des Klimawandels ausgesetzt sind, **möglicherweise** innerhalb dieses Jahrhunderts, wenn die globalen Mitteltemperaturen um mehr als 2°C bis 3°C verglichen mit dem vorindustriellen Niveau steigen [...] **Die Ungewissheiten blei-**

ben jedoch groß, da bei einer Temperaturzunahme um 2 °C der Anteil auch bei nur 10 Prozent liegen **kann** oder bei 3 °C Anstieg bei 40 Prozent. **Abhängig** von den Biota beträgt die Spannweite zwischen einem und 80 Prozent (Tabelle 4.1; Thomas et al., 2004a; Malcolm et al., 2006). Sollte die globale Mitteltemperatur um mehr als 4 °C über das vorindustrielle Niveau steigen, **legen** die Modelle signifikante Aussterberaten **nahe** (40 bis 70 Prozent der untersuchten Spezies), und zwar rund um den Globus (Tabelle 4.1)."

Beachten Sie bitte die Worte, die ich in Fettdruck gesetzt habe. Wenn die Leute „Schätzungen, Ungewissheiten, wahrscheinlich, vielleicht, nahe legen" gebrauchen, wenn die Spannweite von 10 bis 40 Prozent oder von einem bis 80 Prozent reicht, so wird damit kaum etwas ausgesagt. Dennoch scheint die Gedankenwelt des IPCC zu diesem Thema im obigen Exzerpt zusammengefasst zu sein.

Beachten Sie bitte auch die zwei namentlich erwähnten Studien. Eine stammt von Chris Thomas (sowie 18 Mitautoren). Die andere ist von Jay Malcolm (sowie 4 Mitautoren). Dem IPCC zufolge schätzt die Malcolm-Studie – in der es nur um Vegetation geht – dass unterschiedliche Arten von Ökosystemen zwischen 2 und 47 Prozent ihrer gegenwärtigen Verbreitungsgebiete verlieren könnten.

Wenn die Öffentlichkeit etwas von Aussterben hört, denkt sie jedoch an Tiere. Die Thomas-Studie (beschrieben als eine Untersuchung von Flora und Fauna weltweit) schätzt, dass zwischen 9 und 31 Prozent aller Spezies „zum Aussterben verurteilt sind", falls die mittlere Globaltemperatur um 1,2 bis 2 Grad ansteigt.

Das IPCC listet Dutzende weiterer Studien auf, deren Untersuchungsbereich jedoch begrenzter ist. Eine untersucht den Säulengärtner, einen australischen Laubenvogel. Andere befassen sich mit mexikanischen Schmetterlingen, hawaiianischen Türkisvögeln und antarktischen Schnecken.

Es sieht deshalb ganz danach aus, dass sich die vom IPCC geschätzte weltweite Aussterberate von 20 bis 30 Prozent vor allem auf die Thomas-Studie stützt. Das ist die einzige vom IPCC zitierte Studie, die von sich behauptet, global zu sein und sowohl das Pflanzen- als auch das Tierleben berücksichtigt zu haben. Ich bin übrigens nicht die einzige, die das bemerkt hat. Auch der Juraprofessor Jason Johnston sprach dieses Problem in seinem IPCC-Kreuzverhör an.

Jetzt müsste dramatische Musik einsetzen, denn jetzt entgleist der Zug. Die vielen verschiedenen Zuhörerschaften Pachauris hatten keinerlei Möglichkeit zu erfahren, dass die Thomas-Studie schon lange vor der Entscheidung des IPCC umstritten war, ihm die Hauptbühne seiner Analyse zu überlassen.

2004 leitete „Nature" – das wöchentlich erscheinende britische Wissenschaftsmagazin – das neue Jahr mit einem Paukenschlag ein. Das Titelbild der Ausgabe vom 8. Januar zierte eine fabelhafte Großaufnahme einer Eidechse. Dazu die Schlagzeile: „Die Hitze fühlen. Biodiversitätsverluste aufgrund der Erderwärmung" („Feeling the heat. Biodiversity losses due to global warming"). Auf den Seiten 145 bis 148 wurde der Welt die Thomas-Studie vorgestellt. Danach wurde die Geschichte von Mainstream-Medien übernommen. Ein Forscher merkte später an: „Es ist selten, dass eine wissenschaftliche Studie Hauptthema in den Abendnachrichten ist, oder auf die Vorderseiten unserer landesweiten Zeitungen kommt, doch die Studie von Thomas et al. war die Ausnahme und wurde auf der ganzen Welt wie keine andere von den Medien beachtet."

Viele Experten halten die Studie jedoch für einen Haufen Unsinn.

Da ist zunächst Daniel Botkin. Als einer der angesehensten Biologen des 20. Jahrhunderts wirkte er an der Entwicklung von einigen der ersten von Ökologen verwendeten Computermodelle mit. Dabei warnte er, dass Fachleute wüssten, dass man theoretische Modelle *„niemals ernst nehmen sollte"*.[94]

Zusätzlich zu seinen akademischen Abschlüssen in Physik und Biologie kann Botkin vier Jahrzehnte Berufserfahrung vorweisen. Er lehrte an verschiedenen Universitäten, einschließlich Yale und der University of California in Santa Barbara. Dort war er sechs Jahre lang Leiter des Programms für Umweltstudien.

Botkin nannte die Thomas-Studie „das schlimmste Papier, das ich je in einer wissenschaftlichen Zeitschrift von Rang gelesen habe". Auf seinem Blog erklärte er: „Erstens benutzt die Studie eine Theorie, die für die Fragestellung ungeeignet und unlogisch ist. Zweitens, sind die Daten, auf denen die Berechnungen beruhen – über die Flora und Fauna der Welt – zu grob, und es fehlen Abschätzungen zu

[94] Hervorhebung hinzugefügt.

Messfehlern. In meinem Lehrbuch ‚Environmental Science: Earth as a Living Planet' (‚Umweltwissenschaft: Die Erde als lebender Planet') befindet sich ein Kapitel über die wissenschaftliche Methode, in dem ich feststelle, dass ‚eine Messung ohne, dass etwas zum Grad ihrer Ungenauigkeit gesagt wird, nutzlos ist'."

Dass die Studie Schwächen aufwies, wurde durch die Tatsache bestätigt, dass „Nature" bis Juli 2004 (sechs Monate nach dem ersten Erscheinen) drei verschiedene Kritiken veröffentlicht hatte.

Die erste wies darauf hin, dass die Gruppe um Thomas, anstatt eingeführte und allgemein bewährte Methoden für seine Schlussfolgerungen zu nutzen, einen ganz neuen (und daher unbewiesenen) analytischen Ansatz verwendete.

Die zweite Kritik warf Thomas' Autorengruppe mathematische Zirkelschlüsse und unhaltbare Schlussfolgerungen vor. Die Auswirkungen des Klimawandels seien schwer vorherzusagen, weil die meisten Spezies in den Tropen lebten – und sich diese Zone in einer wärmeren Welt insgesamt stark ausdehnen könnte.

Die dritte Kritik wies darauf hin, dass bestimmte Annahmen im Thomas-Papier „nicht gerechtfertigt sein dürften" und einige der angewandten Methoden „zu dürftigen Ergebnissen führen" könnten, weil noch niemand verstehe, welche Rolle die Genetik bei der Anpassung der Arten an veränderte Umweltbedingungen spielt.[95]

Die Bedenken bezüglich des Thomas-Papiers endeten an dieser Stelle nicht. Im Juli 2005 wurde das Papier eines Naturschutz-Biologen der Oxford University von einer prominenten britischen Zeitschrift zur Veröffentlichung angenommen. Jener Owen Lewis legte in seinem 6.000-Wörter-Aufsatz dar, warum die Ergebnisse des Thomas-Papiers äußerst zweifelhaft sind.

Dabei wies er darauf hin, dass die „verbreitete Fähigkeit von Spezies, weiter zu existieren, wenn sie außerhalb ihrer gewohnten Umgebung ausgesetzt werden", den Gedanken nahelegt, dass die Natur viel widerstandsfähiger ist, als wir meinen (So stammen Tomaten ursprünglich aus Südamerika. Nachdem sie im 16. Jahrhun-

[95] Für eine vertiefte Diskussion der wissenschaftlichen Widerlegung des Thomas-Papiers siehe http://nofrakkingconsensus.com/2010/10/04/another-ipcc-train-wreck-species-extinction-part-1/ [18. 10. 2012] mit meinem diesbezüglichen Blog-Beitrag.

dert in Europa eingeführt worden waren, verbreiteten sie sich derart, dass sie zu einem elementaren Bestandteil der italienischen Küche wurden.).

Im Thomas-Papier wurden nur Arten untersucht, von denen man weiß, dass sie in nur relativ kleinen geografischen Gebieten Verbreitung finden. Lewis zufolge liegt hier ein Problem, weil „gut bekannt ist, dass Spezies mit einer geringen geografischen Verbreitung viel eher der Gefahr unterliegen, auszusterben". Mehr noch, weil über die Wirbellosen der Tropen, die „den größten Teil der globalen Biodiversität" ausmachen, so wenig bekannt ist, meint Lewis, dass die Forscher „mit Sicherheit nicht vorherhersagen können", was mit diesen Tieren in Zukunft passieren könnte.

Langer Rede kurzer Sinn? Lewis denkt, nichts aus dem Thomas-Papier sollte für den gesamten Globus hochgerechnet werden. Die Vielschichtigkeit der Ungewissheiten sollten uns „sehr vorsichtig sein lassen".

Kurz danach veröffentlichte ein Forscher des deutschen Helmholtz-Zentrums für Umweltforschung einen weiteren Aufsatz, worin Thomas' Ergebnisse erneut infrage gestellt wurden. Es ist eine Sache, so Carsten Dormann, ökologische Modelle zu verwenden, um Hypothesen für weitere Tests zu formulieren. Es sei jedoch etwas völlig anderes, die Ergebnisse solcher Modellierungsversuche so zu präsentieren, dass sie von politischen Entscheidungsträgern und der Öffentlichkeit als Vorhersagen interpretiert werden.

Die mit dem Ansatz von Thomas einhergehenden Probleme sind seiner Meinung nach „so zahlreich und grundlegend, dass uns ein gesunder ökologischer Verstand davor warnen sollte, viel Vertrauen [...] in die Ergebnisse zu setzen."

Schließlich wurde im März 2007 eine Studie des namhaften Biologen David B. Botkin veröffentlicht. Er und seine 18 Ko-Autoren aus den USA, Dänemark, Spanien, Großbritannien, Australien und der Schweiz bezichtigten darin viele Forscher aus diesem Bereich, Verfahren einzusetzen, deren Zuverlässigkeit bei Vorhersagen nie bestätigt worden ist: „Von den von uns untersuchten Papieren zu Modellen wurden nur wenige für gültig erklärt", berichteten sie.[96]

[96] Botkin, David B.: Forecasting the Effects of Global Warming on Biodiversity, in: Bioscience, March 2007, vol. 57, No. 3.

Nach Ansicht dieser Autoren „dürfte das Thomas-Papier die Wahrscheinlichkeit des Artensterbens erheblich überschätzt haben." Dabei erklärten sie, dass die Vergangenheit wichtige Hinweise bezüglich der Gefahren des kommenden Klimawandels liefert, und merkten an, dass: „die fossilen Hinterlassenschaften zeigen, dass in den meisten Regionen während der [vergangenen 2,5 Millionen Jahre] überraschend wenige Spezies ausstarben – für Nordamerika ist zum Beispiel nur das Aussterben einer einzigen Baumart bekannt".

Bevor den Methoden des Thomas-Papiers „zu viel Gewicht beimessen werden kann", müssten ernsthafte Probleme gelöst werden, sagten sie. Mit anderen Worten: Botkin und seine Mitautoren stellten klar, dass es sich um keine erstklassige Forschung handelt.

Einmal mehr ist ein Aufsatz, auf den das IPCC seine Argumentation stützt, hoch problematisch. Als die 2007er Klimabibel herauskam, war das Thomas-Papier bereits vollkommen widerlegt worden.

Fairerweise muss man bedenken, dass die IPCC-Autoren die Einwände von Dormann und Botkin vielleicht einfach nicht kannten, weil sie mitten in der Arbeit steckten. Doch hätten sie drei in „Nature" veröffentlichte Rezensionen kennen müssen. Und, wie schon erwähnt, war der Lewis-Aufsatz bereits 2005 zur Veröffentlichung angenommen worden – lange vor Pachauris Frist, Januar 2006.[97]

Stellen Sie sich jetzt vor, Sie wären unter den 31, die das Kapitel zum Artensterben schreiben sollen. Sie kennen das Ziel des IPCC, „gründliche und ausgewogene wissenschaftliche Informationen vorzulegen" – wie es so schön auf dessen Webseite heißt.

Ist es Ihnen da möglich, die Ergebnisse des Thomas-Papiers zu zitieren, ohne die Lesern über die von ihm hervorgerufene Kontroverse zu informieren? Ist es aufrichtig zu verschweigen, dass genau die Zeitschrift, die das Thomas-Papier veröffentlicht hatte, sechs Monate später nicht eine, nicht zwei, sondern gleich drei kritische Rezensionen nachschob? Ist es wissenschaftlich, den Fakt, dass ein weiterer 6.000-Worte-Verriß von einem Wissenschaftler aus Oxford vorgelegt worden war, nicht einmal anzusprechen?

Doch genau das ist passiert.

[97] Das Owen-Papier wurde im Januar 2006 in den „Philosophical Transactions of the Royal Society" veröffentlicht – lange vor dem Hurrikan-Workshop-Papier vom Mai 2006, das das IPCC mit beiden Armen willkommen hieß.

Wer also hat dieses IPCC-Kapitel geschrieben? Die beiden höchstrangigen Autoren waren Andreas Fischlin, ein Biologe aus der Schweiz, und Guy Midgley, ein Biologe aus Südafrika.

Fischlin wirkte an der 2001er und der 2005er Ausgabe der Klimabibel mit und ist auch an der nächsten Klimabibel beteiligt. Sein offizieller akademischer Lebenslauf enthält jedoch Sprengstoff.

Darin wird uns mitgeteilt, dass er lange Jahre Mitglied in der Schweizer Delegation „bei allen UNFCCC-Verhandlungen" („United Nations Framework Convention of Climate Change") war. Anders gesagt ist Fischlin kein neutraler Wissenschaftler. Jeder, der direkt an Klimaverhandlungen der UNO teilnimmt, ist auf höchster Ebene in die politischen Winkelzüge bezüglich des Klimawandels involviert.

Wären Sie überrascht, wenn Sie erfahren würden, dass der zweite Leitautor dieses Kapitels – Guy Midgley – Mitautor der berüchtigten Thomas-Studie war (ein weiterer Mitautor, Lesley Hughes, wirkte ebenfalls an diesem Kapitel mit)?

Inzwischen ist es zur schmerzlichen Gewissheit geworden, dass das IPCC unberechtigterweise meint, sein Personal sei von normalen menschlichen Schwächen unberührt. Es stellt sich tatsächlich auf den Standpunkt, dass seine Autoren in der Lage sind, vollkommen objektiv zu bleiben, wenn die Ergebnisse ihrer eigenen Arbeiten begutachtet werden. Insgesamt wurden in diesem IPCC-Kapitel 23 Studien zitiert, an denen Midgley beteiligt war. Die Öffentlichkeit hat keine Möglichkeit herauszufinden, wie es um die Güte der anderen 22 Papiere im Vergleich zu dem berechtigterweise in die Tonne beförderten Thomas-Papier bestellt ist.[98]

Midgley ist erneut zu einem der Autoren der nächsten Ausgabe der Klimabibel ernannt worden. Wie ihn seine Expertise in „Pflan-

---

[98] Vgl. dazu diesen Blog-Beitrag von Hilary Ostrov von 2011: http://hro001.wordpress.com/2011/06/21/is-the-ipcc-conflicted-let-us-count-the-ways/ [20. 10. 2012]. Darin wird gezeigt, dass sich 884 IPCC-Autoren von Kapiteln der 2007er Klimabibel auf eigene Arbeiten stützen, um ihre Position zu begründen. Der IPCC-Prozess beruht demnach nicht auf der Auswertung von Forschungsergebnissen durch völlig daran unbeteiligte Experten. Dieser Prozess könnte viel besser beurteilt werden, würde das IPCC für jedes Kapitel Autoren aus miteinander im Wettbewerb stehenden Schulen auswählen, die ihre Meinungen wechselseitig abzugleichen hätten. Doch damit ein solches System arbeitsfähig wäre, müssten alle Beteiligten gleich durchsetzungsfähig sein und auf gleicher Ebene stehen (anstelle einer Hierarchie mit Koordinierenden Leitautoren, Leitautoren und Beitragenden Autoren – ein System, in dem einige mehr Macht ausüben können als andere).

zen-Ökophysiologie und Stressresistenz" befähigt, einer von zwei Hauptverantwortlichen eines Kapitel zu sein, das den Menschen betreffende *Anpassungsmöglichkeiten, Einschränkungen und Grenzen* des Klimawandels untersucht, ist ziemlich mysteriös.

Falls jemand versuchen wollte, die zentrale Botschaft einer Studie wie der Klimabibel zu beeinflussen, könnte er es für nützlich erachten, stets die gleiche Kerngruppe vertrauenswürdiger Personen mit Führungspositionen zu betrauen – unabhängig davon, ob sie Fachleute im jeweiligen Thema sind oder nicht?

Acht weitere Personen waren Leitautoren des Kapitels über das Artensterben. Der Erste auf der Liste ist der amerikanische Biologe Jeff Price. Er hat zwar akademische Grade erworben und lehrt an Universitäten. Doch ändert das nichts daran, dass er Aktivist ist.

Im Jahre 2002 war er Leiter von Studien zur Auswirkung des Klimawandels für die „American Bird Conservancy" (eine Vogelschutzorganisation) – eine Aktivistengruppe. Keine der Kritiken am Thomas-Papier durfte auf die Literaturliste dieses Kapitels, aber ein von Price miterfasster und von seinem Arbeitgeber herausgegebener „Führer zum Klimawandel für Vogelbeobachter" schaffte es. Price arbeitete für das UN-Umweltschutzprogramm und ist derzeit bei einer anderen Aktivistenverein angestellt, dem „World Wildlife Fund".

In einem Interview im Jahr 2007 erklärte Price einem Reporter: „Viele von uns *glauben*, dass wir am Rande eines *massiven Artensterbe-Ereignisses* stehen" (Hervorhebung hinzugefügt). Doch wie jeder Polizist weiß, gibt es Meinungen und es gibt Tatsachen.

Wenn man die Frage nach den Topexperten der Welt noch einmal kurz betrachtet, finden sich keine Hinweise, dass Price diese Hürde überspringen könnte. Zudem ist erwähnenswert, dass nicht nur Fischlin zu den Autoren dieses Kapitel gehört, sondern auch zwei Computermodellierer, deren Doktorarbeiten er betreute.[99]

---

[99] Leitautor Harald Bugmanns Arbeit ist eine „Simulationsstudie" über die mögliche Reaktion von Wäldern auf den Klimawandel. Fischlin war Ko-Betreuer der Dissertation: www.fe.ethz.ch/people/harald/index [22. 10. 2012]. Die Dissertation des Beitragenden Autors Dimitrios Gyalistras behandelt Modelle für Ökosysteme. Es heißt in seiner Biographie, dass seine Doktorarbeit von drei Professoren betreut wurde. Fischlin steht darin an erster Stelle: www.climate-impacts.ch/Curriculum.html [22. 10. 2012]. Hier erfahren wir auch, das er 1997 promovierte und 2002-2003 auf Reisen war. 2003-2007 war er „freischaffender Wissenschaftler" und an einer Handvoll Projekten beteiligt. Dass er ein guter Programmierer ist, daran be-

Zusammenfassend lässt sich sagen, dass wir es hier mit einem Kapitel zu tun haben, das zur Klimabibel von 2007 ein wichtiges Ergebnis beisteuerte. Die Behauptung, dass 20 bis 30 Prozent der Arten auf der Erde vom Aussterben bedroht sind, ist seitdem ein Leitgedanke in allen Vorträgen Pachauris.

Aber ein Blick auf das Kapitel enthüllt auch, dass es nahezu komplett auf einer einzigen, sehr fragwürdigen Forschungsarbeit beruht. Zudem sind einige Autoren dieses Kapitels offenbar politisch Aktive, die in einem Interessenkonflikt stehen, persönliche Bindungen zu einem der Koordinatoren des Kapitels haben und überhaupt keine Experten von Weltrang sind.

Und die Krönung: Fünf der zehn hochrangigen Mitarbeiter dieses Kapitels haben auch eine formale und dokumentierte Verbindung zum World Wildlife Fund.

Die Leitautoren Fischlin und Midgley gehören beide zum „Wissenschaftlichen Beirat von Klimazeugen" des WWF („Climate Witness Scientific Advisory Panel"). Einem internen WWF-Dokument zufolge ist es das Ziel der Klimazeugen-Initiative, in der Öffentlichkeit das „Gefühl für die Dringlichkeit" beim Klimawandel zu verstärken. Wissenschaftler werden vom WWF rekrutiert, um Zufallsbeobachtungen von Leuten, die sich selbst für „Klimazeugen" halten, den Anstrich wissenschaftlicher Glaubwürdigkeit zu verleihen.

Zu diesem Gremium gehören auch die Leitautoren Rik Leemans und Brij Gopal. Wie erwähnt, ist der Leitautor Jeff Price derzeit WWF-Angestellter. Das ergibt insgesamt fünf Leitautoren mit WWF-Verbindung. Drei weitere Beitragende Autoren sind ebenfalls Beiratsmitglied: Antoine Guisan, Christian Körner und Lesley Hughes.

Es ist deshalb vollkommen unklar, welche Abschnitte dieses IPCC-Kapitels die Meinungen von Wissenschaftlern wiedergeben, die mit dem WWF gemeinsame Sache machen, und welche Abschnitte tatsächlich wissenschaftlich einwandfrei sind.

Oder wie der Vorsitzende Pachauri sagen würde: Der Teil der Klimabibel über das Artensterben gehört in den Mülleimer.

---

stehen keine Zweifel. Die Frage ist, ob er 2006 auch nur annähernd als weltweit führender Experte angesehen werden konnte.

Das Originalmanuskript dieses Buchkapitels endete mit dem Wort „Papierkorb" oben. Doch beim Faktencheck dieses Buchs vor der Drucklegung passierte etwas Überraschendes. Mein Faktenchecker (der anonym bleiben möchte) stellte fest, dass der oben genannte WWF-Beirat nicht nur die von mir erwähnten Namen enthielt, sondern noch weitere bekannte Individuen. Das veranlasste mich, mir dieses Gremium als Ganzes etwas genauer anzuschauen – und dazu einiges Hintergrundmaterial zu lesen.

Was ich dabei herausfand, würde in einem normal denkenden Universum ausreichen, die Glaubwürdigkeit des IPCC endgültig in Luft aufzulösen – ein für alle Mal. Seit 2004 (dem ungefähren Beginn der Arbeit an der 2007er Klimabibel) begann der WWF mit der systematischen Rekrutierung von IPCC-Autoren. Bis Ende 2008 waren laut WWF 130 „führende Klimawissenschaftler, zumeist, aber nicht ausschließlich, vom IPCC" von ihm zur Mitarbeit an seinem Parallelgremium überzeugt worden.

Regierungen in aller Welt erklären uns, dass die für das IPCC arbeitenden Wissenschaftler unabhängig urteilende Leute von untadeligem Ruf sind. Tatsächlich ist die Urteilsfähigkeit bei vielen stark beeinträchtigt.

Diese Personen haben sich ganz bewusst entschlossen, ihre wissenschaftliche Reputation mit einer Gruppe zu verbinden, die glaubt, dass „es fast unmöglich ist, die Bedrohung durch den Klimawandel zu überschätzen". Sie entschieden sich dafür, Verwirrung zu stiften, indem sie genau dann mit Lobbyisten zusammenarbeiteten, als sie einige der wichtigsten Fragen der Welt untersuchten.

Anstatt Abstand zu wahren, anstatt nach Unparteilichkeit zu streben (oder wenigstens den Anschein zu wahren), haben sie sich – bildlich gesprochen – mit dem Lynchmob vor der Gefängnistür verbrüdert, mit Leuten, die keinerlei Zweifel haben, dass ein Verbrechen begangen wurde und die verhaftete Person schuldig ist.

Im nachfolgenden Exkurs habe ich 78 IPCC-Mitarbeiter aufgelistet, die ebenfalls dem WWF-Beirat angehören. Die Personen auf dieser Liste haben entweder bei der 2007er Klimabibel eine Rolle gespielt oder schreiben an der kommenden mit, die 2013 fertiggestellt und 2014 veröffentlicht werden soll.

Auf dieser Liste finden sich 23 Koordinierende Leitautoren – das sind jene, die das IPCC zu Verantwortlichen für ein ganzes Kapitel gemacht hat. Dazu gehört auch Osvaldo Canziani. Er diente schon als Ko-Vorsitzender der Arbeitsgruppe 2 der Berichte von 2001 und 2007. Er ist einer der höchstrangigen IPCC-Funktionäre.

Nach ein paar Tagen des Recherchierens und der Tabellenerstellung sehen meine Ergebnisse hinsichtlich des IPCC-Berichts von 2007 wie folgt aus:

- An 28 der 44 Kapitel (zwei Drittel) wirkte mindestens eine mit dem WWF verbundene Person mit.
- An 100 Prozent der Kapitel der Arbeitsgruppe 2 – an allen 20 – wirkte mindestens ein mit dem WWF verbundener Wissenschaftler mit.
- 15 der 44 Kapitel (ein Drittel) wurden von einem mit dem WWF verbundenen Wissenschaftler *geleitet* – deren Koordinierende Leitautoren gehören dem WWF-Beirat an.
- In drei Fällen wurden Kapitel von *zwei* mit dem WWF verbundenen Koordinierenden Leitautoren geleitet.

Meine Damen und Herren, das IPCC wurde infiltriert. Es ist voll und ganz kompromittiert.

Exkurs: IPCC und WWF

Im Folgenden werden 78 IPCC-Angehörige aufgelistet, die zugleich Mitglieder des „Climate Witness Science Advisory Panel" des WWF sind.[100]

Auf der WWF-Webseite wird nicht erwähnt, ob diese Wissenschaftler eine direkte oder indirekte Aufwandsentschädigung erhalten. Die Tatsache, dass keiner der Beteiligten meint, dieses Thema offen und transparent zu behandeln, legt einen erstaunlichen Mangel an Sensibilität bei allen, die von ihm betroffen sind, nahe.

Weitere Informationen finden sich in meinem Blog-Beitrag „How the WWF Infiltrated the IPCC" und alle kurz danach eingestellten Blog-Beiträge.[101] Der Beitrag wurde kurz vor dem Abschluss dieses Buchmanuskriptes geschrieben.

- Abdelkader Allali: 2007 Prüflektor (review editor) mit vier weiteren Funktionen
- Peter Ambenje: Mitglied der Arbeitsgruppe 1 des Berichts von 2007
- Oleg Anisimov: 2007 Koordinierender Leitautor, Mitwirkung an zwei Zusammenfassungen, derzeit Koordinierender Leitautor
- Vincenzo Artale: 2007 Leitautor
- Rizaldi Boer: 2007 Leitautor
- Jim Bruce: 2007 Fachgutachter
- Osvaldo Canziani: 2001Ko-Vorsitzender der Arbeitsgruppe 1, 2007 Ko-Vorsitzender der Arbeitsgruppe 2
- Ulisses Confalonieri: Koordinierender Leitautor des Gesundheitskapitels von 2007, derzeit Prüflektor
- Declan Conway: 2007 Fachgutachter
- Mike Demuth: 2007 Beitragender Autor
- Sophie des Clers: 2007 Beitragende Autorin für zwei Kapitel
- Ghislain Dubois: 2007 Beitragender Autor und Fachgutachter
- Paul Epstein: 2007 Fachgutachter für Arbeitsgruppe 2 und für den „Synthesis Report"
- Lin Erda: 2007 Leitautor, derzeit Koordinierende Leitautorin

[100] Die Liste im englischen Original: http://nofrakkingconsensus.com/2011/10/01/78-names/ [28. 10. 2012].

[101] http://nofrakkingconsensus.com/2011/09/23/how-the-wwf-infiltrated-the-ipcc-%E2%80%93-part-1/ [27. 10. 2012].

- Philip Fearnside: 2007 Prüflektor und Fachgutachter
- Andreas Fischlin: 2007 Koordinierender Leitautor und Mitarbeit bei zwei Zusammenfassungen, zusätzlich Fachgutachter, derzeit Prüflektor
- Chris Furgal: 2007 Leitautor
- Carlos Gay Garcia: 2007 Koordinierender Leitautor, derzeit Leitautor
- Christos Giannakopoulos: 2007 Leitautor
- Brij Gopal: 2007 Leitautor und Fachgutachter
- Antoine Guisan: 2007 Beitragender Autor für 2 Kapitel
- Ren Guoyu: 2007 Fachgutachter beim Bericht der Arbeitsgruppe 1 und dem „Synthesis Report"
- Hideo Harasawa: trug vier Hüte beim 2007er Bericht, u.a. Koordinierender Leitautor des fehlerhaften Kapitels zu Himalaja-Gletschern
- Ove Hoegh-Guldberg: 2007 Beitragender Autor, derzeit Koordinierender Leitautor
- Lesley Hughes: 2007 Leitautorin, Beitragende Autorin und Fachgutachterin beim 2007er Bericht; derzeit erneut Leitautorin
- Saleemul Huq: 2007 Koordinierender Leitautor, vier weitere Funktionen; derzeit wieder Koordinierender Leitautor
- Erik Jeppesen: 2007 Beitragender Autor
- Roger Jones: 2007 Koordinierender Leitautor, derzeit wieder Koordinierender Leitautor
- Manmohan Kapshe: 2007 Leitautor und Fachgutachter
- David Karoly: 2007 Leitautor, fünf weitere Hüte; derzeit Prüflektor
- Gavin Kenny: 2007 Beitragender Autor und Fachgutachter
- Christian Körner: 2007 Beitragender Autor
- Paul Kovacs: 2007 Leitautor; derzeit erneut Leitautor
- K. Krishna Kumar: derzeit Koordinierender Leitautor
- Zbigniew Kundzewicz: 2007 Koordinierender Leitautor, drei weitere Funktionen
- Murari Lal: 2007 vier Funktionen, darunter Koordinierender Leitautor des fehlerhaften Himalaja-Gletscher-Kapitels

- Rodel Lasco: 2007 Koordinierender Leitautor, zugleich Mitarbeit bei den zwei Zusammenfassungen; derzeit erneut Leitautor
- Rik Leemans: 2007 Leitautor, derzeit Prüflektor
- Michael MacCracken: 2007 insgesamt fünf Funktionen – als Beitragender Autor, Prüflektor und Fachgutachter in drei verschiedenen Bereichen
- Dena P. MacMynowski: 2007 Beitragende Autorin bei zwei Kapiteln und Fachgutachterin.
- Jose Marengo: 2007 Leitautor, derzeit Prüflektor
- Eric Martin: 2007 Leitautor und Fachgutachter, derzeit Leitautor
- Mahmoud Medany: 2007 Koordinierender Leitautor und Leitautor
- Claudio Guillermo Menendez: 2007 Leitautor
- Annette Menzel: 2007 Leitautor
- Guy Midgley: 2007 Koordinierender Leitautor, Mitarbeit bei zwei Zusammenfassungen; derzeit erneut Koordinierender Leitautor
- Charles Kenneth Minns: 2007 Beitragender Autor
- Monirul Qader Mirza: 2007 Koordinierender Leitautor mit vier weiteren Funktionen, derzeit Leitautor
- Alison Misselhorn: 2007 Beitragende Autorin
- Ana Rosa Moreno: 2007 Leitautorin, derzeit Prüflektorin.
- Mark New: 2007 Leitautor
- Shuzo Nishioka: 2007 Prüflektor
- Carlos Nobre: 2007 Leitautor, derzeit Koordinierender Leitautor
- Patrick Nunn: derzeit Leitautor
- Leonard Nurse: 2007 Koordinierender Leitautor, fünf weitere Funktionen, derzeit Koordinierender Leitautor
- Mark Nuttal: 2007 Leitautor und Fachgutachter
- Anthony Nyong: 2007 Koordinierender Leitautor mit vier weiteren Funktionen
- Govind Ballabh Pant: 2007 Prüflektor
- Barrie Pittock: 2007 Leitautor und Fachgutachter
- Batimaa Punsalmaa: 2007 Leitautor bei zwei Kapiteln
- N.H. Ravindranath: 2007 Leitautor und Fachgutachter, derzeit erneut Leitautor

- George Rose: 2007 Leitautor
- Joyashree Roy: 2007 Koordinierender Leitautor mit vier weiteren Funktionen, derzeit erneut Koordinierender Leitautor
- Victor Magana Rueda: 2007 Leitautor und Fachgutachter
- Stephen Schneider: 2007 Koordinierender Leitautor mit vier weiteren Funktionen, erneut Ernennung zum Koordinierenden Leitautor, 2010 verstorben
- Mohamed Senouci: 2007 Prüflektor
- Anond Snidvongs: 2007 Fachgutachter, derzeit Leitautor
- Daithi Stone: 2007 sieben Funktionen, u.a. als Leitautor und Fachgutachter und für den „Synthesis Report"; jetzt erneut Leitautor
- John Sweeney: 2007 Prüflektor, Beitragender Autor und Fachgutachter für die Arbeitsgruppen 1 und 2
- Piotr Tryjanowski: 2007 Leitautor
- John Turner: 2007 Fachgutachter, derzeit Koordinierender Leitautor
- Riccardo Valentini: derzeit Koordinierender Leitautor
- Jef Vandenberghe: 2007 Leitautor und Fachgutachter
- Richard Washington: 2007 Beitragender Autor
- Poh Poh Wong: 2007 Koordinierender Leitautor mit drei weiteren Funktionen; derzeit erneut Koordinierender Leitautor
- Gary Yohe: 2007 Koordinierender Leitautor mit vier weiteren Funktionen, derzeit Koordinierender Leitautor
- Zong-Ci Zhao: 2007 Leitautor, derzeit Prüflektor
- Gina Ziervogel: 2007 Beitragende Autorin und Prüflektorin

Der WWF-Beirat besitzt eine eigene Webseite.[102] Die Namensliste der Beiträger zur nächsten Klimabibel kann auf meinem Blog eingesehen werden.[103]

---

[102] http://wwf.panda.org/about_our_earth/aboutcc/problems/people_at_risk/personal_stories/about_cw/cwscientists/ [28. 10. 2012].

[103] http://www.noconsensus.org/AR5_authors.pdf [28. 10. 2012].

32] Der Hockey-Schläger

Über einen anderen skandalösen Vorfall beim IPCC wurde ein ganzes Buch geschrieben. Man kann Andrew Montforts fesselndes Buch „The Hockey Stick Illusion“ nicht lesen und danach immer noch glauben, in der Welt der Klimawissenschaft sei alles in Ordnung.

„Hockeyschläger“ ist der Spitzname einer Temperaturgrafik, die in der Klimabibel von 2001 den zentralen Platz einnahm. Sie sollte beweisen, dass die Temperatur vom Jahr 1000 bis zum 20. Jahrhundert fast stabil gewesen und erst danach dramatisch nach oben geschossen war. Der flache Teil der Kurve erinnert dabei an den langgezogenen Griff eines Hockeyschlägers, der Aufwärtstrend an die Schlagfläche.

In der Klimabibel von 2001 erschienen unterschiedliche Versionen dieser Grafik an fünf verschiedenen Stellen. Als der Ko-Vorsitzende der Arbeitsgruppe 1 den Medien deren Ergebnisse präsentierte, wurde hinter ihm eine vergrößerte Version der Grafik eingeblendet. Seither tauchte der Hockeyschläger in einer Vielzahl von Regierungsdokumenten und an herausragender Stelle in Al Gores Film „Eine unbequeme Wahrheit“ auf.[104]

---

[104] Dazu Ross McKitrick: „Um was geht es bei dieser Debatte? Der Hockeyschläger [...] war für den [IPCC-Bericht] von 2001 zentral. Er erscheint als Abbildung 1b in der Zusammenfassung der Arbeitsgruppe 1 für politische Entscheider, als Abbildung 5 in der Technischen Zusammenfassung, zweimal in Kapitel 2 (Abbildungen 2-20 und 2-21) des Hauptberichtes und als Abbildungen 2-3 und 9-1B im „Synthesis Report“. Unter Bezugnahme auf diese Abbildung wird in der IPCC-Zusammenfassung für politische Entscheider (S. 3) behauptet, es sei wahrscheinlich, „dass die 90er Jahre das wärmste Jahrzehnt und 1998 das wärmste Jahr des Jahrtausends“ in der nördlichen Hemisphäre gewesen seien. Vgl. McKitricks Papier dazu:
http://www.uoguelph.ca/~rmckitri/research/APEC-hockey.pdf [28. 10. 2012].
Beispiele für den Hockeyschläger in offiziellen Dokumenten finden sich bei der schwedischen Umweltschutzbehörde mit dem Ziel, die IPCC-Sicht einer breiteren Öffentlichkeit zu kommunizieren (S. 9), http://web.archive.org/web/20060218061837/http:/www.naturvardsverket.se/bokhandeln/pdf/620-8155-1.pdf [28. 10. 2012], beim neuseeländischen Umweltministerium, www.mfe.govt.nz/publications/climate/more-than-global-warming/more-than-global-warming.pdf [28. 10. 2012], im „Strategic Plan for the Climate Change Science Program“ der US-Regierung (2003), http://www.climatescience.gov/Library/stratplan2003/default.htm [28. 10. 2012], bei der australischen Regierung, http://www.webcitation.org/609fAGj3M [28. 10. 2012], auf

Je nachdem, ob man mit einem Klimaskeptiker oder mit einem Klima-Aktivisten redet (die Leute aus der zweiten Gruppe kontrollieren die Wikipedia-Seiten zu diesem und vielen anderen Themen, die mit dem „Klimawandel" zu tun haben), ist die Hockeyschlägerkurve entweder vollständig diskreditiert oder nach wie vor seriöse Wissenschaft, deren Ergebnisse von vielen unabhängigen Studien bestätigt wurden.[105] Wie Montfort darlegt, sind solche Behauptungen bezüglich einer unabhängigen Bestätigung suspekt, weil diese Studien vielfach von derselben kleinen Forscherclique erstellt wurden, die gleichen fehlerbehafteten statistischen Methoden verwenden und/oder sich auf die gleichen dubiosen Rohdaten stützen.

Für die Zwecke unserer Darstellung ist es wichtig darauf hinzuweisen, dass das IPCC keine gewissenhafte Prüfung durchgeführt hat, bevor es dem Hockeyschläger eine so große Bedeutung hat zukommen lassen. Es machte sich dort keiner die Mühe, noch einmal nachzurechnen.

Es ist wichtig zu sehen, dass diese Grafik im Vergleich zur lange von der Wissenschaft akzeptieren Lehrmeinung eine völlig neue Sicht auf die Temperaturgeschichte darstellte. Selbst das IPCC hatte in seiner Klimabibel von 1990 eine eher traditionelle Temperaturgrafik abgebildet. Sie zeigte die Warmzeit während des Mittelalters – dargestellt durch eine hohe Erhebung auf der Temperaturlinie. Ihr folgte eine unter dem Namen „Kleine Eiszeit" bekannte Periode, die um 1850 zu Ende ging – die Grafik zeigt hier eine tiefe Senke.[106]

Webseiten der kanadischen (http://adaptation.nrcan.gc.ca/posters/bc/bc_02_e.php) und der französischen Regierung (http://www.ademe-guyane.fr/index.php?action=12) [28. 10. 2012], sowie bei der EU-Umweltagentur, www.eea.europa.eu/data-and-maps/figures/reconstructed-and-measured-temperature-over-the-last-1-000-years-northern-hemisphere-and-projected-temperature-rise-in-the-next-100-years/cc-temperature-1000-years.eps [28. 10. 2012].

[105] Zu Wikipedia und Klimawandel, vgl. „How Wikipedia's green doctor rewrote 5.428 climate articles" („Wie Wikipedias grüner Doktor 5.428 Klima-Artikel umschrieb"), http://www.webcitation.org/6245mkwJ1 [28. 10. 2012]. Dort wird berichtet, dass eine Einzelperson, der britische Wissenschaftler und Öko-Aktivist William Connolley, 5.428 Wikipedia-Einträge verfasst oder umgeschrieben und 500 weitere gelöscht hat. Er ist verantwortlich dafür, dass 2.000 andere Wikipedia-Autoren gesperrt wurden. Vgl. auch „Wikipedia's Zealots" („Die Wikipedia-Fanatiker"), http://www.webcitation.org/6245qyHW7 [28. 10. 2012].

[106] Vgl. http://en.wikipedia.org/wiki/File:IPCC_1990_FAR_chapter_7_fig_7.1(c).png [29. 10. 2012], die Grafik aus dem Kap. 7 des 1990er Berichts, die die herkömmliche Sicht auf die Temperaturgeschichte zeigt.

Es ist seltsam und widersprüchlich, dass eine Organisation, die so vehement betont, einen weltweiten wissenschaftlichen Konsens zu repräsentieren, systematisch so viele Ansichten, über die unter vielen Wissenschaftlern Konsens herrscht, „verschwinden" läßt. Das IPCC ignoriert den Konsens unter den Hurrikanexperten, dass es keinen erkennbaren Zusammenhang mit einer vermuteten globalen Erwärmung gibt. Es ignoriert den Konsens unter denen, die zu Naturkatastrophen forschen, darüber, dass zwischen menschlichen Treibhausgasemissionen und den steigenden Kosten dieser Katastrophen kein Zusammenhang besteht. Es ignoriert den Konsens unter den führenden Malariaexperten, dass die globale Erwärmung keine Ausbreitung der Malaria brachte.

In jedem dieser Fälle ersetzt das IPCC Fakten durch seine eigene Version der Wirklichkeit. In jedem dieser Fälle lässt diese Version der Wirklichkeit die Erderwärmung viel schlimmer aussehen, als sie echten Experten zufolge nach den vorliegenden Daten ist.

Die Hockeyschläger-Grafik ist ein weiteres Beispiel dieses Phänomens. Don Easterbrook befaßt sich seit 50 Jahren in Studium und Lehre mit Geologie. Er ist Autor dreier Fachbücher und von 150 Studien. Er meinte, als Geologen den Hockeyschläger zum ersten Mal sahen, hätten die meisten gelacht: „Schaut man bei GeoRef nach, der Referenzdatenbank für Veröffentlichungen in Geologie, findet man 485 Studien zur Mittelalterlichen Warmzeit und 1.413 Studien zur Kleinen Eiszeit. Macht zusammen 1.900 Studien geologischer Literatur. Und dann erwartet man von uns zu glauben, dass eine einzige, auf Baumringen beruhende Grafik all diese Studien widerlegt? Unmöglich."[107]

Der Geophysiker David Deming äußerte ähnliche Bedenken. Er sagte, dass die Mittelalterliche Warmzeit „in der wissenschaftlichen Literatur seit Jahrzehnten anerkannt wird". Die Autoren der Hockeyschlägergrafik hätten sie jedoch mit einem Schlag verschwinden lassen. Deming: „In der Wissenschaft ist es normalerweise so, dass man bei neuen Ergebnissen, die frühere Erkenntnisse infrage stel-

[107] So Don Easterbrook in seinem Vortrag auf der Internationalen Klimakonferenz des Heartland-Instituts im Mai 2010. Vgl. dazu auch die Zusammenfassung von Marc Morano: http://www.climatedepot.com/a/6574/Geologist-Declares-global-warming-is-over--Warns-US-Climate-Conference-of-Looming-Threat-of-Global-Cooling [29. 10. 2012].

len, zeigen muss, warum die früheren Arbeiten falsch sind." Doch zu so etwas hatte das IPCC die Hockeyschläger-Autoren nicht aufgefordert, ehe es sich deren Ergebnisse zu Eigen machte.

Der Leitautor der beiden Studien, die die Hockeyschlägergrafik erstmals zeigten, war ein amerikanischer Geophysiker namens Michael Mann. Er hatte 1998 promoviert. Bereits im April jenes Jahres veröffentlichte „Nature" seine erste „Hockeyschläger"-Studie. Die zweite erschien im März darauf in einer anderen Zeitschrift.

Es folgt das altbekannte Lied: Dass Mann gerade erst seinen Doktor gemacht hatte, hinderte das IPCC nicht, ihn Ende der neunziger Jahre als Leitautor anzuwerben. Innerhalb eines Augenblicks verwandelte sich Mann so zu einem der führenden Experten der Welt. Genauso stört das Bild, dass das IPCC ihn mit der Mitwirkung an genau dem Kapitel der Klimabibel beauftragte, in dem man dann zu dem Schluss kam, seine Grafik sei allen früheren Temperaturrekonstruktionen überlegen.

Die Neugierde des Mathematikers Steve McIntyre wurde geweckt, als der „Hockeyschläger" in den Nachrichten auftauchte und in regierungsoffiziellen Materialien zitiert wurde, die an kanadische Haushalte verteilt worden waren.[108] Als er Anfang 2003 versuchte, die Berechnungen zu überprüfen, die zur „Hockeyschläger-Grafik" geführt hatten, entdeckte er einige beunruhigende Sachverhalte.

Manns Rohdaten waren auf keiner der Webseiten jener Zeitschriften öffentlich hinterlegt, die seine Studien veröffentlicht hatten. Stattdessen musste McIntyre Mann direkt kontaktieren. Dann erhielt er eine Datei, doch die Zahlen passten nicht zusammen. Beim Versuch, die Ursache herauszufinden, entdeckte McIntyre einige Unregelmäßigkeiten, einschließlich falscher Zuordnungen und der Verwendung obsoleter Daten.

McIntyre tat sich daraufhin mit seinem kanadischen Landsmann, dem Ökonomen Ross McKitrick, zusammen. Im Oktober veröffentlichten sie gemeinsam eine Studie, aus der klar hervorging, dass die

[108] Zu Ross McKitrick, vgl. Fn. 100. In seinem Beitrag „What ist the ‚Hockey Stick' Debate About" finden sich ab S. 2 weitere Information über die Informationspolitik der kanadischen Regierung.

hockeyschlägerartig geformte Linie verschwand, wenn man die Fehler in Manns Arbeit korrigierte.[109]

Mann reagierte mit der Behauptung, dass McIntyre falsche Daten verwendet hätte. Anstatt einen neuen Datensatz zu senden, teilte er den beiden Kanadiern die Adresse eines Online-Archivs mit. Sie untersuchten dieses Archiv und entdeckten laut McKitrick, dass diese Daten „fast exakt mit der Datei übereinstimmten, mit der wir ursprünglich gearbeitet hatten. Allerdings unterschieden sie sich in wesentlichen Punkten" davon, wie Mann sie in seiner in „Nature" veröffentlichten Studie beschrieben hatte.

Nachdem diese Diskrepanzen zur Sprache gebracht worden waren, erwiderte Mann, dass die Kanadier nicht in der Lage gewesen seien, seine Berechnungen exakt zu wiederholen. McKitrick erinnert sich: „Daraufhin forderten wir ihn auf, uns seine mathematischen Formeln zur Verfügung zu stellen, um diese leicht auflösbaren Abweichungen zu beseitigen. Zu unserer Überraschung weigerte er sich, uns seinen Computercode zu übermitteln."

Erinnern wir uns: der Hockeyschläger war die wichtigste bildliche Darstellung der 2001er Klimabibel. Der Öffentlichkeit wurde weltweit von Regierungen erklärt, diese Grafik würde beweisen, dass etwas Alarmierendes im Gange sei, dass die Temperaturen im 20. Jahrhundert die höchsten seit 1.000 Jahren wären. Nach Ansicht von McKitrick wäre es ohne diese Grafik wahrscheinlich nicht zum Kyoto-Protokoll gekommen.[110]

Was passierte beim Versuch, ihre Genauigkeit zu verifizieren? Der dafür verantwortliche Wissenschaftler, der noch dazu an einer öffentlich finanzierten Universität angestellt ist und für seine Forschungen öffentliche Gelder erhält, erklärte den Computercode zu seinem Privateigentum. Wirklich.

2005 sendete Mann einen Brief an den Vorsitzenden eines Unterausschusses im US-Kongress, der diese Angelegenheit untersuch-

[109] Meine Darstellung der Arbeiten Steve McIntyres und Ross McKitricks stützt sich auf McKitricks Papier „What is the Hockey Stick Debate About?", insbesondere S. 7f. (wie Fn. 100).

[110] Vgl. Ross McKitrick ebd., S. 3 unten: Ohne die Hockeyschlägergrafik wäre der IPCC-Sachstandsbericht von 2001 „ein völlig anderes Dokument, er wäre nicht zu den dort gemachten Folgerungen gekommen, das IPCC hätte die führenden Politiker der Welt nicht von jenen Maßnahmen überzeugen können, die diese seither einleiteten."

te. Darin hieß es: „Es muss auch betont werden, dass mein Computerprogramm mein privates geistiges Eigentum ist [...] ob ich meine Computerprogramme öffentlich zugänglich mache oder nicht, ist eine Entscheidung, die ausschließlich mir zusteht".

Oben in Kapitel 9 habe ich den Stanford-Professor Jon Claerbout zitiert, der meinte: „Ein Artikel über wissenschaftliche Berechnungsverfahren durch Computer in einer wissenschaftlichen Publikation ist noch keine Wissenschaft, das ist eher Reklame [...]. Die tatsächliche Wissenschaft besteht in der vollständigen Entwicklung der Software und *dem gesamten Satz der Befehle, die die Zahlen erzeugten.*"[111] Das liegt vor allem daran, dass mögliche kleine Fehler im Computercode große Konsequenzen haben können.

Mann hingegen ist der Meinung, dass er seine Computerbefehle für sich behalten kann, falls er das will. Also informierte er arrogant den Vorsitzenden des Untersuchungsausschusses, es wäre eine falsche Vorstellung, dass sein Computercode zur Reproduktion seiner Ergebnisse erforderlich sei. Um seine Position zu unterstützen, zitierte Mann eine schnippische Email von 2003 von David Verardo, einem leitenden Mitarbeiter der „National Science Foundation", an McIntyre: „Dr. Mann und seine US-Kollegen sind in keiner Weise verpflichtet, Ihnen irgendwelche zusätzlichen Daten zu übermitteln, die über die ausführlichen Datensätze hinausgehen, die sie bereits zugänglich gemacht haben. Er ist nicht verpflichtet, Ihnen Computerprogramme, Codes usw. zur Verfügung zu stellen. Seine Forschungen wurden in der fachbegutachteten Literatur veröffentlicht, unter den Augen der Herausgeber und anderer Wissenschaftler, die seine Manuskripte begutachteten. Es steht Ihnen frei, Ihre eigene Analyse der Klimadaten durchzuführen, so wie es ihm frei steht, die seine durchzuführen. Mit der Zeit und neuen Erkenntnissen über das Erdklima werden wir schließlich die ganze Geschichte des Klimawandels kennen. Ich erwarte, dass Sie die Sicht der US NSF [US-Wissenschaftsstiftung] bezüglich Datenzugang und Schutz des intellektuellen Eigentums für US-Forscher, wie ich sie Ihnen schon in meiner vorigen Mail nach Beratung mit der Rechtsabteilung der US NSF übermittelt habe, respektieren."

---

[111] Hervorhebung hinzugefügt. Zur Diskussion über Fachaufsätze, die reine Werbung sind, vgl. http://www-stat.stanford.edu/~wavelab/Wavelab_850/wavelab.pdf [30. 10. 2012], S. 5.

Bitte beachten Sie den letzten Satz: Die Rechtsabteilung sind die Juristen. Michael Mann und die „National Science Foundation" verstecken sich hinter Anwälten.

Den Klimawandelaktivisten zufolge steht nichts weniger als die Zukunft der Welt auf dem Spiel. Doch statt seinen Computercode mitzuteilen, damit seine Berechnungen verifiziert werden können, schob Mann Rechtsanwälte vor. Ja, so verhalten sich wahre Wissenschaftler. Ich bin sicher, Einstein hat es auch immer so gemacht.

Es besteht natürlich noch ein größeres Problem: der Umstand, dass Mann bei seinem antiwissenschaftlichen Verhalten vom amerikanischen Wissenschaftsestablishment unterstützt und begünstigt wurde. Machen wir uns keine Illusion, was hier passiert ist. Die „National Science Foundation", eine bedeutende Vergabestelle von Forschungsmitteln, stellte sich nicht auf die Seite der Transparenz. Sie hat den Kultstatus von Manns Grafik nicht anerkannt. Sie machte sich nicht im Geringsten bewußt, dass es sich um eine ungewöhnliche und außerordentliche Situation handelte. Stattdessen sprach man unbekümmert über Fachbegutachtung und den Lauf der Zeit. Und danach teilte man McIntyre mit, er möge sie in Ruhe lassen.

Wurde Mann in wissenschaftlichen oder gelehrten Kreisen zu einem Paria, weil er den Computercode für eine der wichtigsten Grafiken der Geschichte nicht offenlegte? Urteilen Sie selbst!

Im April 2011 war er an zwei Abenden hintereinander Gastredner der University of Nebraska-Lincoln.[112] Einer Ankündigung der Universität zufolge sei Mann „einer der führenden Klimawissenschaftler des Landes" und ist „Leiter des Penn State Earth System Science Center [Zentrum für Erdsystemforschung der Pennsylvania State University]". Darüber hinaus „war er auch Vorsitzender des Organisationskomitees [des Programms] ‚Frontiers of Science' [‚Grenzen der Wissenschaft'] der ‚National Academy of Sciences'".

Sein Vortragsauftritt wurde übrigens auch „mit einem besonderen Referentenhonorar unterstützt".

In der Geschichte vom „Hockeyschläger" steckt noch viel mehr, vieles davon ist ebenso abstoßend. Zum Beispiel haben namhafte Statistiker die Vorgehensweise von Mann untersucht, mit der er zu

[112] Zu Manns Auftritt an der University of Nebraska siehe: http://newsroom.unl.edu/announce/nextatnebraska/285/2096 [30. 10. 2012].

seinem Ergebnis gelangte, und dabei statistische Fehler gefunden. Sie fanden heraus, dass sich Klimaforscher wie Mann zwar stark auf statistische Analysen stützen, es aber keinen Hinweis darauf gibt, dass sie sich um die Zusammenarbeit mit ausgebildeten Statistikern bemühen.[113]

Der entscheidende Punkt ist dabei, dass das IPCC aggressiv eine Grafik propagierte, die von einem gerade promovierten jungen Wissenschaftler stammte. Obwohl diese Grafik sogar jahrzehntelang anerkanntes Fachwissen in Frage stellte und obwohl diese den weithin geltenden Konsens zum Temperaturverlauf der letzten 1.000 Jahre negierte, bemühte sich das IPCC nicht darum, ihre Genauigkeit zu verifizieren. Was als „eines der strengsten wissenschaftlichen Bewertungsgremien, die es gibt" beschrieben wurde, hielt es nicht für nötig sicherzugehen, dass seine Positionen nicht auf Sand gebaut worden waren.

---

[113] So erklärt der Wegman-Bericht des US-Repräsentantenhauses (S. 3), dass ein Fehler in Manns erstem „Hockeyschläger"- Aufsatz „leicht von jemand ohne Ausbildung in statistischen Methoden übersehen werden kann. Wir stellen fest, dass nichts darauf hinweist, dass Dr. Mann oder einer der anderen Autoren, die sich mit Paläoklimatologie befassen, substantiell mit klassischen Statistikern interagiert hätten [...]. Es ist wichtig festzustellen, dass die Gemeinschaft der Paläoklimatologen isoliert ist; obwohl diese sich sogar stark auf statistische Methoden stützen, scheinen sie nicht mit der Gemeinschaft der Statistiker zusammenzuarbeiten." Der Wegman-Bericht (2006, 91 S.) findet sich mittlerweile nur noch hier:
www.uoguelph.ca/~rmckitri/research/WegmanReport.pdf [30. 10. 2012]. Im Mai 2011 wurde ein Fachaufsatz, der auf dem Wegman-Bericht aufbaute, von einer Fachzeitschrift zurückgezogen. Dabei ging es um den Umgang mit Baumringen. Die problematische Baumring-Diskussion fand sich auch in der Einleitung des Wegman-Berichtes. Nach Ansicht der Redaktion enthielt das Papier „Teile von Texten anderer Autoren zum gleichen Thema aus anderen Publikationen, ohne dass ausreichende Verweise auf diese früheren Arbeiten eingefügt worden wären." Mit anderen Worten waren Teile des Abschnittes über Baumringe des Wegman-Berichts anderswo ausgeschnitten und einkopiert worden, ohne das kenntlich zu machen.
Wer meint, dass die Ansichten von Wegman über die Klimatologen und Statistiken durch diese Kontroverse widerlegt wären, sollte sich daran erinnern, dass ich im 1995er IPCC-Gesundheitskapitel elf Beispiele für hineinkopierte Textteile gefunden habe (vgl. Kap. 29). Nirgendwo gibt das IPCC die Quelle für sein Material an. Sollten alle anderen Aussagen der Klimabibel von 1995 verworfen werden, weil ein Abschnitt plagiiertes Material enthielt? Mehr zur Wegman-Kontroverse hier:
http://retractionwatch.wordpress.com/2011/05/17/controversial-paper-critiquing-climate-change-science-set-to-be-retracted-because-of-plagiarism/#more-2628 [30. 10. 2012],
https://docs.google.com/viewer?a=v&pid=explorer&chrome=true&srcid=0BwKfjKsXaxaGY2NlM2JjM2QtNjY0NC00ODk1LWE2OTctM2ZiZGNlMTE4OTEx&hl=en [30. 10. 2012],
http://climateaudit.org/2010/10/12/copygate/ [30. 10. 2012] und
http://climateaudit.org/2011/05/23/climategate-documents-confirm-wegmans-hypothesis/ [30. 10. 2012].

Das IPCC hat seitdem auch nicht eingegriffen und Mann zu einer Richtigstellung aufgefordert, um Zweifel auszuräumen und diese Angelegenheit ein für alle Mal zu bereinigen.

Mit der 2007er Version der Klimabibel löste sich das IPCC diskret von der Hockeyschlägerkurve. Weder erschien eine Berichtigung. Noch hat man die Berechnungen erklärt oder verteidigt, die der Grafik zugrunde liegen.

Würde sich jemand, der glaubt, dass sich unser Klima kurz vor einem gefährlichen Wendepunkt befindet, wirklich so verhalten?

33] Peer Review nach Art des IPCC

Wir sind dem internen Begutachtungsprozess des IPCC schon einige Male begegnet. Da jedoch IPCC-Funktionäre oft genug damit prahlen und Journalisten ihn ständig in höchsten Tönen loben, werden wir diesen Prozess jetzt noch etwas genauer beleuchten.

Die Klimabibel wird tatsächlich von Hunderten von Leuten geschrieben. Wenn zu jedem Kapitel etwa 30 Personen gehören und da es 44 Kapitel gibt, läuft es auf bis zu 1300 Autoren hinaus – mehr oder weniger, da, wie wir gesehen haben, die zum inneren Kreis Gehörenden oft an mehr als einem Kapitel mitwirken.

Beim IPCC heißt es, 2.500 *weitere* Fachgutachter hätten an der Klimabibel von 2007 mitgewirkt, verteilt auf drei Arbeitsgruppen. Diese Zahl beeindruckt, doch auch sie ist eine Übertreibung. Da IPCC-Autoren oft auch Fachgutachter sind, werden viele doppelt gezählt.

Ein erster Entwurf der Klimabibel würde den Fachgutachtern zur Stellungnahme vorgelegt. Aufbauend auf deren Kommentaren würde ein weiterer Entwurf verfaßt und den Gutachtern erneut vorgelegt. Es wird so getan, als ob all das – die große Anzahl an Beteiligten und die doppelte Befragung – dazu beiträgt, das Dokument wasserdicht zu machen. Uns wird gesagt, dass dieser Bericht nicht nur von Hunderten von Wissenschaftlern verfasst worden ist, sondern auch, dass Tausende weiterer Experten die ersten Entwürfe gelesen haben. Die offensichtliche Schlussfolgerung soll daher sein, dass man sich auf die Schlussfolgerungen des IPCC verlassen kann.

In seiner schriftlichen Zeugenaussage, die er im März 2011 einem Unterausschuss des US-Kongresses vorlegte, erklärte der IPCC-Autor und Meteorologe Richard Somerville, dass „die mehrfachen Stufen Begutachtung [Peer Review]“, denen die IPCC-Berichte unterzogen werden, mit ein Grund wären, warum Abgeordnete diesen Dokumenten vertrauen könnten.

Robert Watson, Vorsitzender des IPCC von 1997 bis 2002, schrieb in einem 2010 veröffentlichten Artikel, dass IPCC-Berichte „zwei Runden der Begutachtung durchlaufen."

Dem WWF zufolge repräsentiert die Klimabibel „den umfangreichsten und gründlichsten Begutachtungsprozess wissenschaftlicher Erkenntnisse aller Zeiten."

Im Jahr 2007 wurde uns von einem Journalisten der „Los Angeles Times" versichert, dass das IPCC die „hervorragendste Autorität hinsichtlich des Klimawandels" sei, und zwar wegen „seines akribischen Begutachtungsprozesses."

Im Jahr 2004 verwarf der Wissenschaftsjournalist Chris Mooney die Argumente der Klimaskeptiker mit dem Verweis auf den „sehr strengen globalen Begutachtungsprozess" des IPCC.

Doch was beim IPCC stattfindet, ist weit von dem entfernt, was mit dem Begriff „Begutachtung" normalerweise verbunden wird. Befürchtungen sind nicht neu, dass diese Bezeichnung unpassend und irreführend ist. Schon 2002 hatten Sonja Böhmer-Christiansen und Aynsley Kellow in ihrem Buch über das Kyoto-Protokoll diese Bedenken zur Sprache gebracht. Sie stellten fest: Obwohl „die IPCC-Oberen die Anwendung des Peer-Review-Verfahrens bei der Erstellung der IPCC-Berichte behaupten", falle deren Verfahren „hinter die normalen Begutachtungstandards zurück", und zwar in „fünf wichtigen Bereichen".

Traditionell erfolgt die Begutachtung, wie sie betonen, anonym. Die Gutachter können sich frei äußern, weil ihre Identität unbekannt bleibt. Das IPCC jedoch versieht jeden Kommentar mit Namen, bevor sie den Autoren vorgelegt werden. Das kommt praktisch einer Einladung an die Autoren gleich, gewisse Anmerkungen sofort zurückzuweisen – weil sie den Gutachter entweder für unbedeutend oder für einen Klimaskeptiker halten, auf den man überhaupt nicht eingehen muss.

Vor dem Versand eines Papiers zur Begutachtung pflegen Fachzeitschriften den Namen des Autors zu entfernen. So wird sichergestellt, dass das Papier wirklich neutral auf der Basis seines Inhalts allein beurteilt wird. Ob der Autor ein unbekannter Forscher oder eine Berühmtheit ist, soll die Bewertung des Gutachters nicht beeinflussen. Beim IPCC jedoch ist die Identität der prominentesten Autoren der Kapitel jedem bekannt. Da einige dieser Autoren auf ihre Fachgebiete großen Einfluss ausüben, dürften die kleineren Geister unter den Gutachtern kaum den Mut haben, sie herauszufordern oder zu gar zu reizen.

Ein ebenso wichtiger Aspekt ist, dass sich eine Fachzeitschrift bei Begutachtungsverfahren neutral verhält. Der Autor reicht ein Papier ein, die Gutachter kommentieren und der zuständige Redakteur bezieht beides in seine Entscheidung darüber ein, ob eine Studie veröffentlicht, umgeschrieben oder zurückgewiesen wird. Der Redakteur hat das Sagen, denn er bestimmt, wessen Sicht vorherrschen soll.

Beim IPCC gibt es keine neutrale Instanz – keinen Schiedsrichter. Der Prozess wurde zu Gunsten der Studienautoren abgewandelt – die selbst entscheiden, ob sie nur einen Punkt gemacht oder gleich die ganze Partie gewonnen haben. Wenn ein Fachgutachter auf den Gedanken kommt, dass ein Autor ein Foul begangen hat, gibt es keinen Schiedsrichter, an den er sich wenden kann und der beide Seiten anhört, bevor er unparteiisch urteilt.

Tatsächlich sehen die Fachgutachter erst lange nach Fertigstellung und Veröffentlichung der Klimabibel, wie die Autoren auf ihre Kritik reagiert haben. Dabei ist es sonderbar, dass das IPCC die Namen der Fachgutachter nennt, ihren Autoren aber erlaubt, anonym zu reagieren. Offensichtlich kümmert es niemanden, dass Autoren so ermutigt werden, zurückweisend zu reagieren. Denn sie müssen nicht befürchten, zur Verantwortung gezogen zu werden.

Doch es gibt noch mehr Unterschiede. Bei einer Fachzeitschrift lesen die Fachgutachter den gesamten Aufsatz. Beim IPCC überprüfen und kommentieren die Fachgutachter, was immer sie mögen, und das aus einem Bericht von insgesamt 3.000 Seiten. Weil die Fachgutachter nicht auf bestimmte Abschnitte angesetzt sind, kann es vorkommen, dass große Teile der Klimabibel überhaupt nicht extern überprüft werden.

Schließlich haben Böhmer-Christiansen und Kellow schon vor einem Jahrzehnt darauf hingewiesen, „dass es unmöglich ist, dass Kapitel-Entwurf *nicht* veröffentlicht wird."[114] Das heißt, dass der schlimmste und bei einem wissenschaftlichen Gutachterprozess am meisten gefürchtete Fall – die komplette Zurückweisung eines Papiers – nie eintritt.[115]

Was beim IPCC vor sich geht, ist keine Begutachtung bzw. Peer Review in der normalen Bedeutung dieses Begriffes. Es ähnelt viel eher dem Verfassen dieses Buches. An einem bestimmten Punkt schickte ich einen Entwurf an Kollegen, Freunde und Verwandte. Diese Menschen opferten großzügigerweise etwas von ihrer kostbaren Zeit, um mein Manuskript zu lesen und Verbesserungsvorschläge zu machen. Mir oblag dann die Verpflichtung, diese Vorschläge zu übernehmen oder es zu lassen.

Nichts war dabei anonym. Es gab keine unabhängige Instanz, die mir sagte, dass es mit dem Buch ohne Berücksichtigung der vorgeschlagenen Änderungen nicht weitergehen könnte. Es bestand kein Risiko, dass mein Buch aufgrund der Meinungen anderer Leute komplett hätte aufgehalten werden können.

Die Bitte an Außenstehende, Verbesserungs-V*orschläge* zu machen, ist nicht dasselbe wie ein wissenschaftlicher Gutachterprozeß. Bei weitem nicht. Es ist erschreckend, dass das IPCC sein informelles Verfahren seit langem mit dem wesentlich gründlicheren, unabhängigeren und risikoreicheren Prozess gleichsetzt, den die Menschen im Sinn haben, wenn sie den Ausdruck *Peer Review* hören.

Können die oben zitierten Persönlichkeiten wirklich nicht zwischen einem wissenschaftlichen Gutachterverfahren und dem unterscheiden, was beim IPCC vor sich geht? Oder versuchen sie, uns hereinzulegen?

Ohne Zweifel unterminiert das laxere IPCC-Gutachterverfahren die Qualität der Berichte. Mindestens fünf Beispielen dafür sind wir begegnet:

Erstens: Wir haben gesehen, wie das IPCC die Fachgutachter entmutigt, die den Studien zugrunde liegenden Daten genauer zu prüfen. Bei dem Versuch, solche Rohdaten zu untersuchen, zog sich

---

[114] Kursiv im Original.

[115] Vgl. Boehmer-Christiansen, Sonja/ Kellow, Aynsley J.: International Environmental Policy: Interests and the Failure of the Kyoto Process, Cheltenham UK, 2002, S. 141ff. Hier findet sich die Diskussion des IPCC-Gutachterprozesses.

Steve McIntyre den Zorn eines leitenden IPCC-Funktionärs zu, der damit drohte, ihn von der Liste der Fachgutachter zu streichen.

Zweitens fiel uns auf, dass sich die Klimabibel von 2007 auf Presseveröffentlichungen als Informationsquelle stützte – trotz der Einwände eines Fachgutachters.

Drittens: Obwohl das IPCC lobenswerterweise die Kritik von Fachgutachtern an einer Grafik über die Kosten von Katastrophen beachtete, bestand die Reaktion darin, sie durch eine neue mysteriöse Grafik zu ersetzen, die noch schlimmer war. Bei einer Zeitschrift hätte der Redakteur eine neu vorgelegte Grafik erneut Fachgutachtern gezeigt. Beim IPCC ist die Sache erledigt, wenn die beiden Bewertungsrunden abgeschlossen sind. Änderungen, die IPCC-Autoren danach vornehmen, unterliegen keiner Überprüfung mehr.

Damit sind wir beim vierten Beispiel: Der Tatsache, dass 26 Zitate aus dem Stern-Bericht in 12 verschiedene IPCC-Kapitel eingefügt wurden, nachdem die Arbeit der Fachgutachter bereits abgeschlossen war. Die IPCC-Fachgutachter wussten von der 26-fachen Unterstützung von Thesen der Klimabibel durch den Stern-Bericht überhaupt nichts und konnten daher keine Kritik vorbringen.

Das fünfte Beispiel stammt aus dem Kapitel „Das nennt man Betrug“. Es betrifft die Mai-Ausgabe der Zeitschrift „Climatic Change“ von 2007, in der 16 von der Klimabibel als Beleg herangezogene Fachaufsätze enthalten sind. Davon war nur einer früh genug zur Veröffentlichung frei gegeben worden, dass Fachgutachter die Möglichkeit zur Überprüfung gehabt haben können. Da sie von den übrigen Papieren nichts wussten, kann man nicht sagen, dass die IPCC-Fachgutachter dem Einbeziehen dieser Aufsätze zugestimmt hätten.

Es gibt eine weitere spektakuläre Demonstration der laxen Begutachtungspraxis beim IPCC. Sie erregte Anfang 2010 große Aufmerksamkeit bei den Medien.

Am 17. Januar 2010 erschien in der Londoner „Times“ ein Artikel unter der Schlagzeile „Die Welt über das Abschmelzen der Himalaja-Gletscher in die Irre geführt“ („World misled over Himalayan glacier meltdown“). Darin hieß es, die Klimabibel von 2007 hätte behauptet, dass die Himalaya-Gletscher wegen des Klimawandels bis 2035 verschwunden sein würden. Das IPCC hatte nur eine einzige Quelle zum Beleg dieser Behauptung genannt – ein Dokument des WWF.

Der wiederum hatte die Zeitschrift „New Scientist" zitiert. Die gab an, dass ihre Informationen aus einem Interview mit einem einzigen Gletscherexperten stammten, Syed Iqbal Hasnain.

Der „Times" zufolge war Hasnain „ein kaum bekannter indischer Wissenschaftler", der seither zugegeben hatte, dass er die Jahreszahl spontan erfunden hätte. Sie sei, gab er zu, kein Ergebnis systematischer Forschung. Andere Gletscherexperten, so die Zeitung, hielten die geschätzte Jahreszahl 2035 für „völlig lächerlich". Der Leiter eines Polarforschungsinstituts wurde mit den Worten zitiert, dass ein vollständiges Abschmelzen innerhalb von 25 Jahren „unrealistisch schnell" wäre. Dem kanadischen Geografieprofessor Graham Cogley, der schon länger „über die Forschungsergebnisse des IPCC unglücklich" war, verdanken wir, dass der Fehler ans Licht kam.

Übrigens hatte die US-Zeitschrift „Time" nur sechs Wochen vorher einen ganzen Sonderartikel über Iqbal Hasnain gebracht. Dort konnte man lesen, dass er in der Art hundertprozentiger politischer Aktivisten erklärt hatte: „Die Diskussion ist vorbei. Wir kennen die Wissenschaft. Wir sehen die Bedrohung. Die Zeit zu handeln ist da."

Die „Times" berichtete weiter, sie hätte einen der Verantwortlichen für das fehlerhafte IPCC-Kapitel über die Himalaja-Gletscher kontaktiert. Dessen Name war Murari Lal, und es überrascht nicht, dass auch er an drei weiteren Teilen der Klimabibel von 2007 mitgearbeitet hatte. Der diesbezügliche Absatz in der „Times" ist wichtig wegen seiner Aussagen zur Arbeitsweise des IPCC: „Lal selbst gibt zu, nur wenig über Gletscher zu wissen. ‚Ich bin kein Gletscherexperte und ich habe die Region nie besucht, deshalb muss ich mich auf glaubwürdige veröffentlichte Forschung verlassen. Die Aussagen im WWF-Bericht wurden von einem angesehenen indischen Wissenschaftler gemacht, und so war die Annahme begründet, dass er wusste, wovon er redete', sagte er."

Aussagen in einer Veröffentlichung von Aktivisten wurden für wahr *gehalten*. Das allein genügte den IPCC-Autoren.

Die Berichterstattung in der „Times" war nur der Anfang. Während die Medien in Nordamerika sich des Themas nur widerwillig annahmen, wurde es in England und Indien zu einer großen Sache. Als direkte Folge setzte das InterAcademy Council (IAC), der weltweite Zusammenschluß von Wissenschaftsakademien, ein Komitee ein, das in der Folge die Online-Befragung finanzierte, auf die ich mich in diesem Buch immer wieder bezog. Der Auftrag des Komitees lautete, die Vorgaben und Verfahren des IPCC zu überprüfen.

Nichts dergleichen war jemals zuvor geschehen. Für mehr als 20 Jahre war die einem verzogenen Kind gleichende Organisation vollständig sich selbst überlassen worden. Die Welt hatte den schönen Schein des IPCC einfach als gegeben akzeptiert.

Das Komitee stand unter Zeitdruck und grenzte daher den Untersuchungsumfang ein. In vier Monaten hörten sich seine Mitglieder Präsentationen an, sammelten die Antworten der Online-Befragung, berieten sich und fertigten dann einen über 100 Seiten langen Bericht an. Dieser Bericht stellte klar, dass der IPCC-Gutachterprozess nicht funktionierte.

Der peinliche Gletscher-Fehler, hieß es darin, hätte völlig vermieden werden können, wenn das IPCC auf seine eigenen Experten gehört hätte. Denn von denen hatte einer bemerkt, dass der Himalaja-Abschnitt in sich inkonsistent war. Ein anderer Experte hatte auf begutachtete Forschungen hingewiesen, die wesentlich vorsichtigere Schlussfolgerungen bezüglich der Geschwindigkeit des Gletscherschwundes enthielten.[116]

Fehler waren bemerkt und angesprochen worden. Doch das IPCC „veränderte den Text nicht“. Dem IAC-Komitee zufolge seien „signifikante Verbesserungen“ nötig.[117] Doch selbst mit solchen Korrekturen wäre der IPCC-Peer-Review-Prozess immer noch nicht „wirklich unabhängig“, wurde eingeräumt.[118] Denn die Verantwortung für die Reaktionen auf Gutachterkommentare verbleibt weiter ausschließlich bei Personen, die zum IPCC gehören.

Wirkliche Unabhängigkeit, so das Komitee, sei nur möglich, wenn Personen als neutrale Schiedsrichter fungierten, die nichts mit dem IPCC zu tun hätten. Es bleibe unklar, „welches wissenschaftliche Gremium die allgemein anerkannte Berechtigung und Möglichkeit hat, eine so große Aufgabe auszuführen“.[119]

---

[116] Wie Fn. 25. Die Himalaya-Debatte findet sich auf S. 40 (Seitenangabe im Dokument) bzw. 22 (PDF-Seiten) des IAC-Berichts.

[117] Ebd., S. 43 bzw. 25.

[118] Ebd., S. 39 bzw. 21.

[119] Ebd., S. 39 bzw. 21.

Zusammenfassend ist zu sagen, dass das IPCC ungeheuer stolz auf seinen Begutachtungsprozess ist. Es erwartet von uns, beeindruckt zu sein, wie viele Menschen mitarbeiten und wie viele Kommentare erhalten und bearbeitet werden.

Doch dieses Verfahren läuft vollkommen falsch ab. Es ist nicht unabhängig. Es kann leicht abgekürzt und umgangen werden. Nichts davon kann sich mit einer akademischen Peer Review messen.

Alle, die den Mythos verbreitet haben, dass das Vorgehen des IPCC einer akademischen Peer Review gleichkommt, sollten sich schämen.

34] Ein vernichtendes Urteil

Nachdem der Bericht des InterAcademy Council im August 2010 veröffentlicht worden war, schrieb ich einen Blogbeitrag, in dem ich dieses Ereignis als einen Wendepunkt bezeichnete. Das Komitee hatte nicht jedes Problem beim IPCC angesprochen, aber eine Aufgabe bewundernswert gelöst: Es hatte das IPCC vom Sockel gestoßen. Endlich fingen wissenschaftliche Akademien an, sich wie Erwachsene gegenüber einem ungezogenen Kind zu benehmen.

Fast alles, was uns der Vorsitzende Rajendra Pachauri über seine Organisation erzählt hatte, löste sich durch den Bericht des Komitees in Rauch auf.

Transparenz, hieß es dort, sei keine Stärke des IPCC.

Obwohl ein Verfahren existierte, wonach graue, nicht begutachtete Literatur gekennzeichnet werden musste, stellte das Komitee in merkwürdiger Untertreibung fest, es sei „klar, dass dieses Verfahren nicht immer eingehalten wird."[120]

Seine Beobachtung, dass das IPCC oft behauptet, es habe großes Vertrauen „in Feststellungen, für die es kaum Belege gibt", führte das Komitee teilweise darauf zurück, dass auch andere IPCC-Verfahren nicht beachtet würden. Es befand sich daher in der misslichen Lage, weitere Maßnahmen zu befürworten und gleichzeitig einräumen zu müssen, dass bereits vorhandene Regeln nicht durchgesetzt würden.[121]

Was den Vorsitzenden selbst angeht, so empfahl der Ausschuss auf äußerst diplomatische Weise, dass Pachauri zurücktreten sollte. Niemand sollte länger als eine Amtszeit Vorsitzender sein. Eine „Ernennung für 12 Jahre (zwei Amtszeiten) ist zu lang für ein so dyna-

---

[120] Ebd., S. 35 bzw. 17.

[121] Ebd., S. 17, 57 bzw. xv, 39.

misches und umstrittenes Feld wie der Klimawandel."[122] Pachauri befindet sich jetzt weit in seiner zweiten Amtszeit. 2002 übernahm er das Ruder im IPCC.

Insgesamt fand der Ausschuss „signifikante Schwächen in jedem wesentlichen Schritt des IPCC-Begutachtungsprozesses". Ich wiederhole: Als sich zum ersten Mal eine unabhängige Gruppe näher mit der Arbeitsweise des IPCC befasste, kamen diese Leute zu dem Schluss, dass *jeder Schritt* des IPCC-Begutachtungsprozesses unter *signifikanten Schwächen* leidet.[123]

Der Kontrast zwischen dem professionellen Tenor des Berichtes und Pachauris Einlassungen kam am deutlichsten bei der Frage nach Interessenkonflikten zum Ausdruck.

In einem Interview mit „The Economist" von 2010 wurde Pachauri gefragt: „Ist es nicht sehr seltsam, dass es diese [wichtige und einflussreiche] Organisation gibt, die keinerlei Verfahren für den Umgang mit Interessenkonflikten hat?"

Pachauri erwiderte zögerlich, er sei sicher, dass so etwas eingeführt werden würde, „wenn die Regierungen, die über das IPCC befinden, entscheiden, dass es sowas geben sollte."

Als nachgehakt wurde, dass er selbst, obwohl acht Jahre im Amt, nichts in dieser Richtung unternommen hatte, erwiderte er: „Warum sollte ich etwas ansprechen, solange es dafür keinen Grund gibt?" Niemals habe er „dafür eine Notwendigkeit verspürt", da sein eigenes Verhalten „tadellos" sei.

Doch das Komitee war unerbittlich. Er forderte, das IPCC sollte „für Interessenkonflikte strenge Regeln beschließen, die für alle Personen gelten, die direkt mit der Vorbereitung von IPCC-Berichten befasst sind."[124]

Vielleicht hatte das Komitee aus Zeitmangel keine Beschwerden untersucht, wonach IPCC-Personal routinemäßig Beurteilungen über eigene Arbeiten abgibt (und über Arbeiten wissenschaftlicher Rivalen). Was das Komitee aber deutlich ansprach war, dass das IPCC „solchen Dingen wie Unabhängigkeit und Voreingenommenheit be-

---

[122] Ebd., S. 64 bzw. 46.
[123] Ebd., S. 31 bzw. 13.
[124] Ebd., S. 71 und 78 bzw. 53 und 60.

sondere Beachtung schenken sollte, um die Integrität und das öffentliche Vertrauen in seine Ergebnisse zu bewahren."[125]

Als ich dies schrieb, sind es nur wenige Wochen bis zum ersten Jahrestag des IAC-Berichtes. Wie viel Fortschritt wurde erreicht? Wie sehr hat sich das Benehmen des verzogenen Kindes verbessert?

Das Komitee hatte Pachauri eine Brücke gebaut, doch er machte von ihr keinen Gebrauch. Diesen älteren Herrn scheint es überhaupt nicht zu stören, dass seine fortgesetzte Anwesenheit die Glaubwürdigkeit des IPCC immer mehr untergräbt. Bis 2014 im Rampenlicht zu bleiben, ist ihm offenbar wichtiger als der Ruf der von ihm geleiteten Organisation.

Den Großteil der Finanzierung erhält das IPCC von einer kleinen Gruppe von Ländern. Gegenwärtig sind das vor allem Deutschland, Japan, die Schweiz und die USA. Hätten die Vertreter dieser Länder mit vereinten Kräften Druck auf Pachauri ausgeübt, hätten sie ihn aus diesem Amt drängen können. Doch trotz des vernichtenden Tenors des IAC-Berichts entschieden sie, das nicht zu tun.

Es gibt übrigens noch eine andere Erklärung. Der Bericht war Ende August 2010 erschienen. Im Oktober traf sich das IPCC zu einer schon vorher anberaumten Tagung in Pusan, Südkorea. Dem Bericht einer indischen Zeitung zufolge hätte der Versuch, Pachauri während dieser Tagung aus dem Amt zu drängen, zu einem internationalen politischen Nachspiel führen können. Die Zeitung berichtete, „Insider meinten, es bestand die Befürchtung, dass ein solcher Druck auf Pachauri eine Konfrontation zwischen den reichen und den armen IPCC-Mitgliedsstaaten provozieren könnte." Mit anderen Worten: Erwarten Sie nicht, dass die IPCC-Führung in absehbarer Zeit zu besserer Arbeit gezwungen wird. Schließlich ist das IPCC nur eines von vielen Elementen eines internationalen Machtpokers.

Also bleibt der beschädigte Vorsitzende nicht nur im Amt, sondern auch die klare Empfehlung des Komitees, das IPCC solle seine Regeln bezüglich der Kennzeichnung grauer Literatur ausbauen, ist auf empörende Weise missachtet worden. Die IPCC-Bürokraten entschieden, dass die Kennzeichnungsvorschrift überflüssig ist, und ließen sie einfach verschwinden.

---

[125] Ebd., S. 71 bzw. 53.

Was die Interessenkonflikte betrifft, so hat im IPCC endlich eine Diskussion begonnen. Doch man beachte: Durch die Benennung der nächsten Autorenmannschaft neun Wochen *vor* der Veröffentlichung des IAC-Berichtes stellte das IPCC bereits sicher, dass bei der nächsten Ausgabe der Klimabibel alles beim Alten bleibt.

Im Mai 2011 führte das IPCC ein Verfahren zur Behandlung von Interessenkonflikten ein, doch ist es zum Teil immer noch verschwommen. Es ist auch alles andere als klar, wie das IPCC das Verfahren durchsetzen will.[126] Im Juni 2011 bestätigte Pachauri, dass das Verfahren nicht auf die Autoren angewendet wird, die derzeit an der nächsten Ausgabe der Klimabibel arbeiten. Seine Begründung, wie er sie gegenüber einem Nachrichtenmagazin äußerte, kann man nur glauben, wenn man sie selbst gehört hat: „Natürlich, wenn man sich mögliche Interessenkonflikte bei Autoren besieht, die mit dem 5. Sachstandsbericht befasst sind, [weil] wir sie bereits ausgewählt haben, **wäre es nicht fair**, sie etwas zu unterwerfen, das sozusagen rückwirkend gilt."[127]

Obwohl es vermeintlich um das Wohlergehen unserer Kinder und Enkel geht, besteht die Hauptsorge des IPCC darin, ob sich die Autoren fair behandelt fühlen. Sogar heute noch ist Pachauri das wahre Problem nicht bewußt: Wenn die Allgemeinheit die IPCC-Berichte nicht mehr als neutral, vorurteilsfrei und objektiv ansieht, muss man sie auch nicht schreiben.

Das IPCC ist also zusammen dreimal getroffen worden: Pachauri hält sich im Amt, die Kennzeichnungsregel ist verschwunden und wirksame Maßnahmen gegen Interessenkonflikte wurden in die ferne Zukunft geschoben. Man kann kaum sagen, dass der IAC-Bericht etwas verbessert hätte.

---

[126] Siehe dieses IPCC-Dokument vom Mai 2011: www.ipcc.ch/meetings/session33/ipcc_p33_decisions_taken_conflict_of_interest.pdf bzw. www.webcitation.org/61uhDAGul [1. 11. 2012]. Die Seiten 5 und 6 („Implementation") sind vollkommen leer. Damals wusste das IPCC noch nicht, wie es die neuen Regeln in Kraft setzen könnte. Solange keine genaue Erklärung des IPCC vorliegt, wie es seine Richtlinien für Interessenkonflikte durchsetzen will – ob vorläufig oder nicht – haben wir allen Grund zur Skepsis hinsichtlich dessen, was von dort kommen wird.

[127] Hervorhebung hinzugefügt.

Doch halt, es gibt noch einen allerletzten Punkt. Das Komitee fand, dass die Struktur des IPCC ungeeignet ist, schnell genug auf Medienkritik zu reagieren. Daher schlug es die Einrichtung eines neuen Gremiums vor, das sich zwischen den planmäßigen IPCC-Treffen mit den die Organisation betreffenden Angelegenheiten zu befassen hätte. Daher wurde u. a. Folgendes empfohlen: „Das IPCC sollte ein Exekutivkomitee einrichten, das zwischen den Plenarsitzungen in seinem Auftrag handeln sollte. Zu den Mitgliedern dieses Komitees sollte der IPCC-Vorsitzende, die Ko-Vorsitzenden der Arbeitsgruppen, das leitende Mitglied des Sekretariats sowie **drei unabhängige Mitglieder, darunter Personen von außerhalb der Klimagemeinde, gehören.**[128]

Im Juni 2011 berichtete Steve McIntyre auf seinem Blog, dass das IPCC dieses neue Komitee tatsächlich ins Leben gerufen hätte. Es gibt nur ein Problem. Obwohl der IAC-Bericht davon sprach, dass *drei unabhängige* Stimmen zum Komitee gehören sollten, darunter solche von *außerhalb der etablierten Klimagemeinde*, hat das IPCC diesen Rat unbeachtet gelassen. Anstelle unabhängiger Personen sitzen jetzt vier seiner Vollzeitangestellten mit am Tisch.[129]

Die Autoren des IAC-Berichtes glaubten, dass das IPCC von der Perspektive Außenstehender profitieren würde. Doch solche gibt es nicht im IPCC.

---

[128] Wie Fn. 25 und 112, S. 63 bzw. 45. Vgl. ebd., S. 17 und 78 bzw. xiii und 60). Hervorhebung hinzugefügt.

[129] Der IPCC-Beschluss findet sich auf Seite 2 unter Ziffer 2.3.3 dieses Dokuments: www.ipcc.ch/meetings/session33/ipcc_p33_decisions_taken_governance_management.pdf [2. 11. 2012]. Darin werden die fünf beratenden Mitglieder aufgeführt, die das IPCC für das neue Exekutivkomitee ernannt hat – den Chef des IPCC-Sekretariats, dazu die vier Leiter der „Technical Support Units“ des IPCC (weitere Informationen zu den TSU findet sich auf dieser Seite unten: www.ipcc.ch/organization/organization_secretariat.shtml [2. 11. 2012].
Das IAC-Komitee selbst meinte, es wäre angemessen, wenn der Leiter des Sekretariats Mitglied des neuen Exekutivkomitees wäre. Das Problem besteht darin, dass das IPCC die drei empfohlenen unabhängigen Mitglieder durch vier eigene Angestellte ersetzt hat. Letztere sind vollkommene IPCC-Insider und damit das genaue Gegenteil der IAC-Empfehlung.

35] Wenn die Jury manipuliert wurde ...

In der Folge des aufsehenerregenden Skandals um die Himalaja-Gletscher versuchten viele IPCC-nahe Wissenschaftler, den Vorfall unter den Teppich zu kehren. Gut, sie geben zu, dass der IPCC-Gutachterprozeß nicht so wasserdicht ist, wie alle dachten. Fehler passieren, kein großes Problem! Was bedeutet schon ein Fehler in einem 3.000 Seiten langen Bericht![130]

Ihre Botschaft war stets, dass die Wissenschaft nicht betroffen, die grundlegende Prämisse vom Menschen, der das Klima auf gefährliche Weise verändert, nicht ins Wanken gekommen sei.[131]

Ich weiß nicht, ob ich lachen oder weinen soll, wenn ich das höre. Hier wird ganz einfach ignoriert, dass man uns jahrelang erzählt

---

[130] Im Januar 2010 sagte der IPCC-Vize Jean-Pascal van Ypersele der BBC: „Ich sehe keinen Grund, warum ein einziger Fehler in einem 3.000-Seiten-Bericht die Glaubwürdigkeit des gesamten Berichts beschädigen könnte." Vgl. www.webcitation.org/61uhSdqTR [2. 11. 2012]. IPCC-Insider Ottmar Edenhofer erklärte im „Spiegel" ganz ähnlich: „Wegen eines Fehlers dürfen wir doch nicht die Glaubwürdigkeit eines fast 3.000 Seiten langen Berichts in Frage stellen." www.spiegel.de/spiegel/print/d-68785476.html [2. 11. 2012]. Auch auf S. 86 der riesigen Antwortsammlung des IAC-Fragebogens bemerkt jemand: „Es ist erstaunlich, dass ein 3.000-Seiten-Bericht, der unter starkem Druck von fehlbaren Menschen verfasst wurde, fast fehlerfrei ist. Das Telefonbuch einer großen Stadt ist ähnlich groß und enthält sicher mehr Fehler. Dieses Thema ist stark überbewertet". Auf S. 46 meint jemand anderes, die geringe Fehlerzahl in IPCC-Berichten sei „außergewöhnlich". Vgl. IAC-Kommentare, wie Fn. 26. Auch der Informatik-Professor Steve Easterbrook leitete im Februar 2010 einen Blog-Beitrag wie folgt ein: „Ich schätze, Schlagzeilen wie ‚Fehler in einem Absatz eines 3.000-seitigen IPCC-Berichts gefunden; Klimawissenschaft davon unbetroffen" würde den Zeitungsabsatz kaum steigern. Stattdessen fabrizieren die Zeitungen eine Story, wonach ein paar Fehler den gesamten IPCC-Prozess unterminieren." Siehe www.webcitation.org/61uhmeZhe [2. 11. 2012].

[131] Siehe z. B. einen Leserbrief der Präsidenten der britischen „Royal Society" und der amerikanischen „National Academy of Sciences" in der „Financial Times" vom 9. 4. 2010. Darin erklären die Leiter der angesehenen Wissenschaftsorganisationen, „wie Ihr Leitartikel einräumt, verändern weder die jüngsten Kontroversen, noch das gegenwärtig kalte Wetter den Konsens unter den Wissenschaftlern: Derzeit geschieht etwas noch nie Dagewesenes." Vgl. What's happening to the climate is unprecedented, from Prof Martin Rees and Dr Ralph J. Cicerone, www.ft.com/intl/cms/s/0/72e349c8-436e-11df-833f-00144feab49a.html#axzz2BAhhdafR [22. 10. 2012].

hat, der gründliche und verlässliche IPCC-Prozess sei der Grund, aus dem wir an den vom Menschen verursachten Klimawandel glauben sollen. Denn durch ihn seien die Fakten überprüft worden und man hätte dabei festgestellt, dass der vom Menschen gemachte Klimawandel ein besonders drängendes Problem darstellt.

2008 erklärte Rajendra Pachauri während einer Rede in Kalifornien, die man sich auf Youtube anschauen kann: „Der Punkt ist, dass wir einen transparenten, umfassenden, extrem weitgefächerten Prozess haben, in den die besten Wissenschaftler und Experten der Welt eingebunden sind, *die uns sagen, dass der Klimawandel existiert.*[132]

Ein Jahr zuvor hatte er betont, die Stärken des IPCC-Prozesses wären „stichhaltige Gründe, die [Erkenntnisse der] Wissenschaft zu akzeptieren."

2007 erklärte die spätere australische Klimaministerin Penny Wong in einem Meinungsartikel für eine Zeitung, es gebe „überwältigende wissenschaftliche Beweise" für einen menschenverursachten Klimawandel. Das infrage zustellen, sei „überaus gefährlich".

Als Beweis verwies sie auf den IPCC-Bericht von 2007. „Das sind keine Erkenntnisse von einem oder zwei Wissenschaftlern", meinte sie. Die Erkenntnisse „stammten aus akribischer Forschung und gründlicher Fachbegutachtung von Hunderten Wissenschaftlern der ganzen Welt" unter Federführung einer Organisation, die von zwei UNO-Gremien eingerichtet worden wäre.

Im gleichen Jahr fragte der amerikanische Juraprofessor Daniel A. Farber in einem Fachaufsatz: „Wie sicher können wir sein, dass der Klimawandel eine echte Gefahr ist? Die verlässlichste Quelle ist der 2007er Bericht des IPCC." Dieser Bericht sei „das Ergebnis eines gründlichen Prüfprozesses" und einer „intensiven, internationalen wissenschaftlichen Bestrebung."

Man hat uns gesagt, unser Glauben an die Gesamtschlussfolgerung, nach der vom Menschen produzierte Treibhausgase das Klima beeinflussen, sollte vom IPCC-*Prozess* ausgehen. Wir wurden gedrängt, an das Endergebnis zu glauben, weil der IPCC-*Prozess* als solcher vertrauenswürdig sei.

---

[132] Hervorhebung hinzugefügt.

Wenn herauskommt, dass dieser Prozess löchrig wie ein Sieb ist, dann können Wissenschaftler und Politiker heute nicht mehr behaupten, dass sei bedeutungslos.

Wenn man in einem Strafprozess herausfindet, dass die Jury manipuliert oder der Richter bestochen wurde, oder dass der Staatsanwalt gelogen hat, muss das Urteil aufgehoben werden. Dann ist es nämlich wertlos.

Zudem genügt unrechtmäßiges Verhalten nur eines Geschworenen, um die Entscheidung der Jury ungültig zu machen. Im Fall des IPCC wissen wir, dass Dutzende Beteiligte Verbindungen zu Aktivistengruppen mit politischen Zielsetzungen unterhalten. Wir wissen, dass es unter den Beiträgern zum Kapitel „Gesundheit" von Gesundheitsaktivisten nur so wimmelte. Wir wissen, dass neutrale Wissenschaftler nie um eine Beurteilung der Stärken und Schwächen der Klimamodelle gebeten wurden – stattdessen fordert das IPCC die Klimamodellierer dazu auf, uns die Schönheit ihrer Projekte selbst zu erklären.

Wir wissen, dass der Oberste Richter, der Vorsitzende Rajendra Pachauri, Maßnahmen gegen den Klimawandel als Bestandteil eines größeren Vorhabens ansieht. Wir wissen, dass nichts von dem, was er über seine eigene Organisation verlautbart, für bare Münze genommen werden kann, sondern wahrscheinlich völlig falsch ist.

Was sagt uns das alles?

Das bedeutet, der IPCC-Prozess ist erledigt. Das bedeutet, dass das Urteil, der Mensch sei für die Verursachung eines gefährlichen Klimawandels verantwortlich, nicht aufrecht erhalten werden kann.

Das Verfahren muss wieder aufgerollt werden.

36] Löst das IPCC auf!

Viele glauben, dass das vom Menschen erzeugte Kohlendioxid unser Klima schädigt. Doch ob das wahr ist, bleibt ungewiss. Wenn in einem Prozess Unregelmäßigkeiten vorkommen, sehen wir alle die Unmöglichkeit ein, den Angeklagten zu verurteilen – oder freizusprechen.

Eine neue Verhandlung ist unausweichlich. Dabei ist es von entscheidender Bedeutung, fast alle am vorherigen Verfahren Beteiligten auszuschließen. Der Fall ist neu zu prüfen – von einem neuen Richter, neuen Geschworenen und einem neuen Staatsanwalt. Diese neue, unbefangene Gruppe muss von vorne anfangen.

Das IPCC arbeitet derzeit an der fünften Ausgabe der Klimabibel. Sie wird allgemein als AR5 („Assessment Report #5") bezeichnet, jedoch keineswegs von neuen Leuten verfaßt. Ganz im Gegenteil.

Pachauri, der Vorworte für Greenpeace-Publikationen schreibt, ist immer noch verantwortlich. Das allein ist vernichtend für die Glaubwürdigkeit des AR5.

Ove Hoegh-Guldberg – der seit fast zwei Jahrzehnten mit Greenpeace eng verbunden ist – verantwortet jetzt ein ganzes Kapitel. Wie Michael Oppenheimer, der noch länger für den „Environmental Defense Fund" arbeitete.

Greenpeace-„Legende" Bill Hare ist Leitautor. Richard Moss, ehemals WWF-Vize-Präsident, und Jennifer Morgan, ehemals WWF-Sprecherin, sind auch dabei.

Andreas Fischlin und Guy Midgley, die beiden engen WWF-Freunde, die früher das Kapitel über den Artenschwund leiteten, nehmen auch teil. Wie Rik Leemans und Lesley Hughes, zwei weitere mit dem WWF verbundene Autoren dieses Kapitels.

Sari Kovats, die erst 2010 promovierte, leitet ein Kapitel. Wie Jens Hesselbjerg Christensen – der 10 Forschungspapiere zitierte, die noch nicht einmal von einer Zeitschrift angenommen worden waren, als er das letzte Mal für ein Kapitel verantwortlich war.

Gabriele Hegerl, die sich offen geweigert hatte, Steve McIntyre die Überprüfung ihrer Daten zu erlauben, macht wieder mit. Auch Kevin Trenberth – dessen Äußerungen über Wirbelstürme Chris Landsea zum Rücktritt veranlassten. Alistair Woodward verantwortet jetzt das Kapitel „Gesundheit", ungeachtet der von ihm verfassten offen politischen Traktate.

Nicht zu vergessen Thomas Stocker, der Klimamodellierer, der für den AR5 die Arbeitsgruppe „harte Wissenschaft" leitet. Da er meint, dass sich die Benzinpreise verdreifachen und sich alle am großen Ziel einer Dekarbonisierung der Gesellschaft beteiligen müssen, ist es klar, dass das Ergebnis für ihn bereits feststeht. Kann man wirklich annehmen, dass eine von ihm geleitete Arbeitsgruppe den Angeklagten freisprechen wird?[133]

Betrachtet man die Mitarbeit der oben Genannten, kommt man zu dem Schluß, dass die wissenschaftlichen Aussagen der nächsten Klimabibel bereits diskreditiert sind. Die Weigerung des IPCC, ein neues Verfahren für Interessenkonflikte einzuführen, unterstreicht das nur noch. Ohne Bedenken ernsthafterer Natur auf Seiten des IPCC hätte es keinen Grund dafür gegeben, es nicht sofort anzuwenden. Der AR5 ist daher gründlich kompromittiert.

Jahrelang wurde uns gesagt, das IPCC wäre eine respektable und professionelle Organisation – ein Erwachsener in Nadelstreifen. In Wirklichkeit handelt es sich bei ihm um einen kriminellen Jugendstraftäter, dem man nicht vertrauen darf.

Sicher können sich Klima-Aktivisten und Klima-Skeptiker darauf einigen, dass die Zukunft unseres Planeten zu wichtig ist, um in solchen Händen belassen zu werden. Die Regierungen sollten die Finanzierung sofort einstellen und das IPCC auflösen.

Die dort mitmachen, sollten ohne Abendessen zu Bett geschickt werden – nach einer deutlichen Standpauke.

Viele dieser Leute glauben wirklich, dass die Erde durch den menschengemachten Klimawandel in Gefahr ist. Zumindest haben sie alle Studien verfaßt, von denen erwartet werden kann, dass sie billionenschwere Ausgabeentscheidungen beeinflussen. Billionen, die für die Lösung anderer Probleme nicht mehr verfügbar sind.

[133] Vgl. das alte und neue Autorenverzeichnis für den AR5, wie Fn. 35.

Wenn man berücksichtigt, wie viel auf dem Spiel steht, war ihr Verhalten skandalös unprofessionell. Was haben sie dabei gedacht?

Schaut man sich um, findet man noch mehr Schuldige. Viele Erwachsene waren an der Erziehung des jungen Straftäters beteiligt.

Die, die das IPCC schufen, hätten von Anfang an wirksame Kontroll- und Ausgleichsmechanismen einbauen müssen. Die Medien hätten das IPCC eingehenden Überprüfungen unterziehen können, was anderen Organisationen hilft, sauber zu bleiben. Die Umweltschützer hätten sich im allgemeinen Interesse heraushalten sollen.

Und die Wissenschaftler – also mein Respekt für Wissenschaftler und wissenschaftliche Organisationen ist seit dem Beginn der Recherchen für dieses Buch in sich zusammengefallen.

Die wahre Moral dieser Geschichte ist, dass Wissenschaftler auch nur Menschen sind. Sie können genauso kurzsichtig, politisch und ehrlos wie wir alle sein.

Über die Autorin

In den neunziger Jahren war ich Journalistin und habe oft schwierige investigative Artikel für kanadische Zeitschriften und Zeitungen geschrieben. Bei meinen Herausgebern hatte ich wegen meiner Hartnäckigkeit und meiner sorgfältigen Dokumentation einen guten Ruf.

Vier Jahre lang habe ich eine wöchentliche Kolumne für die kanadische Zeitung mit der höchsten Auflage geschrieben, *The Toronto Star*. Zwischen 1998 und 2001 gehörte ich zum festen Redaktionsteam der *National Post*. Dort schrieb ich neben meiner redaktionellen Arbeit Leitartikel und Kolumnen.

Ende 2001 wurde die Zeitung verkauft und mehr als 100 Mitarbeiter entlassen. Ich hörte mit dem Journalismus und dem Schreiben völlig auf. Ich habe nie erwartet, noch ein weiteres Buch zu schreiben (mein erstes war 1996 veröffentlicht worden, es ging um die Frauen-Emanzipation).

Anfang 2009 wurde jedoch überall emotional aufgeladen über Klimawandel geschrieben – auch auf den Seiten der von mir bevorzugten Presseerzeugnisse. Viele Analysen erschienen mir zu flach. So begann ich mit eigenen Recherchen und las Dutzende Bücher, die die vielen Facetten der Klimadebatte untersuchten.

Als ich bemerkte, dass viele angesehene Wissenschaftler nicht an eine bevorstehende Klimakatastrophe glaubten, war ich verärgert, darüber zuvor nichts gehört zu haben. Deshalb startete ich die Webseite *noconsensus.org*. Sie sollte darüber informieren, dass es noch eine Kehrseite der Geschichte gab.

Zu Klarzustellung: Ich bin nicht durch FOXNews oder konservative Radiostationen zu meinen Schlussfolgerungen gekommen. Ich bin eine an Druckerzeugnissen orientierte Kanadierin. Ich höre selten Radio. Außer gelegentlichen Hockey-Übertragungen und der Amtseinführung Obamas habe ich seit Jahren nichts im Fernsehen angeschaut. Ich kann mich wirklich nicht erinnern, jemals FOXNews gesehen zu haben. Konservative Medien sind daher nicht im Entferntesten für meine Ansichten zum Klimawandel verantwortlich.

Was für Ansichten sind das? Nach über zwei Jahren Recherche stehe ich fest im Lager der Klima-Skeptiker. Journalisten sollen ja sowieso skeptisch sein. Sie sollen niemandem von vornherein glauben. Man erwartet von ihnen, dass sie nachgraben, nachfragen und zweifeln.

Als Journalistin wurde ich von allen möglichen Leuten belagert, die mich in ihre privaten kleinen Kriege hineinziehen wollten, die hofften, ich würde ihre Sicht der Dinge öffentlich wiedergeben – und nur ihre Sicht. Meiner Ansicht nach haben Journalisten, die es zulassen, von Klima-Aktivisten benutzt zu werden, ihre Berufsehre und das Vertrauen der Öffentlichkeit verspielt.

Von 1998 bis 2001 war ich auch Vizepräsidentin der „Canadian Civil Liberties Association" („Kanadische Gesellschaft für Bürgerrechte". Ich glaube fest an freie Meinungsäußerung. Dass einige Klima-Aktivisten versucht haben, andere Ansichten „verschwinden" zu lassen, ist deshalb ein riesiges Alarmsignal. Es ist eine Sache, eine andere Meinung zu haben. Es ist aber etwas völlig anderes, vorzutäuschen, deren Meinungen würden gar nicht existieren – oder zu behaupten, deren Meinungen verdienten keine Aufmerksamkeit.

Ich stimme mit dem amerikanischen Autor A. MacLeish zu, der meinte: „Wenn man erst einmal denen, die von ihrer eigenen überragenden Richtigkeit überzeugt sind, erlaubt, Menschen mit entgegengesetzter Meinung zu zensieren, zu unterdrücken und zum Schweigen zu bringen, ist der Moment gekommen, an dem sich die Festung ergibt."

Ich stimme auch mit John Stuart Mill überein, der vor 150 Jahren darauf hinwies, dass die Zensur nicht nur dem schadet, dessen Stimme zum Schweigen gebracht wurde, sondern der Gesellschaft insgesamt, weil allen anderen das Hören abweichender Meinungen und die eigene Meinungsbildung verwehrt wird. Wie Mill anmerkte, hat niemand die „Berechtigung, eine Frage für die gesamte Menschheit zu entscheiden", ganz gleich, wie wichtig ihm das ist.

Ich fing dann den Blog NoFrakkingConsensus an – der Titel gibt meinen wachsenden Frust wieder. Leute wie Al Gore versuchten, weitere Diskussionen mit dem Spruch „die Debatte ist vorbei" abzuwürgen. UN-Vertreter erklärten es für „unmoralisch", die Notwendigkeit von Sofortaktionen gegen den Klimawandel auch nur infrage zu stellen. Man sagte dort, der Verzicht auf Maßnahmen gegen den Klimawandel sei „kriminell unverantwortlich“. Für mich waren das alles Zeichen, dass etwas falsch lief.

Als ich noch jünger war, trug ich einen Button mit dem Motto „Hinterfrage Autoritäten!“ Als Feministin mit einem Abschluß in Frauenstudien glaube ich daran, meine eigenen Entscheidungen zu treffen. Ich erlaube niemandem, mich zu gängeln. Nicht den Männern und auch nicht den grünen Aktivisten.

Ich bin nicht erst gestern auf die Welt gekommen. Ich habe bereits zu viele von den Medien aufgebauschte Geschichten erlebt, die sich nicht bewahrheiteten. Der Jahr-2000-Fehler ist nur ein Beispiel. Man hatte verbreitet, am 1. Januar 2000 würde die Welt abgeschaltet, dass viele Firmen zusammenbrechen würden, dass Millionen Menschen in der Dritten Welt verhungern könnten, dass Asien am Ende wäre. Man hatte uns weisgemacht, dass nur diejenigen keine Angst hätten, die die Größe des Problems nicht verstehen. Doch am Ende handelte es sich um ein Nicht-Ereignis.

Als Kind hörte ich oft, dass die Wälder vom sauren Regen vernichtet würden. Auch das war eine aufgepumpte Nicht-Krise. Erwachsene zeigten uns in der Schule schreckliche Filme, die sich dann als Unsinn herausstellten.

Leute, die mich glauben machen wollen, dass es eine planetare Krise gibt, müssen mich überzeugen. Ich glaube es nicht, nur weil sie es sagen. Wenn sie versuchen, mich zu einzuschüchtern, anstatt mir ihre Meinung ruhig, besonnen und vernünftig darzulegen, können mich kaum gewinnen.

Die Klimawandeldebatte ist merkwürdig. Ich kenne kein anderes Thema, bei dem Leute herumlaufen und sagen: „Die Debatte ist vorbei!“ Wo – und wann genau – hat eine solche ehrliche Debatte stattgefunden? Wie wurde der Sieger ermittelt? Wer entschied das und mit welcher Begründung?

Es ist schon sonderbar, dass manche, die die Dinge anders sehen, versuchen, meine Ansichten zum Klima mit denen von Rassisten, Holocaust-Leugnern, Kindsmördern, mit einer Geisteskrankheit oder der Tabak-Industrie in Verbindung zu bringen. Es ist bizarr, dass Premierminister und andere Offizielle glauben, es sei gerechtfertigt,

Klimaskeptiker öffentlich als Feiglinge, Saboteure und Wissenschaftshasser, die glauben, die Erde sei eine Scheibe, zu bezeichnen.

In welchem Universum soll es vernünftig sein, die, deren Erkenntnisse von den eigenen abweichen, zu erniedrigen und zu drangsalieren? Wie war das mit der Toleranz und gegenseitigem Respekt?

Ich habe einige Jahre über Familienrecht geschrieben. In Scheidungsprozessen lässt keine Partei an der anderen ein gutes Haar. Dort wie hier sind alle Beschimpfungen und Herabsetzungen der Motive der jeweils anderen Seite irrelevante Ablenkungen vom Eigentlichen. Meine Aufgabe als Journalistin war es, hinter die Emotionen zu blicken, die schwarz auf weiß existierende Beweislage zu untersuchen und Schlüsse über das Geschehene zu ziehen.

Eine meiner ersten Geschichten als junge Journalistin handelte von einem Mann, der irrtümlich wegen Mordes verurteilt worden war. Obwohl zahlreiche Unregelmäßigkeiten während seines Prozesses ans Licht gekommen waren, wurde er von den Geschworenen für schuldig befunden.

Geschworene entscheiden durch Konsens – jeder Geschworene muss mit dem Urteil einverstanden sein. Doch sie können sich irren und tun das auch. In dem Prozess wurden forensische Beweise falsch verwendet, um eine Verurteilung zu stützen. Damals habe ich gelernt, dass Wissenschaft von Menschen mit einer Agenda missbraucht werden kann. Manchmal sind es Polizeibeamte und Staatsanwälte. Manchmal sind es Umweltaktivisten und UNO-Bürokraten.

Ich blieb an der Sache dran, bis ein zu Unrecht wegen Mordes einsitzender Mensch wieder frei kam, rehabilitiert wurde und eine Haftentschädigung erhielt.

Mit anderen Worten: Ich habe schon früher Minderheitenmeinungen vertreten – und ich weiß, dass die Welt zur Vernunft kommen kann.

Danksagung

Über zwei Jahre lang bin ich auf die eine oder andere Weise von Menschen unterstützt worden, die mithalfen, dieses Buch entstehen zu lassen.

Mein Ehemann Alan (auch als mein persönlicher außergewöhnlicher Küchenchef bekannt) zweifelte nie am Wert dieses Vorhabens, ungeachtet der Belastung, die es für unsere Haushaltskasse war. Wie James Delingpole bemerkte, ist alles Schreiben, das vom Narrativ des Wir-werden-alle-am-Klimawandel-zugrundegehen abweicht, „der Albtraum des Journalisten. Es ist auch der Albtraum des Bankers des Journalisten. Darüber hinaus – fragt meine Frau – ist es auch der Albtraum des Ehepartners des Journalisten."[134]

Neue Ideen haben es schwer, bis sie Zuhörer finden. Sie brauchen Zeit, bis sie Fahrt aufnehmen. Weil sie den modischen Trends entgegen stehen, werden sie häufig ohne Nachdenken verworfen.

Dieses Buch zu schreiben war wirtschaftlich gesehen keine gute Idee von mir. Doch ich genieße das Privileg, seit über zwei Jahrzehnte mit einem weitsichtigen und integeren Mann verheiratet zu sein, der auch noch mein größter Bewunderer ist.

Große Teile dieses Buches wurden im Haus lieber Freunde geschrieben, Suzy und Darrel Miller, während sie eines ihrer zahllosen Abenteuer unternahmen. Sie sind außergewöhnliche Menschen, die die Künste wie die Luft zum Atmen brauchen. Ihre Bleibe quillt über von Farben und Mustern und lebt durch kreative Energie. Gemälde, Skulpturen, Fotografien und Musik im Überfluss.

Ich verbrachte viele Wochen mit dem lieben ol' Billy, ihrem lieben 18 Jahre alten Hund. Er ist inzwischen im Hundehimmel. Und ich habe einiges über den Dämon erfahren, der hinter den Augen ihrer dunkelfelligen Katze lauert.

---

[134] Vgl. James Delingpole, Watermelons: The Green Movement's True Colors [2011], Kap. 4.

An anderer Stelle habe ich beschrieben, wie dieses Buch als Projekt begann, sich dann veränderte und danach wieder neu erstand.

Die Geschichte vom Klimawandel ist so umfangreich, so vielschichtig und umfasst einen so langen Zeitraum, dass es schwierig ist, Schwerpunkte zu setzen. Ich habe sehr mit dem Manuskript ringen müssen. Ohne Suzys and Darrels Großzügigkeit – eingeschlossen einige große Rotweinflaschen – hatte ich diese Kämpfe sicher nicht gewonnen.

Ich lebe im Osten Kanadas, die Bloggerin Hilary Ostrov an der Westküste. Drei Zeitzonen liegen zwischen uns, doch dank des Internets und billiger Telefonkosten wurden wir rasch Freundinnen. Sie war eine ermutigende Stimme, die mir am anderen Ende der Leitung versicherte, ich würde nicht verrückt werden. Ja, moralische Entrüstung ist angesichts der Umstände angemessen. Nein, die Erklärungen, die man uns ständig gibt, sind sinnlos.

Hilary konnte 678 Seiten Material loseisen, auf das sich dieses Buch stützt. Während seiner Untersuchung von 2010 des IPCC veröffentlichte das Komitee des InterAcademy Council einen Online-Fragebogen. Uns wurde gesagt, die Antworten würden veröffentlicht. Doch Monate nach Freigabe des Berichts war das immer noch nicht geschehen. Hilary hat die Angelegenheit rastlos verfolgt, bis einige (aber nicht alle) Antworten preisgegeben wurden.

Aus journalistischer Perspektive sind diese reines Gold – sie kommen Interviews mit Dutzenden Menschen über ihre Erfahrungen mit dem IPCC gleich. Bevor ich dieses Material gelesen hatte, war das IPCC eine abgeschottete und verwirrende Organisation. Danach lagen viel mehr Puzzleteile an der richtigen Stelle.

Hilary ist nicht nur eine Grammatikexpertin, Softwarespezialistin und großartige Lektorin. Sie war auch bei der Entwicklung eines äußerst effektiven Software-Recherchewerkzeugs für all die beteiligt, die sich mit dem IPCC befassen. Dank ihrer Partnerschaft mit dem australischen Programmierer Peter Bobroff gibt es jetzt eine kommentierte Version des IPCC-Sachstandsberichts von 2007, das problematische Themen markiert. Es kann hier eingesehen werden: http://accessipcc.com.

Früher entwarf man die Gliederung eines Buches, schrieb ein paar Beispielkapitel und fand einen Verleger, der einem einen Vertrag und eine Abschlagszahlung auf das Honorar gab. Dann zog man sich an einen ruhigen Ort zurück und machte sich an die Arbeit.

Doch die Chance, einen Verleger für ein Enthüllungsbuch über eine den meisten Menschen unbekannte UN-Institution zu finden, ist nicht gerade hoch. Dass dieses Buch auch noch das Klimawandel-Dogma angreift, verschärfte alles. Im Vorwort seines 2008 erschienen Buches „An Appeal to Reason: A Cool Look at Global Warming" („Ein Appell an die Vernunft: Ein kühler Blick auf die globale Erwärmung") schreibt Nigel Lawson, dass sein Manuskript zuvor „von jedem britischen Verleger abgelehnt wurde, dem es vorgelegt worden war – und das waren eine ganze Menge", obwohl seine drei vorhergehenden Bücher „keinerlei Schwierigkeit hatten", britische Verleger zu finden.

Während ich dieses Buch schrieb, habe ich deshalb regelmäßig auf NoFrakkingConsensus.com gebloggt. Das schien mir der richtige Weg zu sein, einen Leserstamm aufzubauen, denn ich wollte das Buch direkt über Amazon.com herausbringen – die alleinige Vertriebsverantwortung sollte bei mir liegen.

Was ich nicht vorhersehen konnte war, dass meine Leser eine solch enorme Quelle der Hilfe und Ermutigung werden würden. Über 40 Menschen aus 12 Ländern widmeten ihre Zeit freiwillig dem Bürger-Audit – ein Projekt, das ich niemals hätte allein beenden können. Deshalb schulde ich folgenden Menschen großen Dank: Anonymous, Anonymous2, Gordon Andelin, Bob Ashworth, Alexandra Belaire, Hazel Brown, David Bruce, Darko Butina, C3 Editor, Jennifer M. Cohen, Herve Deveaux, P. Gosselin, Gurgeh, Dann Gustavson, J. Harris, Harry, Robert Herron, Tim Hulsey, Mike Jowsey, Les Johnson, Jane Kerr, Mark L., David Lee, Michael E. McKee, Riku Mellin, Sarie Moolman, John Moore, Richard C. Myer, Hilary Ostrov, Larry Pope, Dan Rempel, Tom Reeher, D. Robinson, John Salmi, Sam at ClimateQuotes.com, Andy Scrase, Michael A. Saunders, southfarthing, Oguzhan Tandogac, TTY, Redmond Weissenberger and Danny Weston.

Im Dezember 2010 veröffentlichte ich auf meinem Blog einen Aufruf, in dem ich die Leser bat, mir einen Feiertags-Cocktail in

Form einer Spende zu verschaffen. Scharen von Menschen aus Amerika, Australien, Kanada, Deutschland, Hong Kong, den Niederlanden, Singapur, Schweden, der Schweiz und dem Vereinigten Königreich reagierten großzügig. Die mit den Spenden verbundenen Wünsche und Grüße ermutigen mich heute noch. Immer wieder dankten mir diese Menschen für meine Recherchen: Dies sei ein wertvoller Dienst für die Öffentlichkeit – und würde ihr Vertrauen in Journalisten wiederherstellen. Da ich sie nicht gefragt habe, ob ich ihre Namen veröffentlichen darf, tue ich es jetzt auch nicht. Doch ich bleibe allen zu tiefem Dank verpflichtet und hoffe, dass dieses Buch ihre Erwartungen erfüllt.

Dazu sollte ich erwähnen, dass Fokus und Inhalt dieses Buches strategischen Charakter haben. Dies ist kein Katalog aller Übeltaten, die vom IPCC jemals begangen wurden. Es ist eher eine Argumentationskette. Meine Beispiele habe ich bewußt ausgewählt. Es finden sich nur solche, von denen ich annahm, dass sie ein normaler Bürger mit nur wenig Kenntnis der Klimadebatte verstehen würde.

Vor meinem geistigen Auge sehe ich ein Publikum, das aus Bürgern wie Ihnen und mir besteht. Die behandelten Fragen sind: *Was ist das IPCC?* Sowie: *Kann man ihm vertrauen?* Meine Faktenbasis habe ich so angeordnet und meine Argumente habe ich so aufgebaut, dass sie meiner damaligen Meinung nach die größte Chance hatten, einen vernünftigen, vorurteilsfreien Leser davon zu überzeugen, dass diese Organisation einen unangemessenen Einfluss über unser aller Leben ausübt – und dass ihre Glaubwürdigkeit bei null liegt.

Viele Menschen haben mir ein riesiges Kompliment gemacht, indem sie frühe Entwürfe dieses Buches lasen. Ihre Einsichten und Begeisterung halfen dabei, meine Argumentation zu schärfen und Tippfehler, grammatische und sachliche Fehler, nicht mehr funktionierende Hyperlinks und weitere Probleme zu finden. Was jetzt noch falsch ist, geht allein auf mein Konto.[135]

Zu diesen wunderbaren Menschen gehören Ron Albertson, Mark Bourrie, Albert Butterfield, Louise Butterfield, Bob Carter, Licia Car-

[135] Das gilt natürlich für die deutsche Ausgabe nur zum Teil (Anmerkung der Übersetzer).

vello, Jamie Craig, Elaine Dean, Jan Dean, James Delingpole, Tom Fuller, Tim Hulsey, Nic Lewis, John McLean, Ross McKitrick, Elizabeth Nickson, Hilary Ostrov, Ben Pile, Sam, Glen Spooner, Sayward Spooner, Matt Ridley, Oggi Tandogac, Richard Tol, Redmond Weissenberger, and Toby Yull.

Als mein Schreiben einen kritischen Punkt erreicht hatte, stellten mir Fran und Tom Johnson, zwei der besten Freunde, die ich je hatte, ein ruhiges Arbeitszimmer zur Verfügung. Terry und Dave halfen mir in vielerlei Hinsicht. Sie mähten sogar meinen Rasen und ließen mich ihren Swimming-Pool benutzen. Chris Stewart ist genau das, was ich mir unter einem unvoreingenommenen Lehrer vorstelle. Tony und Mary waren sehr herzlich und mir zugetan.

Besonderen Dank schulde ich Mike LaSalle, dem Betreiber von MensNewsDaily.com, der die Reichweite meines Blogs NoFrakkingConsensus.com durch die Aufnahme meiner Inhalte erweitert.

Mein Blog wurde außerdem von weiteren Bloggern und Webseiten verlinkt. Ihnen allen überreiche ich hiermit einen großen Strauß aus Dankbarkeit. Namentlich zu nennen sind: American Thinker, Achgut.com, Australian Climate Madness, Autonomous Mind, Biased BBC, Bishop Hill, Blazing Cat Fur, Bourque Newswatch, C3Headlines.com, Cartoons by Josh, Celestial Junk, Climate Audit, Climate Change Dispatch, Climate Common Sense, Climate Debate Daily, Climate Depot, Climate Etc., Climate Lessons, Climate Realists, Climate-Resistance.org, The Cimate Scam, Climate Science, Climate Skeptic Shop, The Common Room, Coyote Blog, The Daily Bayonet, A Few Figs, Five Feet of Fury, The Galileo Movement, The Global Warming Policy Foundation, Greenie Watch, Haunting the Library, The Hockey Schtick, IceCap, I Love Carbon Dioxide.com, James Delingpole, Jennifer Marohasy, Jerry Pournelle, JoNova, Junk Science Sidebar, Mark Lynas, National Newswatch, New Zealand Climate Science Coalition, NoTricksZone, Prison Planet, Rational Optimist, Real Climategate, Richard Tol, ScottishSceptic, Shub Niggurath Climate, Small Dead Animals, Tom Nelson, The View from Here,

WattsUpWithThat? und William M. Briggs. Ich entschuldige mich bei den vielen anderen, die ich übersehen habe.

Die Leser von Blogs haben mich auch mit einem nie versiegenden Strom von hilfreichen, ermutigenden, informativen E-Mails versorgt. Obwohl ich nicht immer auf jede E-Mail rechtzeitig antworten konnte, so habe ich sie doch überaus geschätzt.

Kurz: Um ein Buch zu schreiben benötigt man ein ganzes Dorf – und in meinem Dorf pulsiert das Leben.

Eine Überprüfung durch Mitbürger

Einleitung

Die Überprüfung durch Mitbürger („Citizen Audit", im folgenden „Bürger-Audit") umfasste die Prüfung der Fakten und dauerte mehr als fünf Wochen. Sie wurde von März bis April 2010 durchgeführt. Meinem Aufruf um freiwillige Teilnahme schlossen sich mehr als 40 Mitbürger aus 12 Ländern an.

Rajendra Pachauri, der IPCC-Vorsitzende, hat mehrfach behauptet, dass die Klimabibel einzig und allein, vollständig und ausschließlich auf fachbegutachtetem Quellenmaterial beruhen würde. Und er hat erklärt, dass nichtfachbegutachtetes Material beim IPCC keine Berücksichtigung fände und in „die Mülltonne geworfen" würde.

Vor unserem Audit hatten sich keine Nachrichtenagentur, kein wissenschaftliches Gremium, keine Behörde und kein Forschungsinstitut je bemüht zu kontrollieren, ob Pachauris öffentliche Behauptungen stimmten.

Als ich entdeckte, dass zwei Kapitel der Klimabibel von 2007 auf einer ganzen Reihe von nichtfachbegutachteten wissenschaftlichen Quellen beruhten, stellte ich mir die Frage, inwieweit diese beiden Kapitel für alle anderen 44 Kapitel repräsentativ wären.

Ich entwickelte ein Verfahren – einen Satz von Regeln – nach dem eine umfangreichere Überprüfung durchgeführt werden sollte. Die Referenzen am Schluss jeden Kapitels wurden von drei Bürger-Auditoren unabhängig voneinander überprüft. Erst nach Veröffentlichung der Endergebnisse erfuhren die Auditoren, wer sonst noch das jeweilige Kapitel geprüft hatte. Diese Freiwilligen teilten die Referenzen in zwei Kategorien – Aufsätze aus wissenschaftlichen Zeitschriften und alles andere – und ermittelten die jeweiligen Summen. Wenn es bei ihren Ergebnissen kleinere Abweichungen gab, verwendeten wir die Zahl, die für das IPCC am günstigsten war. Es ging uns nicht um Haarspaltereien, es ging uns ums große Ganze.

Als der Sachstandsbericht von 2007 erstellt wurde, galt im IPCC die Regel, nichtfachbegutachtete Quellen in den Referenzlisten klar als solche zu kennzeichnen. Wäre diese Regel eingehalten worden, wäre unser Audit unnötig gewesen.

Man sollte sicher erwähnen, dass unsere Methodik nicht die einzig gangbare war. Wenn wir Zugang zu Trainingskursen und finanziellen Ressourcen oder wenn wir massenhaft Zeit gehabt hätten, wäre vielleicht ein komplexerer Ansatz entwickelt worden.

Zusammenfassung der Ergebnisse

Die UN-Klimabibel erhält 21-mal „ungenügend" auf dem Zeugnis.

- Alle 18.531 vom IPCC-Sachstandsbericht von 2007 zitierten Referenzen wurden überprüft.
- 5.587 waren nichtfachbegutachtet (ohne Peer Review).
- Die Behauptung des IPCC-Vorsitzenden, der Bericht beruhe allein auf fachbegutachteten Quellen, kann nicht bestätigt werden.
- Jedes Kapitel wurde dreimal überprüft. Das jeweils für das IPCC günstigste Ergebnis wurde verwendet.
- 21 von 44 Kapiteln enthalten so wenig fachbegutachtete Literatur, dass sie Note F („ungenügend") bekommen (59 Prozent und darunter).
- 43 Bürger-Auditoren aus 12 Ländern waren an dieser Überprüfung beteiligt.

Gesamtergebnis

Note	Kapitel (von 44)	% der Kapitel mit dieser Note
A (90-100 %)	8	18 %
B (80-89 %)	5	11 %
C (70-79 %)	6	14 %
D (60-69 %)	4	9 %
F (59 % und niedriger)	21	48 %

Einzelergebnisse

IPCC-Bericht 2007 (AR 4)	% der Referenzen ohne Peer Review	Anzahl der Referenzen ohne Peer Review	Gesamtzahl Referenzen
gesamter Bericht	30	5.587	18.531
Arbeitsgruppe 1	7	431	6.226
Arbeitsgruppe 1	34	2.849	8.272
Arbeitsgruppe 1	57	2.307	4.033

Weitere Details finden sich hier:

- www.noconsensus.org/ipcc-audit/IPCC-report-card.php
- www.noconsensus.org/ipcc-audit/findings-detailed.php

Jede der drei Prüfungen bzw. Audits, die für jedes einzelne der 44 Kapitel durchgeführt wurden, ist mit Tabellen verlinkt. Dafür muss man jeweils a, b oder c unter den Kapitelnamen anklicken. Der Bericht über das Bürger-Audit erschien am 14. April 2010.

Ein Wort zu meinen Quellen

Wenn ein Thema sehr kontrovers diskutiert wird und wenn es um viel geht, soll man nicht jedes Wort auf Anhieb glauben.

Auch wenn es aufwendig ist, versuche ich, jede faktische Behauptung mit einem direkten Link zu ihrer Quelle zu untermauern, damit sich der Leser selbst sein Urteil bilden kann. Dieser Fußnotenstandard ist viel höher als der von Zeitungen oder Fernsehsendungen. Er ist auch höher als der vieler Bücher.

Ein gutes Beispiel ist Thomas Friedmans Buch „Hot, Flat and Crowded: Why We Need a Green Revolution – and How it Can Renew America" von 2008 („Heiß, flach und überfüllt: Warum wir eine Grüne Revolution brauchen – und wie wir Amerika erneuern können"). Seite 125 des Bestsellers scheint der Ursprung des oft wiederholten Zitates von John Holdren über das „riesige Gebäude" zu sein, das dem neunten Kapitel dieses Buches seinen Namen gab. Doch der Kontext dieser Aussage ist keineswegs klar. War es eine öffentliche Rede? Eine Privatkonversation? In welchem Jahr äußerte er diese Worte? Friedman sagt dazu nichts.

Meiner Meinung nach ist es ärgerlich, dass so viele bereit waren, Friedman auch bei Tausenden anderen Vermutungen zu folgen. In seiner Rezension des Buches für slate.com betonte Gregg Easterbrook, wie schwierig es ist, irgendeine Aussage aus dem Buch „Hot, Flat and Crowded" zu verifizieren: „Friedman unterstützt schlimmstmögliche Szenarien zum Klimawandel und warnt nicht nur vor globaler Erwärmung, sondern auch ‚globaler Verwirrung'. Doch ist es schwierig, seine faktischen Behauptungen zu bewerten, da ‚Hot, Flat and Crowded' keine Fußnoten oder Quellenangaben enthält [...]. Friedman widmet diverse Seiten der Annahme, der Wirbelsturm ‚Katrina' sei von Treibhausgasen ausgelöst worden, eine Behauptung, die zuerst ‚vielen Klimatologen' zugeschrieben wird, von denen er keinen nennt. Später im Buch ist seine Autorität ein Klima-Analyst des Wetter-Kanals. Dass die globale Erwärmung starke Wirbelstürme verursacht, ist hingegen keineswegs gesicherte Wissenschaft.“ Der Rückzug des Hurrikan-Experten Chris Landsea aus dem IPCC von 2004 wird in Friedmans Buch von 2008 nicht erwähnt.

In scharfem Kontrast dazu enthält die (englische) E-Book-Version meines Buches Links zu allen hier diskutierten Reden, Publikationen von Interessenvertretern, Zeitungsartikeln, Fachaufsätzen und IPCC-Dokumenten. Anders als Friedman, untermauere ich meine Annahmen. Darüber hinaus sind die allermeisten meiner Aussagen überall im Internet frei einsehbar. Man muss also nicht erst in eine wissenschaftliche Bibliothek gehen, um die Mehrzahl meiner Behauptungen zu verifizieren.[136]

Dieser Ansatz ist übrigens wesentlich benutzerfreundlicher als der des IPCC. Als die Klimabibel von 2007 erstellt wurde, gab es keinen Grund, die vielen Quellen nicht in den Text der elektronischen Version einzubetten. Doch das wirft ein anderes Problem auf: eine ganze Menge der vom IPCC zitierten Literatur ist gebührenpflichtig. Fachzeitschriften verlangen zwischen 15 und 35 Dollar für die Lektüre eines einzigen Fachaufsatzes, darunter „Science“, das von der nicht Gewinn orientierten „American Association for the Advancement of Science“ („Amerikanische Vereinigung für den Fortschritt der Wissenschaft“) herausgegeben wird.

Deshalb hat der normale Leser keinen Zugang zum größten Teil des Materials, auf dem die Argumentation des IPCC aufbaut. Einmal mehr wird von uns verlangt, dass man dem IPCC abnimmt, das Quellenmaterial sage genau das aus, was die IPCC-Autoren von ihm behaupten. Einmal mehr werden wir mit der Frage zurückgelassen, warum die Wissenschaftsakademien der Welt ihren Einfluss nicht geltend gemacht haben, um sicherzustellen, dass jeder Zugang zu allen akademischen Texten hat, auf die das IPCC seine Schlussfolgerungen stützt – wo sie doch anscheinend ernsthaft glauben, dass der Planet vor der Vernichtung steht.

---

[136] Die englische Fassung ist inzwischen (2017) frei im Internet zugänglich und über gängige Suchmaschinen leicht auffindbar.

Mein Ansatz eines besseren Zugangs hat aber auch eine Kehrseite. Im Internet ist nichts ewig. Internet-Inhalte liegen oft nur für eine gewisse Zeit vor. Akademische Biografien bekommen neue Webadressen. Zeitungsredaktionen löschen ältere Artikel. Texte auf Webseiten werden überarbeitet und aktualisiert.

Internet-Quellen zu zitieren, kann daher zu unliebsamen Überraschungen führen. In meinem Buch stütze ich mich daher auf einen wertvollen öffentlichen Dienst, webcitation.org. Dieser Dienst fertigt Kopien einer Webseite (mit Zeitstempel) an und bewahrt diese auf. Sie bleibt dann auffind- und zitierbar, selbst wenn das Original längst verschwunden ist.

Die Notwendigkeit und Bedeutung dieses Dienstes zeigt die Tatsache, dass die Stellungnahme, die sich ursprünglich auf openletterfromscientists.com befand, inzwischen verschwunden ist (vgl. Kap. 13 und 14). Derzeit befindet sich dort ein deutscher Text ohne jeden Bezug zum Thema. Der Text hat jedoch als Kopie bei WebCitation.org überlebt, die ich dort hinterlegt habe:

www.webcitation.org/5wcI1dRhn

WebCitation scheint mit dem „International Internet Preservation Consortium“ verbunden zu sein, das von hochrangigen Bibliothekaren aus der ganzen Welt geleitet wird. Wie andere Online-Dienste auch leidet dieser Dienst gelegentlich unter Software- und Hardware-Problemen und kann manchmal sehr langsam sein. Daher sind dort hinterlegte Dokumente zeitweise unerreichbar.

Wenn man auf Schwierigkeiten beim Aufruf eines Links mit Adressbestandteilen wie www.webcitation.org/XXXXX stößt, möge man bitte Geduld haben und es etwas später erneut versuchen.

Die in diesem Buch angeführten Links sind zwar vor dem Druck überprüft worden, doch es kann immer wieder vorkommen, dass nicht alles so funktioniert wie beabsichtigt. Dafür bitte ich um Verständnis.

Register